Mosaik eines Lebens

Gunther Stephenson

Mosaik eines Lebens

Bilder
Begegnungen
Einsichten

diagonal-Verlag   Marburg 2002

Die Deutsche Bibliothek – CIP-Einheitsaufnahme
Ein Titeldatensatz für diese Publikation ist bei Der
Deutschen Bibliothek erhältlich

© 2002 by diagonal-Verlag Marburg
GbR Steffen Rink – Thomas Schweer
Alte Kasseler Str. 43, D-35039 Marburg.
Alle Rechte vorbehalten. Nachdruck oder sonstige Vervielfältigung
einschließlich der Eingabe oder Verfügbarmachung in elektronischen
Datenverarbeitungssystemen, auch auszugsweise, nur mit Genehmigung
des Verlages.

Satz: diagonal-Verlag, Marburg
Umschlag: Völker & Ritter, Marburg
Druck: Offset Köhler, Gießen

ISBN 3-927165-74-3

Gleichnis will mir alles scheinen,
was mir je die Sinne rührte
des Unendlichen und EINEN,
das ich stets lebendig spürte.

Hermann Hesse

*Für meinen Enkel
Janosch Stephenson*

Statt eines Vorwortes…

Lieber Janosch!

Als dein Großvater diese Zeilen an dich schrieb, warst du noch ein kleiner Junge von drei Jahren. Wenn du dieses Buch später einmal liest und wissen möchtest, was wir im 20. Jahrhundert erlebt und gedacht haben, hat sich unsere Erde wiederum gewaltig verändert, wie bereits während der letzten Jahrzehnte unseres Lebens.

Ob unsere alte, große europäische Kultur »untergegangen« ist, wie *dann* vor 100 Jahren ein bedeutendes Buch prophezeite, oder sich unter dem Druck kosmischer, biologischer, technischer, wirtschaftlicher und humaner Umwälzungen dergestalt verändert hat, daß man kaum noch von Europa, geschweige denn von Deutschland wird reden können, sondern von einer Weltordnung, die hoffentlich noch den Namen KULTUR verträgt – diese Fragen magst du dir beim Eintritt in das eigene Leben stellen. Und du wirst dich auch fragen, was von diesem geistigen Erbe, das wir hinterlassen und ich dir im Rückblick auf *meine* Lebenswelt in einem schlimmen Jahrhundert geschildert habe, bewahrenswert ist.

Wenn ich an dich schreibe, so stehst du stellvertretend für unsere ganze Enkelgeneration. *Bewahrenswert* wird vieles für euch bleiben, denn es wurden Maßstäbe gesetzt. – Neues wird Euch beflügeln und damit vielleicht (!) sogar frei machen, zumal Tradition auch be-lasten kann. Du wirst etwas lernen, was wir Heutige nicht mehr verstehen würden, und du wirst manches für wichtig nehmen und gültig halten (müssen), was *mir* nichts bedeutet. Das ist das Schicksal jeder Generation.

Die *innere* Welt freilich, die nichts mit Geschwindigkeit, Atomisierung des Lebens, flüchtiger Weltkommunikation, Herr-

schaft und Geld gemein hat, gehört zum *Kern* jeder Kultur und wird für jeden Menschen das unverzichtbare Rückgrat bleiben, ohne das er nicht »aufrecht« zu gehen vermag. Mit anderen Worten: du wirst diesen Kompaß benötigen und für sein Heilsein sorgen, um dich nicht zu verirren auf deiner Fahrt durch das Leben. – Dein Elternhaus wird darauf bedacht gewesen sein, daß dein Schiff gut ausgerüstet ist, Seele und Geist in guter Verfassung sind. Liebe hast du erfahren und wirst sie wieder verschenken können. Und wer zufrieden bleibt, anspruchslos und bescheiden sich auf ein einfaches Leben einstellen kann, z. B. Schreiner lernt und nebenher noch Flöte spielt, der wird mit dieser maßvollen Zielsetzung auch schwere Zeiten bestehen können. Fragmentarisch bleibt unser Leben ohnehin...
Du wirst sicher gute Freunde haben, denen du vertrauen kannst und die dir vertrauen werden, wenn du dich bemühst, ein guter Mensch zu sein, gerade und standhaft deinen Weg zu gehen. Denn Vertrauen trägt, erst recht das Vertrauen in den Sinn deines Lebens, selbst wenn es gefährdet oder gar bedroht sein sollte.
Wir vermögen nicht alles allein zu schaffen: viele Grenzen – äußere und innere – hindern uns daran. Wichtig ist nur, daß du dir selbst treu bleibst, deinen inneren Kompaß nicht durch andere ›Magnete‹ ablenken läßt. Vielleicht kann dir dabei mein 15. Kapitel hilfreich sein.
In jedem Falle wird dein Lebensschiff gut segeln, wenn es den Zielen folgt, die unsere alte Kultur zur ihren Hoch-Zeiten bereits erreicht hatte: ihren Werten, ihren Lebensformen, ihrem Erkenntnisstreben und nicht zuletzt ihren Künsten. Vielleicht bedeuten dir unsere großen Meister der Malerei und Musik noch gleichviel wie mir ein Leben lang, denn sie stärken den »inneren Menschen«.

Das Buch erzählt davon!

Inhaltsverzeichnis

1.	Das Elternhaus: inneres Erbe	11
2.	Bastelfreuden – Auf Entdeckung – Technik	22
3.	Meine väterlichen Onkel	26
4.	Lotte	30
5.	Haus und Heimat	33
6.	Leidenschaft: Wissenschaft – Studium und Forschung	39
7.	Ein Leben mit Büchern	57
8.	Die Welt der Bühne	62
9.	Das Reich der Musik	72
10.	Wandern und Reisen – Wege zur Kunst	84
	Exkurs 1: Reise in ein heiliges Land – Indienfahrt 1967	111
11.	Beruf im Spannungsfeld der Anlagen und Ziele	144
12.	Freunde und Vertraute	149
13.	Kleine Bruchstücke aus dem politischen Gedächtnis	155
	Exkurs 2: Deutschland und wir Deutschen	164
14.	Zeuge einer untergehenden Kultur?	178
15.	Ausklang	192

Scientia, quo vadis? Erinnerungen an 50 Jahre Religionswissenschaft in Deutschland	199
Bibliographie	235
Nachwort	243
Hinweise	245

Der ich bin, grüßt sehnsüchtig den,
der ich sein möchte.

Friedrich Hebbel

1. Das Elternhaus: inneres Erbe

Aus meinen Kindheitsjahren in Hamburg – wir wohnten in einem alten Villenhaus (Bj. 1904) – stellen sich betrüblicherweise nur wenige Erinnerungen ein, vor allem hinsichtlich der Eltern, ihrer Zuwendung, Hilfe, Erziehung, gemeinsamer, prägender Erlebnisse. Jedenfalls wuchsen wir bis zum Kriegsbeginn in behüteten, wohlhabenden Verhältnissen und gutbürgerlicher Atmosphäre auf. (Zur Zeit meiner Kleinkindzeit war mein Vater noch arbeitslos). Dieses Umfeld bedeutete früher freilich weder Reichtum noch Luxus, sondern Genügsamkeit, geregelte Lebensordnung, eine Ferienreise an die Ostsee oder auf's Land, später ein bißchen Taschengeld und Beachtung der vielen kleinen Tugenden wie Fleiß, Ehrlichkeit, Sorgfalt, Ordnung und Gerechtigkeit, um nur wenige zu nennen.

Wir hatten als Kinder jeder unser Zimmer, einen kleinen Garten und einen täglichen Schulweg zur Volks- und Oberschule durch damals ruhige Straßen im Stadtteil Hamm und Eilbek. Für das tägliche Wohl sorgte meist eine sogenannte Haustochter, die wir sehr liebten; denn meine Mutter war später bei gesunder, aber zarter Natur, häufig nervlich belastet. Mein Vater verbrachte seine Wochenenden meist auf der Jagd. Gelegentlich gab es auch wunderschöne Feste für einen großen Bekanntenkreis, die meine phantasiereiche Mutter schön zu gestalten wußte. Weihnachten war immer ein Höhepunkt, eingebettet in einen ausgeprägt musikalischen Teil nach alter deutscher Tradition. Bezugspersonen, wie man neutral sagt, waren in jenen Jahren überwiegend unser Pfarrer – ein strenger Protestant mit gütigem Herzen, für uns mit seinem langen weißen Bart wie ein Weihnachtsmann, und die Lehrer, von denen ich betrüblicherweise überwiegend negative Erinnerungen habe – mit wenigen Ausnahmen. Kindheitserfahrungen blieben mir jedenfalls eher durch die Lehrer als von den Eltern im Gedächtnis. Mit dem Erwachsenwerden stellten sich die Konturen deutlicher ein. Auf manche kleine Begebenheiten – man kann sie leicht aufzählen – möchte ich hier verzichten. Auf die Schule werde ich noch zurückkommen, sie belastete meine Entwicklung wohl eher als daß sie sie förderte, mit Ausnahme der naturwissenschaftlichen Fächer. Nicht vergessen zu erwähnen darf man die schweren Einbrüche durch die Kriegszeit (ständig nächtlicher Luftalarm), oft unzureichende Pädagogen mit ihren z. T. Angst erzeugenden Erziehungsmethoden.

Wichtiger ist mir, das innere Erbe des Elternhauses ein wenig zu skizzieren. Vater und Mutter waren nicht nur im Temperament und mancherlei Anlagen, sondern auch in sehr wesentlichen Orientierungen grundverschieden, so sehr, daß ich später nie verstanden habe, daß sie beide von einer glücklichen Ehe sprechen konnten. Für mich galten andere Maßstäbe. Schwierig, vielleicht ungerecht ist es zudem, die Eltern aus einem späten Rückblick zu schildern und nicht, wie sie aus meiner Perspektive in jüngeren Jahren in Erscheinung traten. Eine Charakterisierung setzte für mich jedoch spätestens im eigenen Alter von 30 Jahren ein. Da ich zu meiner Mutter eine enge Beziehung hatte, zu meinem Vater nicht, fällt es schwer, den Maßstab nicht zu verstellen.

Mein Vater (geb. 1897) war Ingenieur, ging als Absolvent aus dem Hamburger Technikum hervor, der heutigen FHS. Seine Leistungen waren nach eigenen Angaben mäßig, schon in der Schule. Das wäre nicht so wichtig, wenn nicht der Impuls zu lernen, mehr erkennen zu wollen, ihm ziemlich abging – jedoch nicht in allen praktischen Bereichen. Er war handwerklich begabt, wie wir alle, interessierte sich freilich nicht für innere Zusammenhänge seines Tuns. Überhaupt verband er jugendlichen Idealismus mit ausgeprägtem Realitätssinn, besonders später in wirtschaftlichen Dingen, denn er wechselte familienbedingt zum Kaufmannsberuf über. Im überschaubaren Bereich der Firmenführung, des täglichen Wirtschaftens und Verwaltens ohne große Risiken war er ein »getreuer Ekkehart«, kein Unternehmer wie mein Bruder. In all diesen Dingen finde ich manches in eigenen Anlagen, ohne daß sie Schwerpunkt für mich wurden.

Ein anderer Aspekt ist sein Temperament, darin sehr wesensfremd zu mir. Er liebte Sport verschiedener Art, spielte z. B. gut Tennis. Er war kräftig, gesund und sehr gewandt, manchmal etwas vorschnell und unüberlegt. Seine fröhliche Art, Erzählfreude und Geselligkeit trugen in seiner lebenslangen Jagdleidenschaft dazu bei, daß er überall gern gesehen wurde. Oft wurde er noch in hohem Alter Schützenkönig.

Ähnlich tatkräftig, zielstrebig und gewandt galt der Kompanieführer und technische Ausbilder bei der Wehrmacht als tüchtige Führungsfigur. Die Soldaten hatten einen gerechten und maßvollen Vorgesetzten. Es kamen aber auch beträchtliches Geltungsbedürfnis und Eitelkeit hinzu, vermutlich durch Elternhaus und Schule verstehbar. Seine Selbstdarstellung und militärische ›Haltung‹ (ein wichtiger Begriff damals) bedrückten mich als Jungen sehr. Diese Lebenslinie war meiner eigenen weitgehend entgegengesetzt, war ich doch weder sportlich noch gewandt noch gesellig, sondern ein stiller und gründlicher Nachdenker, behutsam, in einigen Dingen auch langsam. Mein Vater konnte sehr oberflächlich und unkritisch sein, hatte auch keine gute Menschenkenntnis.

Aus späteren Jahren (nicht seinem Alter) vermittelt sich meinem Gedächtnis ein zwiespältiger Eindruck seines Charakters. Er war ein treusorgender Familienvater, zuverlässig und einsatzbereit, konnte gütig und vor allem uneigennützig und ehrenhaft sein, dann aber wieder auf Vorteil bedacht, sparsam bis kleinlich, schwankend und inkonsequent, vor allem aber sehr beherrschend und oft streitbar. Er selbst schätzte sich sehr männlich ein (damals eine besondere Tugend) – in der Lebenspraxis zeigte er sich oft schwach, wenn seine sonstige Durchsetzungsfähigkeit auf gewichtige Grenzen stieß.

Einen für mein Leben wichtigen Wesenszug sollte ich nicht vergessen: Mein Vater war bei viel Humor ein unmusischer Mensch, auch wenn er Opernarien (Helden!) vor sich hersang. Es gab keine Aufgeschlossenheit für alles Schöne, Farbe, Form und Gestalt, geschweige denn Literatur und Künste – hierin sehr nüchtern und vordergründig (»was soll das darstellen?« oder »ist das teuer«). So hatte er auch wenig Geschmack, anders als alle seine Kinder. Lesen war in seinen Augen mit Müßiggang verwandt; im Alter änderte sich das zuweilen. Etwas Gegensätzlicheres zu seinem Wesen als mich konnte es nicht geben!

Das andere Beschwernis für mein Leben war sein völliges Unverständnis für die Wissenschaft, es sei denn für technische Leistungen. Es gab keinen Impuls für die Frage »Warum?«, überhaupt für geistige Zusammenhänge. Verständnis war ohnehin nicht seine Stärke, weder für Menschen noch für die Geisteswissenschaften (Kunst, Sprache, Geschichte). Für ihn mußte alles einen Zweck haben, und wenn dieser nicht erkennbar war, so war die Sache uninteressant; vom philosophischen Eros, daß Erkennen als solches schon den Wert in sich trägt, ganz zu schweigen.

Es wird so sein, daß dieser umtriebige Mann sich im frühen Alter nach innerem Frieden und sinnstiftender Geborgenheit sehnte. Denn er trat in eine Hamburger Freimaurerloge ein; es war eine christliche Loge, die ihm Halt und Ruhe gab – bis zu seinem Tode.

Meine Mutter (geb. 1899) war aus gänzlich anderem Holz, nein: nicht Holz, sondern Seide! Sehr zart, feinsinnig, liebreizend als junges Mädchen, ebenso empfindsam wie weich und weiblich, war sie ausgestattet mit einem ausgeprägt musischen Sinn – und dies alles bei guter Gesundheit, mit Ausnahme einer wohl angeborenen Nervenschwäche, die später zur Neurose führte. Meine Mutter hatte viele Neigungen und geistige Strebungen; sie liebte Sprachen, Malerei und Musik, war angelegt mit einem starken Erkenntnisstreben bis hin zu oft unfruchtbarer Grübelei. Alle psychologischen und philosophischen Fragen berührten sie in der Tiefe; religiöse Probleme belasteten sie eher, trieben sie grausam um bis ins hohe Alter, vor allem die Schuldfrage – bei einem so reinen, doch übermäßig gewissenhaften Menschen. Die Ursachen liegen vermutlich in der Jugendzeit, in einer Kirchen- (Pfarrer-) Bindung bedrückender Art (›der gerechte, strafende Gott‹).

Ein Blick auf das tägliche Leben und unsere Kinderzeit zeigt, daß wir gut behütet waren, zuweilen sogar etwas überängstlich versorgt. Mutter war nicht nur eine gute Hausfrau – ihrer inneren Natur gar nicht so gemäß – und gute Köchin, sie war auch als Erzieherin liebevoll, einfühlsam und streng zugleich, eigentlich immer konsequent. Zu Lehrerbesprechungen in der Schule ging sie – nicht mein Vater. Doch diese Erinnerungen sind schwach; allemal war sie eine Mutter für reifere Kinder, wenn Rat und Führung bei inneren und geistigen Fragen gesucht wurde. Hierin zeigte sich ihre Stärke – bis ins hohe Alter – Menschen behutsam, sehr verständnisvoll, aber auch charakterstark zu begleiten. Viele konnten sich ihr anvertrauen; sie konnte schweigen. Überhaupt war sie ein meist stiller Mensch, oft ein duldender, durch Ehe, Kriegszeit und eigenes Leiden bedingt. Obwohl sehr standhaft und tapfer, fühlte sich unsere Mutter verpflichtet, sich an ihren beherrschenden Mann in vieler Hinsicht anzupassen. Immer wieder fuhr sie mit ihm zur Jagd auf's Land – oft mit uns zusammen –, um bei ihm zu sein.

Später unterwarf sie ihre Seele sogar einer Jägerprüfung mit Waffenkenntnis und etlichen Details, die ihrem Wesen völlig fremd waren, ganz abgesehen davon, daß sie technisch gänzlich unbegabt war.

Auch wirtschaftliche Zusammenhänge waren diesem musischen Menschen fremd: bemüht und selbstentfremdet hörte sie sich noch im Alter die täglichen Aktienkurse an. Eine Kunstreise nach Italien hätte ihr wohlgetan und Auftrieb gegeben; dafür fehlte meinem Vater jedoch jedes ›Organ‹. (Mein Onkel ermöglichte ihr schließlich einmal diese Freude.)

Ein Drittes erzählte sie mir später traurig und – uneingestandenermaßen – verbittert. Mein Vater wollte aus ihr eine elegante Dame machen, schick gekleidet, weltgewandt und selbstbewußt auftretend. Alles war ihr fremd: von Natur ein schlichter deutscher Mädchentyp (wie Lotte, meine Frau, auch), natürlich und bescheiden, auf's Wesentliche bedacht und nicht auf die Erscheinung, gab es zwischen Erwartungen und Sein natürlich Spannungen, doch kaum eingestanden seitens meiner Mutter, die immer bereit war, das Recht des anderen mit zu bedenken. Ist es ein Wunder, daß solche Verbiegungen geradezu notwendig Neurosen setzen müssen?

Trotz allem – so aus *meiner* Sicht – hing sie an ihrem Mann, sah in ihm ihre reale Stütze, und sein Frohmut tat ihr gut. Erschreckend für unser heutiges Verständnis schien mir aber die völlige Ausrichtung auf ihren sogenannten ›Partner‹. In einigen wichtigen Dingen hörte er allerdings auf sie. Meine Mutter hatte eine gute Menschenkenntnis, eine gute Beobachtungsgabe und ein meist instinktsicheres Gefühl. So konnte sie meinen Vater zuweilen gut beraten, vor Geschäftspartnern warnen und von unsoliden Wegen fernhalten. Sie war ihm geistig überlegen und vermochte konsequent zu denken, was ihm abging.

Ein kurzer Rückblick noch auf die Kriegszeit: Gleich zu Beginn geriet mein Vater als Offizier in polnische Kriegsgefangen-

schaft, laut Durchgabe ›schwer verletzt‹. Meine Mutter mußte mit allem rechnen, wie sich herausstellte: zu Unrecht. Mein Vater war bewahrt worden; wochenlang hatte Mutter sehr tapfer und in geforderter Selbstverantwortung ihre Sorgen und Schmerzen allein durchgestanden; wir Kinder wußten davon nichts.
Ähnlich verlief die lange Kriegs- und Nachkriegszeit: Sorgen und Kummer um ihre Kinder; Strapazen zur Sicherung des täglichen Lebens. Leidgeprüft und doch stets anderen Menschen zugewandt, hat sie ihr Leben bestanden.
Nicht vergessen darf ich freilich, daß es immer wieder auch viele schöne, beglückende Stunden für uns mit meiner Mutter gab, gerade auch im großen mitmenschlichen Verstehen und in der Wegweisung für ihre Kinder und dankbarer Freude an ihren Enkeln. Für Uwe, unseren ersten Sohn, hatte sie immer besonderes Verständnis!
Ein kleiner i-Punkt zum Schluß: unsere Mutter konnte ein Original sein, mit Mutterwitz begabt, daher ihr Kosename ›Putzi‹.

Betrüblicherweise erinnere ich mich an meine Geschwister aus der Kinderzeit sehr wenig; wir *kannten* uns erst, als wir fast erwachsen waren. Zu meiner Schwester war die Verbindung lange Jahre enger, da wir nur zwei Jahre Altersunterschied hatten. Mein Bruder kam als Nachkömmling zur Welt – meine Mutter wünschte sich noch ein drittes Kind. Ich ging schon zur Schule, als er noch ein Baby war. Im Gedächtnis ist mir geblieben, daß er bei allen Menschen und Straßenkindern als kleiner Sonnenschein sehr beliebt war, zumal sehr gesellig und ideenreich. Ich selbst lebte ja mehr still vor mich hin, hatte immer nur einen Freund, mit dem ich intensiv und ausdauernd spielte oder auch bastelte. Meine Kindheit habe ich nur als eine glückliche und zufriedene in Erinnerung.
Meine Schwester war gleichfalls gänzlich anderer Natur – ein richtiges Mädchen –, machte sich gerne hübsch, spielte mit

Puppen, war sportlich gewandt und lebendig bis ›frech‹ – ganz nach dem Sinn meines Vaters.

Meine Großeltern Stephenson – die anderen starben schon sehr früh – wohnten nur zwei Straßen entfernt in der Ritterstraße 89. In unserer Kinderzeit bedeuteten sie uns viel: sonntags, Weihnachten und bei Krankheiten waren wir oft bei ihnen und wurden von der Oma mütterlich betreut und mit allerlei Leckerbissen auch verwöhnt. Meine besondere Liebe galt meinem Großvater. Er war ein stiller, fleißiger und fürsorglicher Mann – sicherlich sehr einsam! Auch er war praktisch veranlagt – wie alle Stephensons –, er mag wohl Elektrovertreter gewesen sein, der selbst seine Meßgeräte überprüfte. Und *er* war es, der mir väterlich mit Rat und Tat zur Seite stand, wenn es um Bastelanregungen ging. Schön war auch sein liebevoller Humor. Sein Bild mit Schnauzbart und Zigarre steht noch lebendig vor mir.

Ein kleines Zwischenspiel zur Selbstreflexion sollte sich anschließen. Gibt es ein Urteil über sich selbst von der Jugendzeit – aus der Altersperspektive?
Jugenderfahrungen prägen sich meist recht punktuell in die Erinnerungen ein. Da wesentliche Charaktermerkmale sich meist im Kindesalter schon herauskristallisieren, wird das spätere Urteil vermutlich nicht ganz falsch ein.
Schon als Kind hatte ich eine zarte Konstitution, nicht schwächlich, aber zart und empfindsam, obwohl nicht häufiger krank als andere Kinder. Ich spielte oft stundenlang für mich selbst, war versonnen und nachdenklich, auch manchmal etwas ängstlich und oft »Träumerle« von meiner Mutter genannt. Meine schnelle und gewandte Schwester nannte mich oft »Schneck«, doch stimmte dieses Urteil schon damals nur teilweise. Es gab und gibt etliche Bereiche, wo das Gegenteil zutrifft: z. B. gab ich meine Mathematik-Arbeiten in der Klasse immer als Erster ab und erntete noch in der Stunde eine 1. Die

Zartheit zeigte sich auch darin, daß ich mich nie mit Kameraden gekloppt habe, aus reiner Lust schon gar nicht – nur einmal kräftig aus Abwehr gegen eine seelische Verletzung.

Trotz aller Empfindsamkeit – auch gegen Ungerechtigkeit – hatte ich immer viel Energie und Ausdauer. Konsequent verfolgte ich schon als Kind meine Ziele, meist waren es Ideen, die umgesetzt werden sollten. Als sehr gründlich war ich immer bekannt, ebenso als sehr friedlich und harmonisch; so erzählte es mir später meine Mutter.

Alles versuchte ich kritisch zu hinterfragen, gab mich nicht schnell zufrieden mit einer Antwort, die mir nicht befriedigend genug erschien. Vielleicht grübelte ich auch zuweilen unnötigerweise; doch erinnere ich aus der Schule, natürlich in den Naturwissenschaften, daß ich oft mehr wissen wollte, als man zur Erklärung bereit hielt. Manche Fragen schienen mir zu einfach, und nicht selten kam es vor, daß ich enttäuscht war, wenn andere eine Frage ›richtig‹ beantworteten, während ich im Stillen dachte: »Ach, *das* wollten Sie nur wissen, das wußte ich sowieso!«

Im Studium später setzte sich das fort: z. B. wollte ich etwas über die Gründe (kulturell oder psychologisch) der indogermanischen Lautverschiebung wissen. Die Professoren konnten mir aber nur antworten: »Es ist so, man muß es als Tatsache hinnehmen.«

Hinsichtlich der Schilderung meiner Eltern darf ich wohl bekennen, daß ich mich überwiegend meiner Mutter verdanke, doch der technische und wirtschaftliche Realitätssinn in späteren Jahren Erbe meines Vaters ist. Diese zwei Naturen spiegelten sich in Goethes ›Torquato Tasso‹, dessen Schauspiel einer Selbstdarstellung glich. So kam ich gegen Kriegsende (1944) noch einmal in eine Abiturklasse, als der Deutschunterricht dem ›Tasso‹ galt. Wir lasen, ja *spielten* ihn mit verteilten Rollen. Auf mich als Neuling fiel die Rolle des Tasso, des leidenschaftlichen, empfindsamen, phantasiereichen und ziemlich weltfrem-

den Dichters. Ich muß seinen Part sehr überzeugend, ja schauspielerisch vorgetragen haben, denn der gute, doch etwas nüchterne Deutschlehrer Ohlsen war so begeistert, daß der Einstieg in die neue Klasse für mich geschafft war.
Was mir jedoch damals schon wichtig war: ich verstand sehr gut auch die Position des Gegenspielers ›Antonio‹ – warum bekam ich nicht eine solche Rolle zugeteilt? –, des realen, besonnenen und pflichtbewußten Staatsmannes. Diese Rolle, die den etwas ›spinnigen‹ und unbeherrschten Dichter in seine Schranken verwies (Goethes Selbsterkenntnis), hätte mir ebenso gelegen.

Noch ein kleines Wort zur NS-Jugendorganisation ›Jungvolk‹ (10 bis 14 Jahre) und ›Hitlerjugend‹ (14 bis 18 Jahre) – des Diktators ebenso irreführende wie skrupellose Zielsetzung, wie uns erst zehn Jahre später klar wurde. Beides war für mich ein ungeliebtes Muß, das mir die Freizeit raubte, abgesehen davon, daß die meisten von uns völlig unpolitisch waren (davon später). Geländespiele, Exerzieren, Gemeinschaftssingen, vor allem aber Uniform, waren mir zuwider. Der Freiheitstrieb war schon damals stark entwickelt. So fand ich immer wieder eine (Not-) Lösung: Beim Jungvolk gab es eine Bastelgruppe bei einem von uns sehr geliebten Werkmeister / Gewerbelehrer: Wir wurden zu Holzarbeiten angeleitet – noch dazu bei einem musischen Menschen. Ich durfte in monatelanger Arbeit selbst eine Blockflöte bauen. – In der HJ kam ich zur Funkgruppe und lernte perfekt das Morsen.

Hamburg: Der Hafen mit dem Blockhaus. Aquarell von Hermann Rudolf Hardorff, um 1840

2. Bastelfreuden – Auf Entdeckung – Technik

Die langen Jahre des Bastelns und Entdeckens – etwa im Alter von 8 bis 16 Jahren – prägten meine glückliche Jugendzeit, die ja seltsam unpolitisch verlief, trotz ständiger Propaganda, die mich innerlich kaum berührte. Die Voraussetzungen im Elternhaus mit einem eigenen Zimmer waren sowohl im Stadtteil Hamm wie in Eppendorf (ab 1940) gegeben; meine ausgebreitete Werkstatt mit Holzspänen und Lötqualm wurde auch geduldet. Meine musische Schwester schloß sich derweilen in ihrem Zimmer ein und schrieb schöne Gedichte.

Meist entwarf ich für alles, was ich baute, erst einmal Pläne, sofern es Elektrogeräte betraf, auch graphisch exakt und schematisch. Sonst hatte ich wenig malerisches Talent.
Schon mit 9 bis 10 Jahren ließ ich mir von meinem Großvater eine kleine Tischlerplatte geben – sauber gehobelt natürlich – zum Aufbau einer Lichtanlage mit Batterieglühbirnen verschiedener Farbe und Wechselschaltern, die ich selbst ›erfunden‹ zu haben glaubte. Mein Opa kam mir mit seinem Rat gelegentlich zu Hilfe; manchmal sagte er auch ›Du Quiddje‹ zu mir.
Bald kamen dann Elektrobaukästen dazu. Nur selten befolgte ich allerdings die angegebenen Bauvorschriften. Didaktisch gut geschriebene Bücher zum Thema Technik verschlang ich nebenher, spielte jahrelang intensiv mit meinen TRIX-Metallbaukästen und gewann auch einige Preisausschreiben. Das motivierte, doch kann ich mich nicht einer Resonanz meines Vaters erinnern.
Nur wenige Jahre später wurde das Feld ›Radio‹ – damals noch im Anfangsstadium – bestellt. Ein Detektor-Apparat nach dem

anderen entstand. Mit einer riesigen Hochantenne im Garten (man mußte auf die Bäume klettern), freute ich mich über den ersten, sehr leisen Empfang ›aus der Luft‹ in meinem Kopfhörer. Alles wurde ständig verbessert. Mit einer Verstärkerröhre – natürlich hatte ich schon das Buch »Du und die Wellen« von Eduard Rhein studiert – gab es in einem transportablen Kopfhörerradio, das ich auf unser Alster-Kanu mitnehmen konnte, den ersten kräftigen Empfang. Hinzufügen muß ich noch, daß alle diese Geräte handwerklich perfekt sein mußten, jedes Buchsenloch mußte stimmen, kein Holzrand überstehen, die Drehknöpfe nicht wackeln und auch noch hübsch aussehen und die Lötstellen beim inneren Drahtgewirr kontaktstabil sein. Stundenlang sorgte ich mich darum, daß alles genau stimmte; ähnlich wie 30 Jahre später unser Sohn Uwe!
Den Schlußpunkt der Elektrobastelei setzte ca. 1942 ein 3-Röhren-Radio mit Lautsprecher. Alle Teile, wie Draht, Spulen, Stecker und auch alte Kästen besorgte ich mir für wenige Groschen bei einem alten, ebenso kenntnisreichen wie kauzigen Elektro-Trödelhändler, mit dem ich als wissensdurstiger Junge manchen kleinen ›Schnack‹ hatte. Er wurde für mich ein fürsorglicher Bastel-Mentor, ohne daß er daran viel verdiente.
Gegen Ende meiner Bastelzeit sollte ich noch einen Funkeninduktor bauen, also ein Wechselstromgerät. Um die Sekundärspule mit einem 0,1 mm Kupferdraht (und das im Krieg!) überhaupt herstellen zu können, mußte ich mir mit meinem Metallbaukasten erst eine Wickelmaschine bauen. Aber es lief gut, und so stellte sich der Funkenschlag zwischen den beiden Polen am Ende auf 3 mm ein, so daß ich unter meinem kleinen Mikroskop allerlei untersuchen konnte, z. B. Kristallisierungen und physikalische Vorgänge.
Im Krieg verdiente ich mir zusätzlich noch etwas Taschengeld mit dem Wiederaufladen von Batterien; es sprach sich bei den Nachbarn bald herum.

Gut kann ich mich an folgendes erinnern: Für alle Bastelbauvorhaben galt stets das gleiche: hatte ich ein Ziel erreicht, so war die Aufgabe abgeschlossen. Ich benutzte die Geräte hinterher kaum – sie waren uninteressant geworden. Sogleich packte ich die nächste Aufgabe an. *Die Lösung eines Problems reizte mich!* So blieb es mein ganzes Leben in der Wissenschaft.
Wann hatte ich nur meine Schulaufgaben gemacht? Ich war zwar pflichtbewußt, quälte mich aber mit Fächern außer Mathematik und Geographie oft herum, vor allem, wenn es ums Auswendiglernen ging. Gedichte lernen war gleichbedeutend mit endloser Quälerei, denn ich hatte schon als Kind kein gutes Gedächtnis. Die Ausnahme bildete alles, was mit Logik, Struktur und Form zu tun hatte: Formeln, Zahlen, Gestalten (z. B. Dreieck), (lateinische) Grammatik. Das prägte sich sofort ein. – Im übrigen war ich nur ein mäßiger Schüler.
Bei diesem kleinen Abschnitt über das Basteln darf freilich der Schiffbau (in Holz) nicht übergangen werden. Schiffe fesselten mich ohnehin immer schon. Manchmal waren wir an der Elbe, und ich konnte alle Einzelheiten beobachten. So baute ich schließlich – wohl mit ca. 14 Jahren – viele bekannte Schiffe exakt maßstabsgerecht in Miniaturform aus Sperrholz nach. Jede Winzigkeit mußte stimmen. Im Gedächtnis habe ich noch das Feuerschiff ›Elbe 1‹, die ›Monte Rosa‹, manche Frachter, und vor allem den 50.000-Tonnen-Dampfer, die ›Bremen‹ vom Norddt. Lloyd: Das riesige Schiff sah ich anläßlich unserer Klassenfahrt am Quay in Bremerhaven liegen, direkt neben mir. Wenn man hochschaute, glaubte man ein Hochhaus vor sich zu haben. Diese kleine Flotte bewahrte ich 60 Jahre auf, bis sie jetzt in einen befreundeten Heimathafen einlief.
Ein letztes darf nicht fehlen: der Theaterbau. Mit 16 Jahren mußte ich wohl schon einige Theatererfahrungen gehabt haben, vor allem auch vom Marionettentheater. So baute ich eine große Bühne aus Holz mit allen technischen Raffinessen: Schnürboden, Kulissen, Schleier, Scheinwerfer für Dämmerungslicht

und Gewittermöglichkeit. Mein kleiner Bruder Walter (Buba genannt) half mir dabei. Möglicherweise hatte er auch die Anregung gegeben. Meine Schwester übernahm die Schneiderarbeiten, bereitete den schönen kleinen Samtvorhang vor – ich den ›Eisernen‹ – der sich natürlich sehr langsam erheben mußte. Mein Bruder malte wohl schon Kulissen und half bei den Puppen. So konnte die erste Aufführung im Hause Stephenson bald ein Ereignis werden. Davon später.

3. Meine väterlichen Onkel

Meinen beiden väterlichen Onkeln Alfred und Kurt Stephenson verdanke ich sehr viel. Sie haben mich geprägt, gefördert und verstanden – obwohl von sehr unterschiedlicher Natur und geistiger Ausrichtung.

Bei meinem geliebten Onkel Alfred, einem ebenso begeisterten wie tüchtigen Lehrer, verbrachte ich schon als Junge viele Wochenenden. Das Basteln – vor allem Holzarbeiten, später auch das Buchbinden (er war ein Meister darin) – war unter seiner Anleitung immer eine Freude. Als guter Pädagoge verband er auch darin Strenge und Güte, präzise Anforderungen mit liebevoller Hilfestellung. Klare blaue Augen und ein schalkhafter Humor schauten aus diesem holzschnittartigen Gesicht, das aus der Werkstatt Tilman Riemenschneiders hätte stammen können. Seine Frau (He)Lene sorgte mütterlich für unser leibliches Wohl. Auch eine gute Didaktik zeichnete ihn aus: alles konnte er mir einfach und verständlich erklären; dies war übrigens allen drei Brüdern eigen. Beim Handwerklichen war immer Sauberkeit, Sorgfalt und Genauigkeit angezeigt. Pfuscherei oder ein versehentlicher Klecks waren unstatthaft. Kommen noch Fleiß, Zuverlässigkeit und ausgeprägtes Pflichtbewußtsein hinzu, so kann man sich vorstellen, daß dieser lautere Mensch – mit seinen Ecken und Kanten – zu einem Vorbild für seine vielen Schüler wurde. Sie dankten es ihm später in reichem Maße. Sein Bild wäre nicht vollständig, wenn nicht noch andere Aspekte hinzu kämen: Seine Rolle als Offizier in zwei Weltkriegen und sein entschiedenes Christsein. Man muß wohl noch in wilhelminischer Zeit geboren sein, um sich vorstellen zu können, wie Soldatentum mit strengem christlichen Glauben und Leben hatte zusammenwachsen können. Bei meinem Onkel Alfred fügten sich Kampf, Tapferkeit, Ehrenhaftigkeit (etwa dem Gegner gegenüber), völlig unpolitischer Obrigkeitsglaube und aufopfernde Mitmenschlichkeit zu einer eigentümlichen moralischen Symbiose zusammen. Kompromisse duldete dieser hagere, asketische Mensch nicht, weder im Glauben noch im Handeln. Wenn auch nicht streitbar, so war doch Toleranz nicht seine Sache. Anspruchsvoll gegen sich selbst, zeigte dieser ebenso puritanische wie teilweise (!) unmusische Mensch wenig Verständnis für die Welt der Künste und vor allem der Künstler. In seinen Augen neigten sie zum Lotterleben. Theater nannte er üblen Sumpf. Trotzdem spielte er wunderbar Querflöte – oft mit seiner Frau – und pflegte eine häusliche Musikkultur. Solche Widersprüche können sich bei einem großen Charakter zusammenfinden. Da sein langes Leben von vielen Leiden heimgesucht war, steht in meiner Erinnerung seine klaglose Tapferkeit obenan.

Mein Onkel Kurt Stephenson trat leider erst spät in meinen Lebenskreis. In der Jugendzeit kannten wir Kinder ihn kaum, da mit unseren Eltern kaum eine Verbindung bestand. Er war Musikwissenschaftler und lange Jahre Kritiker an einer führenden Hamburger Zeitung. Als solcher lud er mich als Kind einmal zu einem Weihnachtsmärchen in die Staatsoper ein. Doch seine Enttäuschung über mein nur technisches Interesse ließ seine Initiative wohl erlahmen. Später wurde Onkel Kurt als Professor für Musikwissenschaft an die Universität Bonn berufen, wo er mein Studium begleiten sollte. Kurt war aus gänzlich anderem Holz als seine Brüder. Ruhig, ausgeglichen und besonnen vom Temperament, galt sein Lebensweg der Wissenschaft, und dies aus einem Fundus universaler Bildung schöpfend. Musik-, Literatur-, Kunst- und Philosophiegeschichte waren ihm vertraut. Viel hat er mir in meinen Bonner Jahren in langen Gesprächen davon erzählt, vor allem auch von seinen geistigen

Heimatorten: den Stoikern, Goethe, Schopenhauer und vorallem Brahms, den der einsame Mann seinen Freund nannte, den er bis in die letzte Faser seines Wesens kenne. Mehrere Bücher galten diesem großen Sohn Hamburgs. Onkel Kurt wurde für mich zum Vorbild für die wissenschaftliche Arbeit: gründlich, fleißig, klar in der Konzeption, quellenkundig und skeptisch gegenüber anderen Vorgaben, schrieb er in seinen Büchern und Artikeln für die ›Musik in Geschichte und Gegenwart‹ stets einen guten Stil.

In der Universität hörte ich später auch eine Vorlesung von diesem didaktisch begabten, präzisen und sehr sachlich wirkenden Lehrer. Still verhalten – nur manchmal konnte man Wärme oder gar Begeisterung hindurchspüren. Überraschend fast, daß dieser introvertierte Mensch lange Jahre in einem Streichquartett der Universität als Bratschist mitwirkte.

Sein Lebensgang blieb mir immer dunkel, denn er war sehr verschlossen und litt vermutlich unter einer unglücklichen Ehe, in der es nur Freundlichkeit gab – nicht mehr. (Seine Frau war ausgesprochen dumm, katzenfreundlich, devot und hysterisch; diese Liaison mußte offenbar aus Gründen der Ehre legitimiert werden.). Zu mir war er jedoch warmherzig und immer mit gutem Rat zur Seite. Früh schon riet er mir zu einer Doktorarbeit über einen Theaterkritiker. Später legte er mir nahe, Bibliothekar zu werden, wenn ich an der Universität keine Chancen hätte. Ja, er warnte mich sogar vor dem ›gefährlichen Parkett‹ der Fakultäten, auf dem man leicht ausrutschen könne. Fähigkeit allein genüge nicht. Damals war der wissenschaftliche Bibliothekar freilich noch ein empfehlenswerter Beruf. Man habe viele Möglichkeiten – so mein Onkel –, eigene Zielsetzungen zu verwirklichen. Er förderte mich, wo er konnte, blieb dabei immer sehr tolerant: ich müsse meinen Weg selber finden. Seine sehr schöne, aber bereits verfestigte Schrift, versuchte ich zeitweilig sogar nachzuahmen.

Ja, Wegweiser meines Lebens wurden meine Onkel – nicht mein Vater. Schon das häusliche Ambiente hätte viel bedeutet. Wäre dieser Onkel mein Vater gewesen, so wäre ich in einem vielseitigen, anregenden Gelehrtenhaus aufgewachsen. Eine kleine Begebenheit möchte ich abschließend noch erzählen. Mein Selbstbewußtsein war in jungen Jahren nur gering ausgebildet. Ich fragte wohl oft nach anderen Meinungen, war unsicher. Onkel Kurt spürte das und sagte mir etwa: »Du solltest Deinen Weg immer geradeaus gehen und Dich nicht so oft umdrehen.« Das saß! Bedauerlicherweise gab es in meinem späteren Leben nur noch wenig Verbindung zu diesem verehrten Onkel; seine Frau hatte vermutlich manches verhindert.

4. Lotte

Das kleine Porträt über Lotte (oder die Frauen) ist leicht zu schreiben. Unser jahrzehntelanger gemeinsamer Weg war ein glücklicher, belastet eigentlich nur durch meine zahlreichen schweren Krankheiten, unter denen die sehr fürsorgliche Frau oft mehr litt als ich selbst. Wir ergänzten uns in vieler Hinsicht. Männliches und Weibliches finden sich bekanntlich in jedem Menschen zusammen, ja, sie machen im Sinne Platons die Ganzheit des Menschen aus, sowohl im Individuum selbst wie zwischen den Geschlechtern.
Wir sind in Temperament und Wesensart sehr verschieden und doch in allen wesentlichen Dingen der Welt- und Lebensanschauung im schönen Gleichklang, zumal ein beiderseitiges Harmoniebemühen gelegentliche kleinere Spannungen leicht zu überwinden vermochte. Natur, Musik, Religion, Wandern, Schönheitssinn und Häuslichkeit verbanden uns schon »im Grunde«.

Lottes Wesen ist offen, natürlich, schlicht und fraulich, bescheiden und ›keusch‹ im tieferen Sinne, verständnisvoll und fürsorglich (manchmal zu viel!), immer tatkräftig und sozial eingestellt, fröhlich in der Erscheinung und schwermütig im Innern. Das ganze Leben verband uns immer auch eine tiefe Freundschaft, und in traurigen oder bedrückenden Lebenslagen ist sie mir bis heute ein guter Kamerad geblieben.
Wäre sie eine emanzipierte, moderne Frau gewesen – im negativen Sinne –, so hätte eine Zuneigung und Liebe meinerseits gar nicht erst entstehen können, denn solche Frauen haben die Mitte einer gestandenen Frau meist verloren und sind sich

selbst entfremdet; sie wollen anders sein als sie sind. Es hat immer etwas Künstliches an sich.

Ich lernte Lotte im Sommer 1949 in Bonn das erste Mal – noch flüchtig – kennen, als wir uns in einer Vorlesung bei Gesprächen mit einem Kommilitonen sofort sehr gut verstanden, meist einer Meinung waren. Dann verlor ich sie zunächst aus den Augen, bis ich zum Sommersemester 1950 wieder in Bonn eintraf und ich sie anläßlich eines ländlichen Studententreffens wiedersah und ihr liebevolles, teilnehmendes, doch zurückgenommenes Wesen mich so im Inneren traf, daß ich einfach *wußte*, daß wir fürs Leben zusammengehören sollten. Diese starke Gefühlssicherheit (Kleist!) fragte nicht nach dem Einzelnen, auch nicht nach den Schatten. Einzelnes wird der Leser in diesem Kapitel ohnehin vergeblich suchen.

Diese Gefühlssicherheit sollte später noch oft mein Leben führen und bestimmen – wie ein Kompaß. Man mag es auch Lenkung oder Fügung nennen – man denke an den indischen antaryamin (»innerer Führer«). Verstieß ich aus rationalen Erwägungen später gegen dieses Gefühl, so war es immer falsch.

Wir hatten zunächst einen langen, intensiven Briefwechsel, der unsere Seelen zusammenführte. Am 1. Januar 1951 waren die Würfel gefallen!

Rückblickend denke ich, daß für jeden Partner – wie man heute so geschäftsmäßig sagt – in der Regel mehrere Möglichkeiten einer Verbindung gegeben sind, je nachdem, welche Saiten bei einem Menschen zum Schwingen gebracht werden und welche klanglos bleiben. Charakter, Anlagen und Lebensabläufe fügen sich unter den Menschen zum Schicksal zusammen, innerweltlich gesehen. Der Bund mit Lotte hat sehr Vieles zum Schwingen gebracht – das allein ist selten, und dafür bin ich dankbar.

Frauen haben ihr eigenes Wesen, das es für sie zu entfalten gilt: ihre meist größere Sensibilität, Spontaneität, Beweglichkeit, Anpassungsfähigkeit, ihr Einfühlungsvermögen und oft intuitive Begabung haben mich immer angezogen – auch ohne jede erotische Orientierung. Der menschliche Charakter gleicht einem Mosaik, einer Komposition aus vielen kleinen und großen, bunten und blassen, eckigen und glatten Steinen, die sich sinnvoll oder auch diffus zusammenfügen, ein Bild ergeben oder verquer unerkennbar bleiben. Einige Steine treten in den Mittelpunkt, andere haben ihre Bildfunktion nur am Rande; brechen welche heraus, so fehlt ein Stück vom Ganzen. Die Metaphernsprache ließe sich noch weiter fortspinnen.

Doch eines fehlt dem Mosaik im Blick auf den Menschen: die Bewegung, die Veränderung, die Verwandlung. So betrachtet, trägt das Bild des Kaleidoskops, mit dem wir als Kinder begeistert spielten, zur Ergänzung bei. Es bleiben immer die gleichen (Bau)Steine, die sich durch das Drehen der Röhren ständig zu einem anderen Bild zusammenfinden, harmonischer oder gespannter, schöner oder belangloser – immer jedoch in einer regelhaften geometrischen Figur; gerade das aber ist das grundsätzlich freie, spontane und überraschend andere *Leben* nicht! – Man sieht, daß selbst ein gutes Symbol der Wirklichkeit menschlichen Seins nicht ganz gerecht werden kann. Das Individuum bleibt letztlich doch ein Geheimnis.

5. *Haus und Heimat*

Unser Zuhause, wie die deutsche Sprache so schön sagt, war fast immer das *Haus* (obwohl unwichtig!). Meine Kinderzeit verbrachte ich in einem alten Haus in Hamburg-Hamm, wo meine Eltern bis zu meinem 14. Lebensjahr wohnten. Ab 1952 – also meinem 26. Lebensjahr – lebten wir nach unserer Heirat vier Jahre im Elternhaus von Lotte in Bad Godesberg; ab 1960 dann jeweils im eigenen Haus in Mainz – Traisa (bei Darmstadt) – Tübingen – bis 1999.

So darf ich dankbar über eine reiche Erfahrung nachdenken, was mir das Zuhause, ein Haus, das Gehäuse, jeweils bedeutete. Ich möchte keine biographischen Einzelheiten aufzählen; hierzu nur wenige Markierungen setzen: die Jordanstraße 23 in Hamm ist mir der Inbegriff einer ganzen Welt gewesen – gesehen mit Kinderaugen, wohltuend behütet und geboren, zufrieden –, und im kleinen Garten gab es Entfaltungsspielraum zum Bauen und Basteln. Das alte Haus war auch in seinem Umfeld ein Gehege, man darf wohl Heimat sagen. Man kannte den Krämer an der Ecke (der noch eine Tüte Salz für 7 Pfennig abwog!), den Milchmann, den Papierladen und dann auch das begeisterte Rollerfahren.

Das Elternhaus von Lotte bot für einige Jahre des Familienaufbruches in einem bisher patriarchalischen, gutbürgerlichen Ambiente unter der liebevollen Fürsorge meiner (Schwieger-) Mutter nahe dem Studienort Bonn eine Zwischenstation, von mir später als Zeit der Abhängigkeit empfunden. Innerlich waren wir aber aufgefangen und ›zuhause‹. Dieser geliebten zweiten Mutter gilt mein besonderer Dank!

Ein kurzes, aber für unser Leben bedeutsames Zwischenspiel des Wohnens ergab sich während meiner Ausbildung und ersten Berufszeit, als wir nach Aufgabe unseres Godesberger Elternhauses im Dorf Niederbachem abseits vom Rhein unser erstes Familien-Nest bauen konnten. Im Dachgeschoß eines kleinen, einfachen Hauses wurde es zwischen 1956 und 1960 schon sehr behaglich. Bescheiden und glücklich verbrachten unsere Kinder hier ihre ersten Lebensjahre – auf dem Lande, nur über einen Feldweg erreichbar. Das im Bau befindliche halbe Doppelhaus am Stadtrand von Mainz, in das wir – nach einem Erbe – 1960 einzogen, war aus meiner Sicht ein Kompromiß. In drei Jahren wurde es kein Zuhause, zumal im rheinhessischen Umfeld.

Unsere beiden Söhne Uwe (geb. 1955) und Eckhart (geb. 1957) konnten in Charakter, Lebensgang und Weltorientierung nicht unterschiedlicher sein. – Das Modewort ›Gene‹ ist mir fremd: jedes Individuum hat sein Selbstsein, ist nicht einfach ableitbar. – Statt eines gesonderten Essays möchte ich mich daher auf eine sehr treffende Charakterisierung unseres damaligen Kinderarztes beschränken: Uwe sei »ein Romantiker auf dem Throne«, Eckhart »ein praktischer Wirtschaftsminister«. – Für sie wurde Traisa ein »Zuhause«.

Mit dem Wechsel nach Darmstadt entstand dann überraschend die kurzfristig zu nutzende Chance eines Hausbaus am Rand des Odenwaldes (Traisa). Ich war ›in meinem Element‹ – wie Uwe und Eckhart später – und konnte nach eigenen Vorstellungen – mit Lotte in Mainz planend – ein norddeutsches Klinkerhaus mit großem, bergenden Satteldach bauen, wenn auch unter Konzessionen gegenüber meinem alten, ebenso schöngeistigen wie technisch unbegabten Architekten. Am liebsten wäre ich selber der Architekt gewesen – doch ›spielte‹ ich ja Bibliothekar. Der Gesichtspunkt des Besitzes war für mich stets eine unwichtige Überlegung geblieben – für Lotte gleichfalls. Die

Gestaltung eines Gehäuses, einer dauerhaften Bleibe, eines Lebensortes, den wir »Die Insel« tauften, stand im Zentrum der Ausrichtung. 23 Jahre sollte dieses Haus unsere Heimat werden, wozu Lotte sicher das meiste beitrug. Jeden Abend freute ich mich, in dieses sehr schöne Haus wieder heimzukehren. (Seine technischen Mängel hatte ich nicht so stark wahrgenommen.) Von allen Reisen in die Welt kehrten wir beglückt wieder in dieses wirkliche Zuhause zurück – aufatmend.

Unser letztes Haus in Hagelloch (Tübingen) – ein oberes Terrassen-Reihenhaus – wurde mir nie zu einem wirklichen ›Zuhause‹. Es war nicht abgeschlossen, nicht bergend, keine Insel. Wohl konnte das schöne Tübingen Heimatgefühle wecken, aber nicht der »Schuhkarton«, in dem wir 13 Jahre wohnten. Als schöne Wohnung konnte man zustimmen, mit herrlichem Fernblick und konzentriertem Arbeitszimmer – hier aber wird nach dem tieferen Sinn eines Hauses gefragt. Ihn konnte der Dornäckerweg 29 nicht geben.

Ein Haus zu bauen, zu entwerfen, zu gestalten, gehörte immer schon zu den Träumen meines Lebens, die gern verwirklicht werden wollten. Der Gesichtspunkt der Architektur, der Raumordnung, des Gefüges und der Schönheit spielten dabei keine geringe Rolle. Doch die maßgebende Ausrichtung war etwas anderes. Einen Ort sowohl des familiären, privaten Lebens, der Bewahrung und Intimität wie der Geborgenheit, der Einkehr und der Ruhe zu schaffen. Man mußte sich aus der Welt in einen Innenraum zurückziehen können, der stille Konzentration und Besinnung ermöglichte. Das schöne Wort ›wohnen‹ bedeutet ja gleichzeitig: *sein*, bleiben und auch zufrieden sein – in einem (von alters her) befriedeten Bezirk. Überschaubarkeit und Maß – rechte Winkel – sollten das geordnete Gefüge als Heimat der Seele bestimmen. Dieser Ort galt in der Geschichte oft als heilig; nicht von ungefähr ist der Tempel mit dem Haus verwandt.

Mit der ›Insel‹ oder auch dem Hafen korrespondiert das offene Meer, die Welt, das Abenteuer, die Weite und Offenheit der ungewissen Lebensbahn mit ihren Herausforderungen und auch Bedrohungen. Die Ferne kann verlockend sein, das Reisen inspirieren und Orientierung ermöglichen, während die Enge des ›häuslichen Herdes‹ zur Isolierung und Verkümmerung führen kann. Offenheit und bergende Geschlossenheit müssen sich ergänzen, die Entdeckung einer Kultur in fernen Ländern und die stille Kammermusik ›zuhause‹ bilden die wünschenswerten Pole unseres Lebens – mit vielen Variationen des Innen und Außen.

In Traisa durften wir diesen Traum in den gesetzten Grenzen verwirklichen! Von hier aus brachen wir zu unseren größeren Reisen in die Welt auf und kehrten jedesmal beglückt in dieses Zuhause wieder heim. Die Kinder hatten ihren Lebensraum und konnten sich entfalten. Lotte pflegte ihren schönen Garten, der am Ende sich zu einem kleinen Park entwickelte. Im zurückgezogenen Reich unseres großen Dach-Wohnzimmers gab es (leider nur!) einige Male wunderbare Liederabende (Lotte am Flügel) und gelegentlich auch Geselligkeit. Die Waldnähe ermöglichte immer wieder kleine Wanderungen, und frühmorgens ging ich im Sommerhalbjahr eine halbe Stunde zu Fuß bis zur Straßenbahn, die mich zum Darmstädter Schloß brachte. In Hessen waren wir nicht zuhause, wohl aber in der Traisaer Röderstraße 37.

Wenn man heute zurückschaut und sich die Frage stellt, wo denn wohl der Ort der Heimat auszumachen sei, so gerät man in Verlegenheit, obschon meine Generation noch nicht der ›mobilen Gesellschaft‹ angehörte, wie sie heute für die meisten Menschen in den Industrieländern gilt.

Darf ich mich Hamburger nennen? So antworte ich meist auf entsprechende Fragen. Dort bin ich geboren, aufgewachsen; Jugend und erste Studienzeit wurden dort verbracht. Haus, Garten, Familie, Schule, erste Freundschaften (z. B. zu einem

Schulkameraden, der später Musiker wurde), die Stadt Hamburg, der Hafen, die Musikhalle und die Theater, nicht zuletzt auch die Kriegserfahrungen prägten Charakter, Selbstverständnis und Mentalität. Viele Gefühle sind im Spiel; schöne Erinnerungen können auch zur Verklärung beitragen. Spät abends sind wir nach einem faszinierenden Konzert oft an der Alster nach Hause gegangen, haben lange das Gehörte nachklingen lassen.

Es ist freilich notwendig, seine Vaterstadt – wenigstens für eine Weile – zu verlassen, um Distanz zu gewinnen und andere Maßstäbe kennen zu lernen. So können sich später neue Beheimatungen ergeben, etwa durch einen neuen Freundeskreis, andere Landschaften, sprachliche und kulturelle Einflüsse wie eigene geistige Aktivitäten, die einen Lebensraum schaffen können, in dem man sich ›zuhause‹ fühlt. Man kann in bisher unbekannte Traditionen hineinwachsen; sie können unter Umständen zur Selbstfindung beitragen. Auf diese Weise entstehen neue, ergänzende oder gar Bisheriges ersetzende Heimatgefühle. Manchmal werden neue Wurzeln geschlagen. So wurden Godesberg, der Rhein und die alte Universitätsstadt Bonn für mich zur zweiten Heimat. Der Rhein hatte ohnehin in vielerlei Hinsicht auf mich eine starke Anziehungskraft. Meine alma mater Bonn steht als prägende Universität noch heute im Zentrum meiner Erinnerungen; von dort gingen Impulse aus und bildeten sich erste Freundschaften. Vor allem aber lernte ich Lotte kennen – es entstand unser Bund fürs Leben. Die Ehe ist zwar ein bergender Hafen, in dem man festmacht, ausruht und lebt, doch sind Schiffe zum Auslaufen geschaffen, zur Welt-Erfahrung – möglichst gemeinsam –, um schließlich wieder im Heimathafen anzulegen. Gerade Menschen können zur Heimat werden, Heimat und Sehnsucht sind Schwestern.

Denke ich an Tübingen zurück, so gerät die Frage nach der Heimat ins Zwielicht. Ich liebte die Stadt, sie war Ziel unserer späten Strebungen. Die Universität hatte eine starke Anziehungskraft – kein Vergleich zu Hamburg. Die großartige Bibliothek wurde mir in diesen noch fruchtbaren Pensionsjahren zur regelmäßig genutzten Arbeitsstätte. Eine Lehrtätigkeit mußte wegen häufiger Krankheiten unterbleiben. Der große Waldrücken – Schönbuch genannt – lud zu regelmäßigen kleinen Wanderungen ein, und das geliebte dörfliche Hagelloch vermittelte schon Heimatgefühle. Doch das Entscheidende fehlte. Wir fanden keinen uns entsprechenden Menschenkreis mehr; wir hatten keine Wurzeln schlagen können, zumal auch Lotte im Universitäts-Chor nicht mehr mitsingen konnte, ich selbst eine andere Spur verfolgte als meine Universitäts-Kollegen.

Wenn man das wunderbare deutsche Wort Heimat ausspricht, verbindet man damit sofort das hintergründige Wort Heimweh oder gar Heimgang. Es ist ›metaphysik-verdächtig‹, wie böse Zungen heute sagen. Wenn man sich in das Gedankenreich von Haus und Heimat begibt, darf freilich ein Ausblick in die geistige Heimat eines Menschen, die bei mir mit Schubert, Caspar David Friedrich, Novalis und Bruckner verbunden ist, nicht fehlen. Sie entsprechen meinem Selbstverständnis – neben so großen Namen wie Platon, Eckhart, Rembrandt, Kant und Jaspers. – Doch folge ich nun schon anderen Spuren...

6. Leidenschaft: Wissenschaft – Studium und Forschung

Mein Studium begann beiläufig schon mit etwa 16 Jahren, begleitet von einer weltanschaulichen Neuorientierung – nach der langen Bastelphase und Ausrichtung auf die Technik. Das Jahr 1942 – mitten im Krieg – kam einem völligen Kurswechsel gleich, wenn er sich auch nur allmählich vollzog. Mit der Technikkritik – stark gefördert durch ihre entsetzliche Perversion an den Fronten – kam auch die innere Hinwendung zu den Geisteswissenschaften; grob vereinfacht: statt Materialismus nun Idealismus. Natürlich stimmt diese Gleichung nicht, denn technische Entwicklungen erfordern geniale Köpfe mit neuen Erkenntnissen, und in den sogenannten Geisteswissenschaften kann es ziemlich ›geistlos‹, nämlich sammelnd, registrierend, faktenorientiert zugehen.

So wandte ich mich noch in der Schulzeit zunehmend den schöngeistigen Dingen zu, vor allem der Musik (davon später), dem Theater, der Literatur und den Künsten – freilich immer begleitet von der wissenschaftlichen Urfrage nach dem Warum aller Dinge, Verhältnisse und Lebensweisen. Begeistert las ich Goethes Faust, weil er mir aus dem Herzen sprach mit seinem rastlosen Fragen, »was die Welt im Innersten zusammenhält«. Mein Erkenntnistrieb beherrschte schier alles: es wurde spannend, fesselnd und machte Spaß. Die Schule interessierte mich nicht sehr. Statt leicht verständliche Technikbücher, die mich in die Hochfrequenz einführten, las ich nun Kant und Schopenhauer und hörte noch im Sommer 1944 Prof. Adolf Meyer-Abichs Kolleg über Naturphilosophie an der Universität.

Für unsere Marionettenbühne schrieb ich kleine Märchenstücke, aus Vorlagen natürlich, und bei allem begleitete mich

mein Jugendfreund Gerhard Gellrich, der später Dirigent wurde.
Seltsamerweise war es eine Zeit stiller Reflexionen – mitten im Krieg, mir heute kaum vorstellbar. Da ich nicht eingezogen wurde, gab es mancherlei Zeit zum Nachdenken – über ›Gott und die Welt‹, wie man zu sagen pflegt. Das Notabitur wurde für Universitätsanwärter nicht anerkannt; so mußte ich mit mehrfachen Unterbrechungen wieder zur Schule gehen; ich war ihr längst entwachsen. Immerhin durfte ich noch Griechisch lernen, wenigstens so leidlich. Natürlich verschlang ich die Platonischen Dialoge, entdeckte überhaupt den Geist der antiken Kultur. Es gab auch kleine Versuche, selbst solche Dialoge nach griechischer Manier zu schreiben. Überhaupt begann ich, mich literarisch zu betätigen – zuweilen ziemlich anmaßend, pathetisch und konstruiert aus heutiger Sicht. Solcher Art war der Aufsatz zur ›Metaphysik der Musik‹.
Im Herbst 1944 freilich begann mein Einsatz als Elektroinstallateur in einem Hamburger Rüstungsbetrieb bis zum Mai 1945, so daß diese erste Zeit geistiger Entdeckungen zeitweilig beendet war.
Nach dem Krieg verhieß das zerstörte Deutschland – auch Hamburg – nichts Gutes. Gab es für uns, die wir doch unbedingt studieren wollten, irgendeine berufliche Zukunft? Meine Bereitschaft zum Wagnis hielt sich von jeher in Grenzen. Notfalls hätte ich auch eine Tischlerlehre begonnen, um eine meinen Fähigkeiten angemessene Existenz zu finden. Aber Kaufmann, Geld, Büro? Das lag mir fern. Und doch begann ich eine entsprechende Lehre, da mein Vater im Sommer 1945 noch nicht wieder heimgekehrt und seine Firma zerstört war. Die Familie mußte leben können! Doch regelte sich alles bald, und so konnte ich zunächst an ein Studium denken. Gleichwohl hatte ich ständig mitzuverdienen, meist durch Nachhilfeunterricht und monatliche Lebensmittelkartenausgabe (bis 1949). Mir ist das nicht schlecht bekommen, gab es doch auch einen

gewissen Freiraum zur Selbstbestimmung. Ich konnte z. B. meine kleine Bibliothek mit Hilfe der Zigaretten-Währung (1 Zigarette = 3 Reichsmark) antiquarisch aufbauen und auch für 1 bis 2 Reichsmark ins Theater gehen.
Was aber konnte ich realistischerweise studieren? Da die religiösen Grundfragen mich schon seit Jahren umtrieben – Philosophie ohnehin – und die Entdeckung der Sprache erstmals ins Blickfeld rückte, psychologische Beobachtungen ebenfalls mein Interesse weckten, war der Rahmen der Fächerwahl wenigstens abgesteckt.
Mit der indischen Kultur hatte ich bereits erste Bekanntschaften gemacht, doch schied ein Sanskritstudium aus, denn wir waren zu arm, als daß ich ein Studium ohne berufliche Chance hätte wagen können. Für die Gräzistik reichten die Voraussetzungen nicht. Theologie war nicht gleich Evangelium, Philosophie galt als ›brotlose Kunst‹. Was blieb? Deutsch und Religion für das Gymnasium.
Hatte ich dieses pragmatische Studium als Notlösung anzusehen, war es letztlich ungeliebt? Mußte ich meine eigentliche Intention verleugnen, mich über Gebühr anpassen? Diese Fragen traten vorerst in den Hintergrund, denn wir Nachkriegsstudenten dürsteten geradezu nach geistiger Bewegung aller Art, nach Neubeginn freien Denkens, und nahmen in überfüllten oder oft kalten Hörsälen bereitwillig auf, was die Professoren anzubieten hatten. Zweckgesichtspunkte hatten zunächst kein Gewicht. Wir sehnten uns nach Leitbildern und vor allem freier Entfaltung. Für mich bedeutete dies, den eigenen Weg im Rahmen der Vorgaben zu entdecken, Akzente setzen und Ausschau halten nach neuen Schwerpunkten.
Für die Sprachwissenschaft ergab sich dies schon im 1. Semester anläßlich einer einprägsamen Vorlesung des ebenso klarsichtigen wie weltoffenen und humanen Gräzisten Bruno Snell über den »Aufbau der Sprache« – stets indogermanisch vergleichend ausgerichtet. Mir wurde bald deutlich, daß Struktur,

Wesen, Denkform der Sprachen für mich zum Zentrum werden sollten – von ihrer Schönheit einmal abgesehen. Für eine lebende Sprache kamen Gefühl, Mentalität und vor allem Musikalität hinzu. Das Verständnis für diesen Aspekt besorgte mein germanistischer Lehrer Ullrich Pretzel durch seine mittelhochdeutschen Vorlesungen. Wie der magische E. T. A. Hoffmann vermochte dieser einfühlsame, hochdifferenzierte und musische Mann uns zu fesseln und den Geist der Stauferzeit nahezubringen – wenn auch völlig unsystematisch im Vortrag, nämlich einfallsreich und sprunghaft. Doch erlebte ich höchst anschaulich: ohne eine starke Intuition, die die Fülle des Wissens zu begleiten hatte, ging es in den Geisteswissenschaften nicht! Ohne Sensibilität für den Kontext war gute Philologie nicht möglich.

Das Handwerkszeug, nämlich Grammatik, Vokabeln, Etymologie des Gotischen, Althochdeutschen usw. vermittelten uns andere Lehrer, für mich eine mühsame Hürde, denn mangels guten Gedächtnisses fiel mir das Lernen von 20.000 Vokabeln schwer. Das sollte mein Studium lange belasten.

Literaturwissenschaft lag mir mehr, vor allem das Drama und später die Lyrik bei Günter Müller in Bonn. Romane habe ich kaum kennengelernt, da ich viel zu langsam las. Wie konnte man nur ein germanistisches Sprachexamen absolvieren?

Letztlich mußte ich erkennen, für die Philologie (auch Historie) eigentlich nicht begabt zu sein, denn mich berührten nicht die Einzelheiten, die tausend Dinge des Wissens, sondern stets das Grundsätzliche, das Gerüst gewissermaßen: das Allgemeine im Gegensatz zum Besonderen, wie man es in der Philosophie nennt.

Anders sah es mit der ›Welt der Religion‹ aus. Meine Orientierung war schon früh universal ausgerichtet. In Hamburg jedoch begann man erst, eine Theologische Fakultät aufzubauen. Die Studienbedingungen waren daher nicht günstig: manche Pastoren übernahmen per Lehrauftrag vorläufig den Unterricht.

Drei starke Persönlichkeiten aus Hamburg möchte ich mir und der Nachwelt in Erinnerung rufen; sie wurden für mich zu Wegweisern fürs Leben: Walter Freytag, Kurt Leese und Walter Dittmann.

1946 und 1947 – den besonderen Hungerjahren – saßen wir zusammen in einem alten, dunklen Seminarraum und lauschten der zarten, verhaltenen Stimme des welterfahrenen Missionsdirektors Walter Freytag: er übernahm damals quasi eine religionskundliche Orientierung via Phänomenologie und Religionssoziologie. Es war meine erste Bekanntschaft mit der mein ganzes Leben prägenden Religionswissenschaft (vgl.»Scientia, quo vadis?«). Freytag ging sehr feinsinnig und behutsam ans Werk, veranschaulichte vergleichende Fragestellungen durch Erzählungen über menschliche Begegnungen – weltweit. Sein Standort: streng christlich, doch aufgeschlossen und einfühlsam für andere Positionen oder kultische Beobachtungen. Ihm war es gegeben zu vermitteln, was Rationalisten versagt ist: Sensibilität für religiöse Vorgänge und Gedankengänge zu wecken.

Gänzlich anderer Natur war Kurt Leese, Ordinarius für Philosophie, besonders Religionsphilosophie. Diesem kantigen Westfalenkopf – unbeugsam, aufrichtig und kämpferisch liberal, ein didaktisch hervorragender Gelehrter wie eigenständiger Geist – verdanke ich sehr viel. Nicht nur das systematische Denken konnte man bei diesem kernigen Protestanten lernen, der die ganze europäische Geistesgeschichte überblickte, sondern vor allem die Befreiung des Geistes von dogmatischen Fesseln erfahren, spüren, worauf es wirklich ankommt in der reichen christlichen Tradition, von der Botschaft des Neuen Testaments ausgehend. Gelernt habe ich, daß die sogenannten ›Ketzer‹ – die Querdenker sagt man heute – die eigentlichen Motoren der Geistesgeschichte waren. Meister Eckhart, Giordano Bruno, Lessing, Schweitzer und Rilke – sie wurden zu Marksteinen in

Leeses Vorlesungen –, stets in überfüllten Hörsälen, obwohl dieser Lehrer niemandem nach dem Mund redete! Souveräne, unabhängige Köpfe kannten wir Jungen ja damals nicht. Unter den Universitätspastoren, die eine Theologische Fakultät vorläufig zu ersetzen hatten, erlebte ich außer Walter Dittmann keine herausragenden Figuren. Pastor Herntrich gehörte zu den Typen mit dem ›aalglatten Heilslächeln‹ – so spotteten wir –, den theologischen Akrobaten, die jeder prekären Situation dialektisch auszuweichen wußten. Der etwas einfältige, aber gradlinige und gutherzige ›Papa Bülck‹ – so nannten wir ihn – konnte uns nicht inspirieren. Gern hätten wir ein Format wie Paul Tillich in Hamburg als Lehrer verehren mögen!
Doch im bunten Zoo, genannt Menschenwelt, lassen sich unter der Familie ›Christen‹ – oder gar Theologen – mancherlei putzige, liebevolle oder gar bissige Exemplare ausmachen: da gibt es die Hagestolze, die Verklemmten, die Unterwürfigen, die still Meditierenden, die Strengen und Fordernden, die Gutherzigen voller innerer Freiheit, aber auch die Frömmelnden und ständig Angepaßten, erstarrte Dogmatiker, die ohne ihre eingebaute Korsettstange nicht leben können oder gar bei innerer Schwäche zu intoleranten Fanatikern werden können. – Sehr verbreitet sind die naiven oder arglosen Weltfremden. Meist wunderbare Menschen ohne Realitätssinn; ihre Gutgläubigkeit läßt sie leicht stolpern. Gern begegnet man den Standhaften und Klaglosen, Hilfsbereiten und Mutigen, die trotz ihrer Last überzeugte Christen bleiben. Unerträglich sind eigentlich nur die Mustergültigen, Selbstgerechten, die von ihrem eigenen Schatten nichts wissen und dadurch so abstoßend erscheinen. Man könnte ein eigenes Buch darüber schreiben.
Beeindruckend war Pastor Dittmanns Seminar. Dieser hagere, klarsichtige Mann wirkte wie die personifizierte Ehrlichkeit – locker, unkonventionell, selbstironisch und frei von jedem theologischen Geschwätz. Immer wieder begab er sich auf Spurensuche nach dem Kern der christlichen Botschaft und fand

neue, zeitgemäße Vokabeln für eine Überlieferung, die fremd geworden war. Stets wurden moderne Malerei, Theater und Philosophie eingeschlossen. Ein Ethos der Verantwortung und der Selbstbestimmung stellte er im Sinne Kierkegaards den schönen Gefühlen einer unverpflichteten Ästhetik gegenüber. Die Theatralik und ›Inszenierung des Heiligen‹ bei Richard Wagner suchte er zu entlarven, ohne die Größe dieses Genies zu verkennen. Mit der harmlosen Süßlichkeit des »lieben Gottes« räumte er gründlich auf, nach den Erfahrungen von Bombennächten und »Stahlgewittern«.

Besonders dankbar war ich ihm für die Einführung in die Grundgedanken der Existenzphilosophie; sie haben viele von uns nachhaltig geprägt; bei mir gingen sie in die Disposition der späteren Dissertation ein. Die frühen Arbeiten von Karl Jaspers sollten mich fortan begleiten. So fügte sich alles zu einem freien, ›transzendenzoffenen‹ religiösen Standort zusammen.

Dittmann vermochte diese Denker zusammenfassend ›auf den Punkt‹ zu bringen: Objektivierend denkt man unverbindlich, man baut sich ein metaphysisches System auf oder begibt sich auf die Erkenntniswege der Wissenschaft – ohne Bezug auf das eigene Leben. Das existentielle Denken hingegen setzt bei der eigenen Person ein, spürt das Dasein, das hier und jetzt sinnvoll zu bewältigen und zu verantworten ist – ohne Rücksicht auf ein Weltbild mit seinen Fragen nach dem Warum, Woher und Wohin. Das traf sich mit der bekannten realistischen Antwort Buddhas auf eine Schülerfrage nach den Hintergründen des Seins. Es könne doch nur um sein Heil gehen, um sein erlösungsbedürftiges Dasein. So schloß sich der Kreis: Der Wegweiser Dittmann stand am rechten Ort zur rechten Zeit: KAIRÓS.

Dennoch wurde mir Hamburg als Universitätsstadt zu eng. War es denn zur Zeit der Besatzungszonen überhaupt realistisch, nach draußen zu streben, ins Rheinland, nach Bonn, ohne Geld und Studienplatz? Wo konnte man Religionswissenschaft studieren, wo gab es inspirierende Philosophielehrer? Auch die häusliche Atmosphäre in der Notwohnung verbreitete Enge. So gelang es mir, per Studienplatztausch für ein Semester (Sommersemester 1948) nach Mainz zu kommen – wenn schon nicht nach Bonn. Ich hauste weit draußen auf dem Lande in Marienborn in einem extrem primitiven Dachzimmer, für das ich mir erst ein Lichtaggregat mit Trafo bauen mußte, um dort leben zu können. Mit einem uralten Dampfzug fuhr ich jeden Morgen durch das ›französische‹ Rheinhessen in die Stadt zur Uni. Im Hauptbahnhof ›begrüßte‹ uns der Lautsprecher mit ›Ici Mayence, ici Mayence‹; erst beim Verlassen des Bahnhofs vernahm man noch die anschließende deutsche Ansage. Entschädigt wurden wir jedoch durch eine bereits gut etablierte Universität, durch französische Initiative errichtet.

Ich war völlig auf mich selbst gestellt und genoß die geistige Freiheit, wenn auch unter harten materiellen Bedingungen, nicht zuletzt der Währungsreform vom 20. Juni 1948. Doch gruben sich diese Erfahrungen kaum in das Gedächtnis ein.

Das große Ereignis dieses Sommers war für mich die Begegnung mit Otto Friedrich Bollnow und der 2. Deutsche Philosophiekongreß. Endlich ein Philosophielehrer von Format! Ich hörte seine Vorlesung über ›Schelling und die Kunstphilosophie‹. Ein feinsinniger, behutsam vorgehender, ebenso anspruchsvoll wie bescheiden wirkender Professor (eben: Bekenner) stand vor uns, beschwingt und musisch, aber auch hochsensibel in seine Gedankengänge vertieft. Kaum vorstellbar, daß der graue, ausgehungerte Mann damals erst 45 Jahre zählte. Er blieb mir bis zu seinem Tode verehrungswürdig, denn bei allem Anspruch stellte er sich stets selbst in Frage und war immer gütig. Zum nachwirkenden Vorbild wurde er mir freilich nicht zuletzt wegen seiner klaren, anschaulichen Sprache, die es vermochte, selbst eine Erkenntnistheorie – das schwierigste, was es in der Philosophie gibt – allgemeinverständlich darzu-

stellen! – Da Bollnow aus der Dilthey-Schule kam und psychologische Begabung (wie Hans Wenke aus Hamburg) mit der phänomenologischen Methode zu verbinden wußte, hatte er betrüblicherweise in den späteren Nachkriegsjahren in Deutschland wenig Echo finden können. – Die Japaner nahmen sein Lebenswerk auf, auch der spanische Kulturraum.
Über das andere große Ereignis, den Philosophiekongreß, berichte ich ausführlicher in dem Tübinger Essay über ›50 Jahre Religionswissenschaft in Deutschland‹. Für mich als 22jährigen war es faszinierend, die zum Teil internationale Crème der Philosophie kennenzulernen, herrschte doch die weit verbreitete Meinung, die Philosophie habe abgedankt – endgültig, sowohl als ›Königin der Wissenschaften‹ wie auch als Impulsgeber von Leitlinien des Handelns. Jetzt kamen die Denker zur Neubesinnung zusammen: Nicolai Hartmann, Johannes Hessen, Paul Tillich, Eduard Spranger (!) und viele andere wollten überdenken, ob die Philosophie im 20. Jahrhundert noch eine Chance habe – nach diesem europäischen Völkermord.
Als kleine Randnotiz möchte ich zu erwähnen nicht versäumen: die fesselnde Beethoven-Vorlesung des Mainzer Musikwissenschaftlers Arnold Schmitz. Er weckte Begeisterung durch Lebendigkeit und Intuition; er hätte ebenso gut ein mitreißender Dirigent sein können. Wie anders mein eher nüchtern, verhalten und sachlich wirkender Onkel Kurt Stephenson in Bonn. Der Mainzer Sommer hatte mich allemal angeregt, meine alma mater künftig außerhalb Hamburgs zu suchen.

Im Sommer 1949 gelang es mir endlich, an die ›richtige‹ Universität zu kommen; mein Onkel gab mir mancherlei Rat und half mir durch förderliche Zuwendung. Nun konnte ich das studieren, was mir eigentlich am Herzen lag: Religionswissenschaft, Philosophie und mehr Literaturwissenschaft als Philologie. Es wurde zu einem regulären Zweitstudium in dieser behaglichen Kleinstadt am geliebten Rhein und machte einfach

Spaß; Wissenschaft wurde zur Leidenschaft und blieb es bis heute. Das Brotstudium mit Germanistik – »und leider auch Theologie« – mußte freilich absolviert werden, da es beruflich anders keine Chance gegeben hätte. Wegen eines möglichen Staatsdienstes als Lehrer oder auf anderem Felde war das Staatsexamen unerläßlich.

Da der Gedanke, das Fach Religion im Gymnasium unterrichten zu müssen, mir aber zunehmend zum Albtraum wurde – aus Gewissensgründen –, folgte ich dem Rat meines Onkels, den Beruf des wissenschaftlichen Bibliothekars anzustreben. Diese Lösung meines Dilemmas sollte sich als richtig erweisen, denn eine Universitätslaufbahn (wie man im Beamtendeutsch zu sagen pflegt) hatte damals selbst für begabte Anwärter auf dem Gebiet der Religionswissenschaft keine Chance.

Nun aber zum mir wichtigeren, inneren Aspekt des Studiums. Die Bonner Universität hatte eine gute Tradition und bot in den 50er Jahren eine Fülle von Anregungen durch bedeutende Professoren. So konnte ich die Vorlesungen des feinsinnigen Goethe-Forschers Günter Müller, des temperamentvollen und querköpfigen Barth-Schülers (welch eine unselige Entwicklung!) Helmut Gollwitzer und des spannenden Indogermanisten Leo Weisgerber in mich aufnehmen. Der bedeutende Alttestamentler Martin Noth sprach gewissermaßen an meinem Innern vorbei, denn das Alte Testament ist mir stets fremd geblieben!

Im Mittelpunkt meiner Studien standen freilich Gustav Mensching und die Philosophen Theodor Litt, Erich Rothacker und Johannes Thyssen.

Das Seminar von Gustav Mensching war recht bunt zusammengesetzt. Studenten vieler Kulturwissenschaften fanden sich hier zusammen, ganz entsprechend der übergreifenden Perspektive der Religionswissenschaft. So konnte die Diskussion immer vielseitig und anregend sein.

*Rheinische Friedrich-Wilhelms-Universität
Bonn*

Wer war Mensching, der dieses Zentrum der Religionswissenschaft leitete und durch zahlreiche Bücher zu seinem Bekanntwerden beitrug? Vor allem war er für uns ein sowohl didaktisch und systematisch wie theoretisch begabter Lehrer, der es verstand, durch klare Diktion sehr schnell universale Zusammenhänge aufzuzeigen. Man konnte viel lernen und sich alles leicht aneignen. Doch war er kein origineller Kopf, sondern wußte geschickt übernommene Ideen von Rudolf Otto, van der Leeuw und anderen umzusetzen und anzuwenden. Seine Vorlesungen waren packend, gingen aber nicht in die Tiefe. Den Menschen Mensching konnte man schwer erkennen. Er war ein rationaler, gewandter Typ mit übersteigertem Selbstbewußtsein, schillernder Selbstdarstellung und Eitelkeit, extrovertiert und doch nicht ohne erkennbare religiöse Mitte. Suchte dieser ruhelose, im Grunde schwache Mensch einen Ort der Stille? Es ist schwer zu sagen.

Meiner späteren Dissertation über Meister Eckhart (1954) legte er keine Steine in den Weg; er war mit meinem Entwurf sofort einverstanden und stellte das Ergebnis später seinen Seminaristen als Modell vor, wie man mir erzählte. Doch ging er mir persönlich aus dem Wege; vielleicht spürte er meine unausgesprochene Kritik. So konnte er zwar ein Habilitations-Stipendium warm empfehlen, doch mir selbst von der Universität abraten (vielleicht aus Überzeugung?). Am Ende muß ich bekennen: Mensching gehörte nicht zu meinen verehrten Lehrern, geschweige denn Vorbildern.

Anders stand es um die Bonner Philosophen. Sie waren ideenreich und für mich nachhaltig wirkend: Theodor Litt, ein geistesgeschichtlich universal ausgerichteter Kopf Hegelscher Provenienz trug seine vierstündige Vorlesung druckreif ›aus dem Kopf‹ vor, spannend für den Zuhörer, doch in Ausdruck und Gestik abstoßend: ein nicht gerade gewinnendes Gesicht, beherrschende Gebärde mit Stehkragen und ›Kneifer‹ – gerade so wie ein wilhelminischer Oberlehrer. – Das Gegenteil Erich

Rothacker, ein temperamentvoller Vollblutmensch, genial, inspirierend, aber auch schlampig und oft unvorbereitet. Die Vorlesungen dieses herzhaften Franken gerieten zu Sternstunden des Geistes – oder langweilten uns. Ich denke vor allem an seine Kulturphilosophie mit den polaren Zentren Oswald Spengler und Arnold Joseph Toynbee.

Für den Fortgang meiner Studien sollte freilich auch Rothacker wegweisend werden, denn seine »Logik und Systematik der Geisteswissenschaften« setzte Leitlinien für Jahrzehnte.

Johannes Thyssen – ein stiller, verhaltener Bremer – wirkte durch sich selbst: seine bescheidene Gründlichkeit, seine konstante Gradlinigkeit und Fürsorge für seine Studenten. Er war Kantianer mit realistischem Ansatz, präzise in der Analyse der Existenzphilosophie und mir der liebste von allen. Er konnte zum Vorbild werden, nicht zuletzt auch durch seine so wahrhaftige skeptische Offenheit für ›den Sprung in den Glauben‹. In seinem Sartre-Seminar lernte ich den Inder Sahu kennen; wir freundeten uns an. Später hörte ich zu meiner Freude, daß dieser ebenso intelligente wie bescheidene und liebenswerte Shudra (indische Kaste) Kulturminister des Bundesstaates Orissa geworden war.

Natürlich wählte ich mir Johannes Thyssen anläßlich der Promotion zu meinem Prüfer im Fache Philosophie. Dieser begabte Pädagoge brachte es durch seine gelassene Dialogbereitschaft fertig, mir nach wenigen Minuten die Angst zu nehmen. Die sogenannte ›Prüfung‹ wurde zu einer spannenden Unterhaltung, die wir am Nachmittag beim Tee in seinem Hause fortsetzten. Als ich meinen verehrten Lehrer, der seine Gefühle meist verbarg, nachher fragte, warum er so wenig geschrieben habe, sagte er mir sinngemäß, das wolle er nach seiner Emeritierung besorgen, zunächst hätten die Studenten den Vorrang. Das war Johannes Thyssen.

Ein kleines, für meinen Werdegang jedoch bedeutsames Zwischenspiel während der wechselnden Bonner und Hamburger Studienjahre ist noch zu vermerken. Im Herbst 1949, nach dem ersten (6.) rheinischen Semester, erklärte mir mein Vater, der mit einem wirtschaftlichen Neubeginn zu kämpfen hatte, er könne mein Studium wohl kaum mehr finanzieren. So versuchte ich zunächst, mittelfristig wieder Geld zu verdienen und schrieb auf eine Anzeige, durch die eine Hauslehrerstelle auf einem Gutshof bei Büchen (50 km östlich von Hamburg) ausgeschrieben wurde. Bezeichnend für die Nachkriegszeit: es gingen bei einem Monatslohn von 50,– DM und freier Station etwa fünfzig Bewerbungen ein – und ich erhielt die begehrte Stelle. Eine Mutter von zwei Kindern (ca. 8 und 10 Jahre alt), selbst Kunsthistorikerin und Graphologin (!) wählte mich aus. Für ein halbes Jahr war ich abgesichert durch eine Tätigkeit, die mir viel Freude machte. Ich durfte Kinder unterrichten und hatte halbtags Zeit zur Examensvorbereitung für Philosophie und Pädagogik (Staatsexamen). Es traf sich glücklich, daß meine Arbeit sich mit Schopenhauer und der indischen Philosophie befaßte, während ich die Kinder in dem buddhistischen (!) Hause im Fach Religion entsprechend zu unterrichten hatte. Es waltete ein guter Geist im Hause Von der Osten: sanft, verständnisvoll, auf Einsicht abgestellt und doch konsequent. Auch den Leiter der buddhistischen Gemeinde in Hamburg, Paul Debes, lernte ich kennen. Frau von der Osten war eine bedeutende Persönlichkeit, deren Lebensmaximen mich nicht unbeeinflußt ließen. Sie war ein schwieriger Mensch, dem es sicher oft schwer fiel, Gefühle und Stimmungen im Zaum zu halten. Auch Lebensenttäuschung (Krieg?) und eine pessimistische Menschensicht konnte man wahrnehmen. Verbunden mit einer sehr selbstkritischen Geistigkeit ergab dies eine anregende Ausstrahlung.

Den Kindern machte der Unterricht Spaß; ihre Mutter ließ mir freie Hand. So blieb dieser Winter in schöner Erinnerung.

Nach dem Abschluß des Staatsexamens (Hamburg 1956) in den beiden Brotfächern – für Walter Freytag sein erstes und einziges Examen – konnte ich aufatmen, da die Voraussetzungen für eine Bibliotheksstelle gegeben waren und die Möglichkeit bestand, die geliebte Wissenschaft ›nebenher‹ zu betreiben. Damals wußte ich noch nicht, welche Energie mir diese bewußte Orientierung zusätzlich abverlangen würde, denn meine körperliche Konstitution verfügte ja nie über die dafür nötigen Kraftreserven. Umso dankbarer war ich, als nach dem so geschätzten, gerade begonnenen Stipendium der Deutschen Forschungsgemeinschaft 1957 aus Köln das Signal zum Eintritt in die Bibliothekslaufbahn kam, denn ich war schon damals ein ›Sicherheitskandidat‹, wie man so sagt. Für einen freien Beruf oder auch nur eine offene Zukunft an der Universität fehlten mir schon früher Mut und Kraft. – Doch erst fünf Jahre nach Aufnahme der regulären Berufstätigkeit in Mainz 1959 (ab 1961 in Darmstadt), Familiengründung, Erbe und Hausbau konnte meine eigentliche Lebensarbeit durch erste Publikationen Früchte tragen.

Verständlicherweise konnte ich in der Wissenschaft stets nur ›kleine Brötchen backen‹, gern hätte ich manche Thematik zu einem Buch entfaltet, wie etwa Indien, Denkformen, Mystik, Ethik oder religiöse Anthropologie. So mußte manches Entwurf oder Teilaspekt bleiben (vgl. Bibliographie).

Eine Ausnahme bildete meine Dissertation (1952-54) über das Gottesbild bei Meister Eckhart, man könnte auch sagen: System – Existenz – Mystik. Dieses Buch machte mir viel Freude; keineswegs war es nur eine Examensaufgabe! Das Konzept meines Vorgehens war immer das gleiche – eigentlich selbstverständlich: 1. Quellenstudium (Originaltexte), 2. vorläufige Fragestellung und Gliederung, 3. Sekundärliteratur kritisch lesen und Wichtiges berücksichtigen, 4. endgültige Disposition, 5. Niederschrift, d. h. Darstellung gemäß gegliederten Stichworten und Zitaten.

Die Referatstätigkeit in der Bibliothek (Geisteswissenschaften) kam mir indirekt sehr zu Hilfe, denn ich hatte berufsmäßig alle neue Fachliteratur durchzusehen. Man wird dadurch bekanntlich zur Vielseitigkeit erzogen. Auch dieser Gesichtspunkt half mit, den Horizont nicht aus den Augen zu verlieren und ein Festbeißen am ›ewigen Thema‹ zu verhindern.
Etwas Anderes freilich sehe ich im Rückblick als noch bedeutsamer an: Wissenschaft ist für mich nie l'art pour l'art gewesen, eine intellektuelle Spielwiese sozusagen, sondern fast immer existenzbezogen. Nur was mich »unbedingt anging« (Tillich), fesselte mich auch als Forschungsobjekt. Oft ging ich jahrelang schwanger mit einer bestimmten, selbst gestellten Aufgabe. So war z. B. für den großen Musikaufsatz ein sehr persönliches Konzerterlebnis der Ausgangspunkt. Natürlich wurde die Forschungsarbeit damit nicht zur Projektion des eigenen Ichs; doch blieb das Ich immer betroffen und damit engagiert.
Meinen Weg durch die Religionswissenschaft möchte ich in diesem Buch, das dem *Leben* gewidmet ist, nicht nochmals beschreiben. Das findet man im Tübinger Essay »Scientia, quo vadis?«

So möchte ich hier lediglich einige mir *persönlich* wichtige Anmerkungen notieren, die in einer fachlichen Erörterung zurückstehen müssen:
(1) Meine lebenslange Beschäftigung mit der religiösen Frage der Menschheit – man kann sie säkularer auch Sinnfrage nennen – ließ mich schon früh darüber nachdenken, ob *eigene* Wege richtig begangen wurden oder für eine Standortbestimmung Kurskorrektur angezeigt war. – Man durfte z. B. nicht zu blauäugig nur die »wunderbare Welt der Religionen« im Auge haben. Heiliges wie sehr Profanes oder gar Verbrecherisches mußte realistisch *wahrgenommen* werden, die Symbolik durfte andererseits unter der üblichen Faktenanalyse nicht zu kurz kommen, und ohne Philologie bleibt vieles Spekulation.

Immer jedoch (2) mußte die Religionswissenschaft aus meiner Sicht offen für die Philosophie bleiben, mindestens für ihre Zielfragen nach der bleibenden Substanz des Religiösen, wenn nicht sogar für die *Grundlage* unserer Wissenschaft.
(3) Schließlich kam mir in einem langen Leben immer deutlicher zu Bewußtsein, wie nachgeordnet doch die Frage nach *der* Wahrheit (s. Lessing) gegenüber der anderen nach der Wirklichkeit ist. Letztere ist allgegenwärtig und wirkend – auf verschiedenen Ebenen – wahrnehmbar, erkennbar, lebbar und doch geheimnisvoll.
Die Wirklichkeit umfaßt *alle* Bezüge menschlichen Daseins – nicht zuletzt den des ›Glaubens‹ oder Vertrauens. Dieser sehr persönliche und existentielle Zugang ermöglicht uns, sinnvoll zu *leben!* Im Sprachgebrauch nennen wir dies die religiöse Wahrheit (ahd.: wār = vertrauenswert) oder innere Gewißheit; sie entzieht sich jeder Verallgemeinerung.
Die Wahrheitsfrage im philosophischen Sinne bleibt unlösbar, in der täglichen Praxis nur scheinbar einfach. In den Grenzen wissenschaftlichen Denkens und Tuns bewahrt sie ihre unentbehrliche Gültigkeit: in der Mathematik und Logik, in der Richtigkeit historischer Forschungen oder Stimmigkeit physikalischer Gesetze und schließlich im sittlichen Verhalten – bereits grenzwertig bei allen Bemühungen um das Wagnis des *Verstehens* in den Geisteswissenschaften.
(4) Am späten Abend einer langen wissenschaftlichen Tätigkeit stellt man sich natürlich die Frage, ob die eigenen Positionen noch zu vertreten sind oder gar längst überholt, wie so häufig in den Naturwissenschaften. In einigen wesentlichen Ortungen, denke ich, sollte die Fahrrinne einer guten Religionswissenschaft – bei allen Korrekturen – bestehen bleiben: a. im eindringlichen Verstehen religiöser Phänomene, b. in der Beachtung historischer Bedingungen, c. in der zentralen Bedeutung der Symbolik verschiedener Ausprägungen und nicht zuletzt d. in einer wachsamen religionskritischen Hinterfragung. Zur

letzteren gehört mein heute sich immer stärker aufdrängender Zweifel, ob die Ansätze der eigenen Religionstheorie – ca. 1975 zuerst entwickelt – überhaupt noch stimmen: Gibt es den homo religiosus wirklich als »anthropologische Konstante«? Kann die religiöse Anlage nicht auch verschwinden mit dem Untergang einer Kultur? Schwerlich kann man mich vom Gegenteil überzeugen – doch muß ich diese Kernfrage menschlichen Daseins offen lassen. Die wissenschaftlichen Nachkommen mögen sie beantworten oder aber als unlösbar einstufen.

7. Ein Leben mit Büchern

Wer durch die riesigen Bücherregale einer großen Bibliothek wandert, mag sich erdrückt fühlen ob dieser bedrohlich wirkenden Masse an bunten Bänden aus allen Jahrhunderten, erst recht, wenn ihr sachliches Durcheinander nur durch eine fortlaufende Zählung geordnet ist. Mag daher das Herausgreifen einzelner Bände – zunächst aus zögerlicher Neugier – auch nur zufälligen Charakter haben, so gibt es doch schon erste Wahrnehmungen: Die Naturlehre des Aristoteles in einer neuen Werkausgabe findet sich neben dem ›Steppenwolf‹ von Hermann Hesse und einem belanglosen Regionalverzeichnis, dessen Inhalt längst überholt ist. Der Zugang zur Welt der Bücher wird in solchen muffigen Magazinen sehr erschwert – und doch gibt es erste Begegnungen mit der Vergangenheit, vielleicht sogar beim Verweilen ein versonnenes Angesprochenwerden durch den Autor dieser früheren Zeiten: wer war noch Hermann Hesse? War er nicht der Indienfreund? Wie zerlesen sieht das Buch aus; war es damals ein Bestseller? – wie man so etwas heute rein merkantil bezeichnet. Zeugt der Einband von schlechten Zeiten? So entstehen erste Begegnungen.

Was vermitteln denn solche Bücherhäuser? Nur Wissen, nur Informationen, nur gespeicherte Sätze, ängstlich bis sorgfältig aufgetürmt seit Johann Gutenberg? Ist es nicht auch das präsente Gedächtnis unserer Kultur und in der Spiegelung der Jahrhunderte ehemals gelebtes Leben, Größe und Elend vieler Autoren, Berichte über menschliche Nichtigkeiten und längst überholte Erkenntnisse? In jedem Falle werden wir der Tiefe und Breite vergangener Welterfahrung gewahr. Zeitdokumente,

Noten, mathematische Formeln, alte Photographien und sehr viel Belangloses neben Genialem mischen sich in den Regalen. Alles und jedes hielt unser modernes Alexandrinertum für aufbewahrenswert – bis hin zur kompletten Sammlung eines banalen Konsumblättchens. Eine intensive Begegnung mit der Geschichte steht neben der Einsicht in die Unsinnigkeit solcher ›Traditionspflege‹. Aber: war der Brand der berühmten Bibliothek von Alexandria nicht ein riesiger Verlust für unser europäisches Kulturerbe, das wir Antike nennen und aus dem wir uns heute noch verstehen – auch wenn wir wissen, daß alles Leben vergänglich ist, einschließlich aller Kulturen?
Begibt man sich in eine öffentliche Bücherei, die freien Zugang zu geordneten Bereichen des gedruckten Wortes bietet, so verliert sich für den Besucher, der die Nähe des Buches sucht, die Distanz. Alles wird vertrauter, persönlicher. Nicht die große Vergangenheit, nicht die höhere Mathematik, sondern ›Sachbücher‹ laden zum Lernen ein, Romane zur Unterhaltung (dies war nie meine Sache!), Kunstbände ziehen den Schöngeist an, Biographien den Leser auf der Suche nach sich selbst. In jedem Falle kommt die Leseratte oder der Bücherwurm bald ans Ziel. Dennoch gilt für jeden Bücherfreund, der sich einer Bibliothek nähert: Zu viel Wissen erdrückt die Seele, belastet die Freiheit und lähmt das Denken. Immer wieder habe ich Menschen kennengelernt, die ich ›Bildungstanker‹ nannte, weil ihr Wissensdurst (wozu?) unersättlich war, oft auch zum Zwecke vermeintlicher Selbstdarstellung, oder aber Ängstliche und Unsichere, die glaubten, eigene Ideen und schöpferische Impulse durch Wissen anderer absichern zu müssen. Traurig!
Goethe hat diesem Typus in seinem ›Faust‹ Gestalt gegeben: Famulus Wagner räsoniert: »Zwar weiß ich viel, doch möcht' ich alles wissen.«
Im privaten Bereich vertrauter Häuslichkeit nimmt sich vieles anders aus. In der selbstgestalteten Lebenswelt kann das Buch die eigentliche Mitte bedeuten. Für mich (uns) war ein Leben

ohne Bücher niemals vorstellbar. Noch im Kriege begann ich mit dem Aufbau einer kleinen Bibliothek – wie schon angesprochen. Jeder Bücherfreund baut sich seine eigene geistige Welt auf; sie gehört zu ihm wie das tägliche Brot. Es gibt weder Distanz noch Fremdheit, denn ausgewählte Bücher, die mir etwas bedeuten, sprechen auch zu mir. Es gab in meiner privaten Bücherwelt kein überflüssiges oder gar belangloses Buch, auch wenn ich etliches nie gelesen habe, aus Gründen des Zeitmangels oder auch meiner Langsamkeit beim Lesen. Jedes Buch vermittelt Nähe zur Sprache, zur Intention des Autors, der mir etwas sagen möchte. So gibt es immer die Möglichkeit stiller Begegnung – im Hören auf einen Philosophen, einen Musiker oder Erzähler. Autoren haben stets mein Leben mitgestaltet, nicht nur begleitet. Sie prägen den Charakter und tragen zum Entstehen einer Weltanschauung bei. Zuweilen blättert man nur eine Weile, um sich Überblick und ersten Eindruck zu verschaffen. Vertieft man sich beim Lesen, so taucht man ein in eine andere Welt, die Zeit und Stunde vergessen läßt. Doch steht das eigene Bücherreich unter dem Gesetz der Wechselwirkung: was man empfängt und empfangen möchte, hat man sich vorher aufgebaut – im Gleichklang oder auch zur Ergänzung eigener Wege und Ziele. Was uns prägt, ist also bereits eine Auswahl gewesen. Jura, Medizin, Chemie oder gar Historie en détail sucht man in meiner Bibliothek vergebens. Selbst im großen Reich der Philosophie trifft man nur Weniges an, zumal ich nie einen Sinn fürs Sammeln entwickelt habe. Sammeln um der Vollständigkeit willen, um es nur zu haben, zu besitzen, war für mich nie nachvollziehbar, denn es hätte immer Unwichtiges eingeschlossen. Insofern bin ich nie ein guter Bibliothekar gewesen.

Das Buch sollte schließlich auch der Schönheit nicht entbehren, in Farbe, Form, Einband und Druck das Auge erfreuen. Man kann dies als nebensächlich ansehen, für mich war es das nicht. Eine zerlesene französische Broschüre-Bibliothek ist ein un-

ästhetischer Anblick, selbst wenn ich gern einräumen will, daß das Gelesenwerden vor dem bloßen Museumsstück Vorrang hat. Gehören aber Geist und Form nicht zusammen? Einen schönen Band, z. B. ein mittelalterliches Evangeliar oder eine kunstvolle Koranausgabe – sie gehören in der Regel nicht zur Hausbibliothek – betrachtet man mit Ehrfurcht, denn wunderbare Worte haben sich in einer herrlichen Kalligraphie inkarniert: Botschaft und Form haben sich zu einer Symbiose vereinigt.
Doch verlangt auch der anspruchsvolle Gebrauchsband, etwa orientalische Lyrik oder die Einleitung in die Metaphysik, einen schönen Einband, der dem bleibenden Wert eines solchen Buches entspricht. Der billige Pappband verachtet – nur zweckorientiert – im Grunde seinen eigenen Inhalt. Für Verbrauchsliteratur mag das genügen.

Eng damit verwandt ist auch die erzieherische Funktion von Büchern, nicht allein von ihrer Aussage her gesehen. Bücher wollen gepflegt werden, verlangen Sorgfalt im Umgang, Ordnung für die Aufstellung und ihre individuelle Behandlung. Vor allem aber wirkt gute Literatur stilbildend auf junge Menschen; die Sprachkraft kann nachhaltig entwickelt werden – und damit die Innenwelt des Menschen.
Es gab in meinem Leben mit Büchern immer wieder verschiedene Positionen des Zugangs und Umgangs. Die Bereitschaft zur Stille, zum konzentrierten Aufnehmen steht sicher am Beginn: Lärm, Ablenkung, bloße Unterhaltung (es sei denn mal eine kurzweilige, humorvolle literarische Hamburgensie) oder gar Zerstreuung gehörten nie zu meiner Begegnung mit Büchern.
Vor allem Zwiesprache mit großen Geistern – Anfragen und Antworten – lag mir am Herzen, nicht einfach Studium, lernen wollen, sondern lebendig werden lassen von innerer und äußerer Erfahrung, Vergegenwärtigung von vergangener Kultur und

Eindringen in einen anderen Lebensweg – dies alles erhält *Leben* beim Lesen. Die Welterfahrung bedeutender Menschen auf Reisen kann das eigene Blickfeld erweitern, zum Spiegel eigenen Daseinsverständnisses werden oder auch die Phantasie anregen, besonders im Reich der Kunst. Neuland läßt sich entdecken durch das Medium von Sprache und Schrift. Vor allem aber können wir eindringen in eine Tiefendimension von Wahrnehmungen, wenn wir Symbole sprechen lassen.

Doch zeigen sich auch andere Positionen – mögliche Zugänge beim intensiven Lesen – wie auch sonst im Leben: man kann zum Widerspruch herausgefordert werden, zur Verneinung, zur Ablehnung einer Autorenansicht. Bilderflut, Übersättigung aller Art, Belangloses oder Kitsch, Verfremdung und Ideologien, Irrtümer oder auch nur Gegenpositionen lassen uns entschieden Nein sagen – Herausforderungen können freilich auch Anstöße geben, fruchtbar für uns werden, zu einem überzeugenden Kontrapunkt anregen. Bücher können zu Wegweisungen führen, zu Abklärungen, Vergewisserungen oder Selbstveränderungen. Besonders dankbar ist man den literarischen Gesprächspartnern, wenn ihr Geist uns lebenslang zu begleiten vermag, wie bei einigen Lieblingsbüchern.

Wie in der Musik lassen sich diese Titel im Rückblick kaum benennen; es sind zu viele, wie etwa ›Der kleine Prinz‹, ›Phaidon‹, ›Faust‹, ›Taoteking‹, Hölderlin-Gedichte, Reiner-Kunze-Gedichte. – Wo beginnen?

8. Die Welt der Bühne

Mit der Welt der Bühne machte ich schon als kleiner Junge die ersten Bekanntschaften, denn mit meiner Mutter durften wir Geschwister öfter ein sogenanntes ›Weihnachtsmärchen‹ besuchen. Es war eine Märcheninszenierung, deren gutes Ende mit dem bevorstehenden Weihnachtsfest gekoppelt wurde; vor dem letzten Vorhang stand der Nikolaus auf der Bühne.
Wenn der magisch angestrahlte rote Vorhang sich öffnete, nachdem der hochgezogene ›Eiserne‹ signalisiert hatte: ›bald geht es los‹, ging eine spürbare Bewegung durch das ganze Theater. Kinderaugen konnten sich nicht satt sehen. Die Schauspieler verkörperten noch Wirklichkeiten: die Prinzen, die Hexen, die Engel und die Stiefmutter. Meine Begeisterung kannte keine Grenzen, obwohl ich sonst wohl eher ein stiller und schüchterner Junge war. Das Theater führte mich für zwei Stunden in eine wunderbare andere Welt: Phantasie, Abenteuer, Wagnis, Zauber und der Sieg des Guten über das Böse zogen mich so sehr in ihren Bann, daß ich nach der Vorstellung noch lange brauchte, um wieder zu mir zu kommen, und das hieß: die reale Welt wieder wahrzunehmen! Das blieb noch Jahrzehnte so, wenn ein Schauspiel überzeugend inszeniert war.
Später regten sich die ersten technischen Fragen: »Muß man mit einem Schleiervorhang abdunkeln, um eine Verwandlung vorzunehmen? Sind es echte Bäume?« oder »Wie wird das Gewitter gemacht?« Als Erwachsener würde man sagen: »Wie baut man eine Illusion auf?« Doch irritierten diese Fragen nicht meine Faszination. Einige Jahre später, als ich auch das Marionettentheater kennenlernte und mich selbst in der langen Bastelphase befand, suchte ich diese Bühnenerfahrungen in die

Tat umzusetzen. Nun kam es darauf an, ein Stück für die Bühne vorzubereiten. Wir suchten uns geeignete Märchen aus, deren Aufführbarkeit für die Marionettenpraxis möglich war und das hieß: machbare Kostüme, nicht allzu viele Kulissen und wenig Verwandlungen. Ich spielte also für eine Zeitlang Dramaturg und baute das Märchen ›Zwerg Nase‹ in Dialoge um, sozusagen in ein libretto. Als mit Hilfe meiner Geschwister alles vorbereitet war, meine Schwester nähte z. B. einen schönen Brokat-Vorhang, gaben wir einige Vorstellungen in unserer großen Diele. Einige Jahre danach las ich Kleists ebenso berühmten wie metaphysisch hintergründigen kleinen Aufsatz »Über das Marionettentheater«.

Mit 16 oder 17 Jahren ereignete sich der erste ›große‹ Theaterabend in der noch nicht zerstörten Hamburger Staatsoper. Meine Mutter ermöglichte mir den Besuch des ›Fliegenden Holländer‹ von Richard Wagner in einer glänzenden Inszenierung. Musik und Drama packten mich in gleicher Weise. Die Irrfahrten dieses ruhelosen, einsamen Mannes, den nur die Liebe einer Frau erlösen konnte, die *Wanderschaft* dieses Seemanns auf dem unheimlichen Gespensterschiff fesselten Gemüt und Phantasie; das Theater ließ mich nicht wieder los! Immer wieder führte ich im Traum Regie, las Dramen und *sah* die Figuren schon auf der Bühne.

Ein intensiver Theaterbesuch begleitete meine ganze Hamburger Studienzeit, ja sogar letzte Schülerzeit (ca. 1943-1951); stand doch das Drama ohnehin im Mittelpunkt meiner germanistischen Studien. Das Drama vermittelte verdichtete Welterfahrung: Schicksale, Wert-Konflikte, Tragödien, Traum, Schalk und Tiefsinniges, kurz: »Größe und Elend des Menschen« (Pascal).

Mein Jugendfreund Gerhard Gellrich – später Musiker – verbrachte viele Theaterabende auf dem 4. Rang der Staatsoper mit mir; er verfolgte mit 16 Jahren auf der Hinterbank kritisch die

Partitur, ich begnügte mich mit dem Text und schaute zuweilen im Stehen von oben auf die Bühne, gefesselt von den szenischen Vorgängen und dem Orchester. Der Spielplan war auf deutsche und italienische Opern begrenzt; das nahmen wir jedoch damals nicht bewußt wahr. Viele Lortzing-Opern der harmlosen Biedermeierzeit – besonders märchenhaft ›Undine‹ wie auch Mozarts ›Entführung aus dem Serail‹ oder Peter Cornelius' ›Barbier von Bagdad‹ – lenkten vom grausamen Kriegsgeschehen ab. Meist ausgezeichnete Inszenierungen boten Verdis ›La Traviata‹ oder ›Die Macht des Schicksals‹. Für wenig Geld, das ich mir meist selbst verdiente, konnte man oft jede Woche das Theater besuchen. Vor der Zerstörung der alten Oper 1944 sah ich noch fast alle großen Musikdramen Richard Wagners. Hier soll zunächst vom Bühnengeschehen die Rede sein. Angespannt verfolgte ich die großen Darsteller Hans Hotter (Baß), Erna Schlüter (Sopran) und Joachim Sattler (Heldentenor) und die Regie dieser mythisch-metaphysischen Werke. Auch die Technik ließ mich nicht los. Genau beobachtete ich, wie zu Beginn des ›Rheingold‹ – 1. Teil vom ›Ring‹ – parallel zu den ersten ca. 100 Takten der ›Weltentstehung‹ der Bühnenraum wogendes Wasser mit schwimmenden/schwebenden Nixen suggerierte; zum Ende der ›Götterdämmerung‹ (4. Teil) sah man die ›Welt untergehen‹, d. h. alles zusammenbrechen und im Wolkendunst Walhalla aufleuchten. Mit den technischen Möglichkeiten der Hebebühne war ich längst vertraut; dennoch immer wieder die Frage: »Wie wird diese faszinierende Illusion, die das Gemüt verzaubert, herbeigeführt?«

Nach dem Kriege gab es sehr bald in der Oper ein spielbares Provisorium, denn die tiefe Bühne war dank des eisernen Vorhangs heil geblieben. So nutzte man diesen riesigen Raum für das gesamte Theater. Kleine Werke wie Händels ›Xerxes‹ oder Glucks ›Orpheus und Eurydike‹ ließen sich aufführen, auch mit kleinem Orchester. Auch die heil gebliebene Musikhalle am

Karl-Muck-Platz diente als provisorische Oper. Dort blieb mir vor allem Mozarts ›Don Giovanni‹ in starker Erinnerung, ebenso spielerisch-tändelnd wie hochdramatisch das Thema des vermessenen, leichtfertigen Menschen zum tragischen Ende führend. Zu diesem großen Werk – 1787 in Prag uraufgeführt, die Ouvertüre in der letzten Nacht geschrieben – gibt es bekanntlich ebenso tiefsinnige wie erhellende Analysen von E. T. A. Hoffmann wie Sören Kierkegaard. Ich habe es noch häufig auf der Bühne erlebt.

Die Sprechbühne stand freilich in den Hamburger Jahren im Vordergrund. Im kleinen, intimen Altonaer Stadttheater konnte man im und nach dem Kriege vor allem unsere großen Klassiker in sich aufnehmen, in angemessenen, historisch, sprachlich und bildnerisch ausgewogenen – schlicht: würdigen Inszenierungen! So lernte ich Goethes ›Tasso‹, ›Egmont‹ und ›Iphigenie‹ kennen, immer wieder szenisch die Polaritäten des eigenen Ichs entfaltend, ohne große dramatische Bewegung, jedoch bei starker Ausstrahlung einer hochdifferenzierten Seele, die in der Sprache Gestalt angenommen hatte. Maß, Form, Hoheit und Edelmut bestimmten die Atmosphäre gerade der Goethe'schen Frauengestalten: Die Prinzessin im ›Tasso‹ spiegelte etwa die vornehm-vergeistigte Erotik der Charlotte von Stein. Auch die klassizistischen Gestalten Grillparzers – etwa bei ›Hero und Leander‹ – bewegten sich auf ähnlicher Ebene, zuweilen elegisch-wehmütig.

Die Frauengestalten dieser Werke verkörperte zu jener Zeit vollendet die große Maria Wimmer, ich verehrte diese wunderbare Schauspielerin damals sehr.

Das Hamburger Schauspielhaus an der Kirchenallee bot viel Raum für die großen historischen Dramen der Weltliteratur, vorab Schillers und Shakespeares. Nur auf einige Stichworte zu diesen dramatischen Kompositionen möchte ich mich beschränken, an herausragende Aufführungen von Calderons ›Das Leben ein Traum‹, Albert Camus' ›Caligula‹, Gerhart Haupt-

manns ›Vor Sonnenaufgang‹ oder Gotthold Ephraim Lessings ›Emilia Galotti‹ nur erinnern.
Von Schillers »Bühne als moralische Anstalt« (im universalen Sprachgebrauch des 18. Jahrhunderts = geistig-sittliche Weltordnung) sind wir heute weit entfernt. Sein idealistischer Ansatz, Gedanken als Kräfte, große Charaktere als Gestalter der Geschichte zu sehen, ist für uns heute zwar nicht mehr so leicht nachzuvollziehen, doch wird dieser vermeintliche Mangel durch seine konsequente Dramaturgie, seine wunderbare Sprache, seine Charakterisierungskunst, seine ideellen Reflexionen und den eingeborenen Sinn für die Tragik menschlicher Existenz mehr als aufgewogen.
Große Theaterabende boten damals ›Die Braut von Messina‹, ›Maria Stuart‹ und die Wallenstein-Trilogie. Keine Historie wurde gespiegelt, sondern Weltgeschichte auf die Bühne gebracht, gewirkt von den Gedanken, Handlungen (guten und bösen) und Seelenverfassungen der leitenden Figuren. Noch sehe ich Senis Weissagungen am Fernrohr vor mir, neben ihm den zögernden Wallenstein; auch den großen Dialog zwischen der kühlen, Macht behauptenden Königin Elisabeth mit ihren devoten Höflingen und der leidenschaftlichen Kronprätendentin Maria Stuart.
Schillers Sinn für Größe und Würde, Tapferkeit, Edelmut, aber auch Staatsräson, Intrige und Gebrechlichkeit blieben unvergeßlich.
Shakespeare war immer realistischer, bunter, vielseitiger, teils gauklerhaft, teils schwermütig, wunderbar zart in den Liebesszenen wie in ›Romeo und Julia‹, meisterhaft in der Zeichnung harter und grausamer Machtmenschen wie in den Königsdramen. Viele seiner großen Werke durfte ich auf der Bühne miterleben, versuchte oft auch, sie kritisch im Geiste mitzugestalten. Schnell spürte ich, ob ein Schauspieler zu überzeugen vermochte, ob Mimik, Gestik, Bewegung, ob Ausdruck und Identifikation stimmten. Zuweilen wäre ich selbst gern Regis-

seur geworden, doch rasche Inspiration und Gewandtheit fehlten mir – nicht zuletzt ein zuverlässiges Gedächtnis. Zurück zum großen Engländer, der die dramaturgische und sprachliche Verdichtung großen Geschehens auf drei Theaterstunden meisterhaft verstand, unter Überhöhung oder auch Pointierung seiner historischen Vorgaben, oft belangloser Verbrechensberichte.

›Hamlet‹ gehört bis heute zu meinen Lieblingsdramen, vorab die Hauptfigur des nachdenklichen, zögernden, zuweilen traumwandlerisch handelnden Prinzen von Dänemark; nicht zuletzt seine atmosphärisch ebenso zarte wie dichte Szene mit Ophelia. Traum und Unwirklichkeit faszinierten mich auch beim ›Sturm‹, einem märchenhaften Spätwerk Shakespeares, dessen Hauptfiguren Werner Hinz und Erich Schellow schon romantisch vorausweisend interpretierten – in der deutschen Sprache von Wilhelm A. Schlegel. Nur erstklassigen Regisseuren gelingt es, Meisterwerke dieser Art so zu inszenieren, daß der Zuschauer Zeit und Stunde vergißt. Einen solchen Bühnenabend erlebte ich bei ›König Lear‹. Den einsamen König im Kreise seiner drei Töchter spielte unvergeßlich Werner Kraus. Ein Buch würde nicht ausreichen, um diese Hamburger Theaterjahre nach dem Kriege einzufangen und zu würdigen.

Alle Hamburger Hauptbühnen sind vom Kriege verschont geblieben. Das Thalia-Theater mit den steilen Zuschauerrängen galt überwiegend der leichten Muse, wie der Name schon sagt. Dort spielte man damals den spritzigen Franzosen Eugène Scribe (›Das Glas Wasser‹), Lessings ›Minna von Barnhelm‹, thematisch die Spannung zwischen Liebe und Ehre – für heutige Regisseure nicht mehr nachvollziehbar – und schließlich die meisterhaften Charakterkomödien von Molière. An den ›Tartuff‹, den ›Geizigen‹ und den ›Eingebildeten Kranken‹ kann ich mich noch gut erinnern. Es war eine gute Schule literarischer Psychologie, wenn auch mit karikierender Überzeich-

nung der verschiedenen Typen. Da mir eine nach Sekunden zählende schnelle Auffassungsgabe abgeht, machten mir pfiffige Verwechslungskomödien einige Mühe.
Mein ›Haustheater‹ in Hamburg waren freilich die Kammerspiele unter der jahrzehntelangen Leitung von Ida Ehre. Sie verstand es, große Namen zu verpflichten, Regisseure wie Schauspieler. Die Verwandlungskunst bedeutender Darsteller, sich mit konträren Charakterrollen derart zu identifizieren, daß sowohl die vornehme Lady wie die Kurtisane glaubhaft wurden, hatte mich schon immer fasziniert. Die Beobachtung übte sich auch dank häufiger Theaterbesuche (zu studentischen Billigpreisen), die ich mir selbst verdiente. War eine Aufführung überzeugend gelungen, so tobten wir vor Begeisterung, und es gab viele ›Vorhänge‹. Meist waren wir zu mehreren oder begleitet von meiner Jugendliebe Sieglinde K.
In den Kammerspielen wurden natürlich Stücke gegeben, die wenig Technik erforderten. Einige Werke der großen Griechen sind mir noch gut in Erinnerung, vor allem die ›Troerinnen‹ des Euripides, viele Stücke großer tragischer Konzeption mit der schicksalsmächtigen Funktion des antiken Chores. Ergreifend inszeniert – wohl 1947 – das Heimkehrerstück ›Draußen vor der Tür‹ von Wolfgang Borchert: die verwandelte Welt der sogenannten Heimat, die den heimkehrenden, »ausgebluteten« Soldaten wie einen Aussätzigen behandelt. Wenn es mich nicht trügt, spielte Hans Quest die Hauptrolle.
Lessings Toleranzdrama ›Nathan der Weise‹ – in der Titelrolle Ernst Deutsch – wurde nach Ausgrenzung, Indoktrination und Fanatismus besonders wohltuend empfunden. Überhaupt bemühte sich die Leitung der Kammerspiele um die innere Bewältigung der deutschen Nachkriegssituation. Die großen Franzosen Jean Giraudoux und Jean Anouilh sprachen mich besonders an. Im Drama ›Orphée‹ des letzteren – ich erinnere noch eine Bahnhofshalle – spielte Hilde Krahl fragend, irritierend, zweifelnd die Hauptrolle. Die gleiche Schauspielerin gänzlich

anders in Jean-Paul Sartres ›Geschlossene Gesellschaft‹. Diese Aufführungen bewegten uns sehr!

Ein letztes Wort zum unvergeßlichen Henrik Ibsen sollte nicht fehlen. Ich denke an die Dramen ›Gespenster‹, ›Die Wildente‹, ›Baumeister Solnes‹, ›Hedda Gabler‹, ›Stützen der Gesellschaft‹ oder ›Die Frau vom Meer‹. Vordergründig erscheinen sie als kritische Gesellschaftsdramen (vor 1900!); verlogene Etikette, Vorurteile, Heuchelei (auch der Pfarrer!), schwächliche Männerherrschaft und bürgerliche Enge durchleuchtend. Die Prosasprache wirkt naturalistisch, oft ›täglich‹; doch die dramaturgische Konzeption – oft auch Milieuzustände – ist immer konsequent. Die andere Seite dieses großen Norwegers (schon geographisch lokalisiert zwischen winterlichem Wohnzimmer und offenem Meer) zeigt sich aber im Wunsche nach Ausbruch, nach ungesichertem Abenteuer, in der Vision nach einer besseren Welt und im Traum von Freiheit, auch im Religiösen. Ibsens Werke leben von dieser Spannung. Wären sie nur Gesellschaftsstücke des 19. Jahrhunderts, so wären sie kaum noch spielbar. Das utopische, ortlose Denken aber sprengt die engen Grenzen des Überkommenen und sehnt sich nach der Verwirklichung von Träumen. Darin fand ich mich oft selbst wieder. Solche Welt-Träume nahmen in Ibsens großem »Dramatischen Gedicht« ›Peer Gynt‹ – in Szene gesetzt mit der kongenialen Bühnenmusik Edvard Griegs – geradezu faustische Gestalt an!

Eine subtile Psychologie steht bei der Charakter- und Situationsbeschreibung der Dramen Pate: Atmosphäre und Hintergrund bedeuten hier alles; Gemütszustände werden oft nur angedeutet, durch Tonfall und Gestik, Frage und Blick vermittelt. Über Ibsens Szenen liegt oft etwas Unheimliches – nur gute Regisseure, die die Intention des Werkes herauszuarbeiten vermögen, können das deutlich machen. In den Kammerspielen und im Thalia-Theater konnten wir solche Abende erleben.

Meine langen Berufsjahre in der kunstfreundlichen Stadt Darmstadt waren für uns gleichzeitig 20 Jahre reicher Theatererfahrung – besonders in der Oper – und Musikerlebens. Die Stadt war im Kriege stark zerstört worden und so auch ihr berühmtes Theater. Man spielte daher provisorisch etwas außerhalb in der alten Orangerie bis zum Neubau einer großen, sehr technischen und nüchternen Bühne in den 70er Jahren; es war kein heimeliges Theater – ohne Atmosphäre, wenn auch mit ausgezeichnetem Spielplan und sehr guten Inszenierungen. Das hatte in Darmstadt Tradition. Die Tatsache des Provisoriums Orangerie konnte man jedoch leicht vergessen, dafür sorgte die Ausstrahlungskraft exzellenter Aufführungen in diesem schönen Raum.
Puccinis ›Bohème‹, Janaceks ›Der Mantel‹, Orffs ›Der gefesselte Prometheus‹ (auf Griechisch!) und einige Singspiele von Mozart setzten sehr unterschiedliche Akzente – meist unter der Leitung unseres sehr guten Dirigenten Hans Drewanz. Einen Höhepunkt bildete Jacques Offenbachs ›Hoffmanns Erzählungen‹, nach der spannenden Novelle des Romantikers E. T. A. Hoffmann. Vieles könnte ich aus der Kiste reicher Erinnerungen hervorholen; der Hinweis auf das Darmstädter Theaterarchiv muß genügen. Das Zusammenwirken von Regiekonzeption, Bühnenbild und Bewegungsraum beobachtete ich sehr genau, dennoch nicht allzu kritisch: eine besonders gelungene Inszenierung läßt nämlich jede distanzierte Beurteilung vergessen!
Im sogenannten ›Großen Haus‹ des neu entstandenen Theaters ergaben sich später viele Möglichkeiten theatralischer Entfaltung. Das ganze Spektrum europäischer Operngeschichte konnten wir in diesen langen Jahren kennenlernen. Intendanz und Dirigent bemühten sich immer wieder auch um zeitgenössische Werke, wie Strawinskys ›Geschichte vom Soldaten‹, Hindemiths ›Mathis der Maler‹ (sehr eindrucksvoll!) oder Giselher Klebes ›Fastnachtsbeichte‹ nach dem berühmten Sujet von Carl Zuckmayer. Die atemberaubende, dichte Szene der Beichte in

der alten Bibliothek des Kardinals habe ich noch gut in Erinnerung, musikalisch für Lotte und mich gerade noch aufzunehmen.

Eine Aufzählung aller in der Theaterlandschaft bekannten Werke würde den Leser langweilen. So möchte ich nur Akzente setzen. Von den großen Verdi-Opern, deren Libretto häufig aus billigen Kriminalgeschichten hervorging, aber von diesem wunderbaren Charakter in ergreifende Tragödien verwandelt wurde, möchte ich die erste Inszenierung des ›Rigoletto‹ mit dem einhämmernden Fluch-Thema hervorheben. Auch das Eifersuchtsdrama ›Othello‹ nach Shakespeare verwandelt sich durch die Musik zu einem tiefen menschlichen Spiegelbild. Dramatische Kraft, edle Gesinnung und vor allem eine reiche musikalische Inspiration Verdis ließen diese Theaterabende zu einem unvergeßlichen Erlebnis werden. Das galt ebenso für Modest Mussorgskys ›Boris Godunov‹ und Georges Bizets hinreißende ›Carmen‹. Darmstadts Opernhaus konnte sich schon sehen lassen; es rangierte sicher gleich hinter Berlin, Hamburg oder München.

Allein zu Mozarts Bühnenwerken wäre sehr viel zu sagen... – die Lebenszeit reicht nicht! Jeder Regisseur hat z. B. seine Schwierigkeiten mit der ›Zauberflöte‹, sowohl gedanklich wie szenisch, die Welten des Sarastro, der ›Königin der Nacht‹ und den burlesken Vordergrund zusammenzuführen. Dennoch: in Darmstadt war es gelungen! Lebensbegleitend blieb für mich der Initiationsweg der beiden Liebenden: die musikalisch so wunderbare Läuterung – selten auf der Bühne.

Eine herausragende Aufführung war Mozarts ernstes und feierliches Spätwerk ›Idomeneo‹. Szenisch ist es schwach, doch musikalisch großartig, vergleichbar den späten Symphonien. Man kennt meist nur die Ouvertüre. So erhielten meine hessischen Jahre immer wieder kräftige Impulse durch die Darmstädter Theaterwelt.

*Hat man bemerkt,
daß Musik den Geist frei macht,
den Gedanken Flügel gibt?*

Friedrich Nietzsche

9. Das Reich der Musik

›Frau Musica‹ begleitete mich seit der frühen Kindheit. Meine Mutter spielte recht gut Klavier und sang meiner Schwester und mir beim Schlafengehen ein Wiegenlied. Mein fröhlicher Vater pfiff häufig – sehr melodiös – so vor sich hin und mein geliebter Onkel Alfred spielte sehr gut Querflöte. Doch Hausmusik, wie sie sonst bürgerlicher Tradition entsprach, gab es leider nicht in unserem behüteten Zuhause. Ein reicher Schatz an Volksliedern bereicherte in den frühen 30er Jahren noch das Gemüt der Kinder. Meine Schwester erhielt später Klavierunterricht und quälte sich mit einer pädagogisch unfähigen Lehrerin herum.

Meine eigene musikalische Begabung wurde leider nicht entwickelt – nicht ohne eigene Schuld, da ich meine Bastel-Freizeit nicht geschmälert sehen wollte. Wie gern hätte ich ein Instrument gelernt, vor allem Flöte. Doch kannte ich weder Noten (bis auf die einfachsten Grundlagen) noch konnte ich singen. Das ist bis heute so geblieben, obgleich mein ›inneres Ohr‹ sehr präzise jedes Thema aufzeichnet und eine ausgeprägte Wahrnehmung für Klangcharakter, sauberes Musizieren, Ausdruckskraft, Dirigentenauffassungen und Tontechnik gute Voraussetzungen für eine musikalische Ausbildung abgegeben hätten. Ob meine Bedächtigkeit und langsame Reaktion zu einem Allegro ausgereicht hätten, wage ich allerdings zu bezweifeln. Hätte ich eine gute musikalische Grundlage erhalten, verstünde etwas von Harmonielehre und Kontrapunkt, so würde ich mir noch heute im Alter mit Begeisterung eine Bruckner-Studie zutrauen.

Bedauerlicherweise wurden ja selbst im Gymnasium keine einschlägigen Grundlagen vermittelt, nicht einmal Musikgeschichte oder gar Liedkultur.

Meine eigentliche Liebe zur Musik, die sich später zu einem unverzichtbaren Wegbegleiter meines Lebens entwickelte, entfaltete sich erst im Alter von etwa 16 Jahren und wurde von besagtem Schulfreund Gerhard Gellrich stark beeinflußt. Der Einstieg in die Musik war die Welt der Oper. Meine Mutter nahm mich mit zu einer Aufführung ›Der Fliegende Holländer‹, deren zündend düster und gespenstisches Leitmotiv mich so mitriß, daß ich fortan der Suggestion des Wagnerschen Oeuvres unterlag. Die Faszination des zu Musik gewordenen Sturmes und des einsamen Wanderers kam hinzu – kontrapunktiert vom häuslich behütet anmutigen Spinnrad-Lied der Senta. Freund Gerhard studierte auf »unserem« 4. Rang derweil kritisch die entsprechende Partitur.

So wurde ich in diesen letzten Kriegsjahren schnell mit vielen großen Opern der deutschen und italienischen Musik (darauf damals beschränkt!) vertraut. Neben heiteren Singspielen von Lortzing, Nicolai und Cornelius lernte ich Mozart und vor allem Verdi kennen – oftmals aus der Perspektive des Stehplatzes hoch oben. Im Zusammenhang mit Wagners Musikdramen und ihren mythisch-metaphysischen Hintergründen studierte ich Arthur Schopenhauer, sowohl seine pessimistische Weltauffassung wie vor allem seine Kunsttheorie. Das Reich der Musik hatte meine Seele eingefangen. Meinen Abituraufsatz (1946) schrieb ich (später erweitert) über »Der Mensch im Spiegel der Musik« als Beitrag zur Metaphysik der Tonkunst, angeregt durch Schopenhauers kleinen, konzentrierten Aufsatz. Seither ist Musik mir – mit Beethoven – »höhere Offenbarung als alle Weisheit und Philosophie«. Dieser Kerngedanke ist von jener ebenso idealistisch systematischen wie pathetisch moralisierenden Jugendstudie geblieben.

In meinem Leben waren es wohl hunderte von Opernaufführungen (viele Werke häufiger), die sowohl stürmischen Beifall auslösten wie auch zur kritischen Würdigung anregten, nicht zuletzt aber das eigentliche Problem ›Oper‹ mir immer deutlicher bewußt werden ließen. Da ich in diesen Erinnerungen nicht 300 Jahre Musikgeschichte vorbeiziehen lassen möchte, beschränke ich mich auf einige Gedanken zur Musikbühne mit wenigen markanten Beispielen.

Trotz aller Begeisterung über herrliche Stimmen, geniale Komponisten (Verdi!) und eine bewegende »musikalische« Handlung habe ich die Gattung Oper immer als einen (musikalischen) Zwitter gesehen; nur wenige Beispiele für eine gelungene Einheit der verschiedenen Elemente gibt es.

Die Oper zwingt zur Synthese von Musik (Orchester), Sprache, Handlung, Bühne und Schauspielkunst. Wenn alles bedacht wird, kommt jedes zu kurz! Schließlich spielt noch die Publikumswirksamkeit eine bedeutende Rolle. Das Lied wird zur szenisch gespielten Arie: gesungene Gefühle und Stimmungen mit Blick auf den Dirigenten müssen u. U. in dramatische Bewegung umgesetzt werden. Der Handlungsablauf muß durch das gesprochene Wort oder die Rezitative hergestellt werden. Das Libretto ist meist schwach, es hat sich nach der musikalischen Intuition zu richten. Ist es umgekehrt, so leidet die Musik. Das Orchester hat auf das Bühnengeschehen Rücksicht zu nehmen: Dirigent und Regisseur haben es schwer. Steht das musikalische Werk im Zentrum, so kommt das Bühnengeschehen, gerade die Schauspielkunst, zu kurz. Anschauung und Darstellung vertragen sich für den Zuschauer nicht mit der Konzentration auf die Musik. Selbst Wagners geniale Idee des »Gesamtkunstwerkes«, für die sich Komponist, Dichter, Dramaturg, Regisseur und Techniker in einer Person zusammenfinden sollten, konnte nur teilweise verwirklicht werden. Das »Musikdrama der Zukunft« hat nur wenige Nachfolger gefunden.

Für das Oratorium entfällt der Gesichtspunkt Theater. Dadurch wirkt es geschlossener und für die sakrale Ausrichtung auch konsequenter, wie etwa Händels ›Messias‹ oder die großen Bachschen Passionen.

Für die Operette fehlte mir von jeher das Organ, nicht jedoch für die leichte Muse in Form des heiteren Singspiels wie etwa Mozarts ›Entführung aus dem Serail‹; das ist ein wesentlicher Unterschied. In meinen Augen – es ist ein sehr subjektives Urteil – neigt die Operette zum Seichten, Unverbindlichen und Maskenhaften. Gefühle rutschen ab ins Sentimentale und die Handlungen haben oft etwas Künstliches an sich. Genug davon, Operetten sind auch musikalisch Leichtgewichte. Gänzlich anders gibt sich der neue Typus des Musicals, wie etwa die komödiantisch spritzigen wie musikalisch fesselnden Stücke ›My Fair Lady‹ und ›Cats‹.

Lieber gebe ich noch einige Beispiele für besonders markante Opern. Glücklich konzipiert ist Glucks ›Orpheus und Eurydike‹ – Text und Musik bilden eine schöne Einheit, und der antike Mythos wird in den edlen, reinen Gesang über Sehnsucht, Treue und Liebe verwandelt, aus der Sicht des 18. Jahrhunderts. Die Musik wird zur bewegenden Kraft des dramatischen Fortgangs, jedoch ohne tragisches Ende. Dieses Werk (aufgeführt in der provisorischen Hamburger Oper nach dem Kriege) verkündet schlichte Humanität, ähnlich wie Mozarts zwiespältige – vom Sujet her heterogene – Oper ›Zauberflöte‹ mit den erhabenen wie weihevollen Es-Dur-Partien der Sarastrowelt. Einen Bruch zeigt bekanntlich auch Beethovens ›Fidelio‹, für jeden Regisseur ein großes Problem. In Hamburg und später in Darmstadt sahen wir verschiedene Konzeptionen dieser Hymne auf die Freiheit, die mit dem Singspiel des 1. Aktes geschickt zu harmonisieren ist. Empfindet man dieses große Werk als Einheit, so ist der Regie die Symbiose gelungen.

Der ›Don Giovanni‹ hingegen ist aus einem Guß: der Sinnesrausch eines leichtfertigen und skrupellosen Abenteurers auf

der Flucht vor sich selbst führt zum bitteren Ende in der ergreifenden Komptur-Szene, die als himmlisches Gericht zu verstehen ist und beim Zuhören die dramatische Wirkung auslöst, wie sie schon Aristoteles gefordert hatte (Katharsis).
Leider wird – aus Gründen der Werktreue – meist das harmlos wirkende Schlußquartett (Motto: es ist alles wieder gut!) mitgespielt; es schadet dem überzeugenden Sujet, vor allem musikalisch!
Aus dem Opernschaffen des 19. Jahrhunderts sollte ich noch herausgreifen: Carl Maria von Webers ›Freischütz‹, der große Wurf der musikalischen Frühromantik, ein Klang gewordenes Märchen, dessen Melodien bis ins 20. Jahrhundert hinein zum sangbaren Volksgut wurden. Auch ›Hoffmanns Erzählungen‹ von Jacques Offenbach gehörten zu unseren bleibenden Erinnerungen des Darmstädter Musiktheaters.
Ein besonderes Erlebnis war die erste (Darmstädter) Inszenierung von Verdis ›Rigoletto‹. Die Gestaltungskraft der Verdischen Komposition, ihre Farbigkeit und Dramatik haben aus einer blutrünstigen Räubergeschichte durch malende Verinnerlichung ein großes tragisches Oeuvre gemacht.
Da ich Wagners Versuch schon ansprach, das Problem Oper auf dem Wege zum »Musikdrama« zu lösen, möchte ich wenigstens noch sein Hauptwerk ›Tristan und Isolde‹ erwähnen. Ich hörte/sah es viele Male im Leben, denn die romantische Tiefenschau zwischen Liebe und Tod, die hochdramatisch und sehr geschlossen Musik gewordene Thematik von Leben, Leiden und Erlösung im fast buddhistischen Sinne übte von früh an eine starke Suggestion auf mich aus. Was hat Wagner aus dem mittelalterlichen Epos des Gottfried von Straßburg nur gemacht: eine große Tragödie der Sehnsüchte, der Treue und der Entsagung in einer ebenso dramaturgisch wie philosophisch konsequenten Durchführung. Thematische Vorstudien waren bekanntlich die herrlichen Wesendonck-Lieder für Sopran und Orchester, die die Weisen zwischen Traum, Wehmut, Abschied

und Tod bereits musikalisch vorwegnahmen. Befremdlich wirkte für mich immer nur das lange, ekstatische und sprachlich oft schwülstige (Stabreim) Liebesduett des II. Aktes, dessen aufwallendes fortissimo schwer erträglich ist. Zum Problem wird für den Wagner-Hörer stets auch der gedankenbeladene Text (abgesehen von mancher Künstlichkeit der Sprache!), der in der musikalischen Umsetzung in actu nicht immer verstehbar bleibt. Dennoch: der ›Tristan‹ bewahrt auch für mich – bei aller späteren Distanz von Wagners Oeuvre – seinen Weltruf als eines der genialsten Werke der gesamten Musikliteratur!

Wenn ich jetzt auf meinen (unseren) reichen Erfahrungsschatz aus dem Konzertleben über 50 Jahre zurückblicke, so darf ich wohl sagen, daß sich mehrfache Wandlungen und Einstellungen in meinem Leben vollzogen haben, nicht nur hinsichtlich der musikalischen Gattung, sondern auch der Komponisten. Manches hängt mit Stimmungslage, manches mit Grundorientierungen, wieder anderes mit dem Nachdenken über Musik generell zusammen, das mich stets begleitete.

Was ist Musik, was unterscheidet sie von anderen Künsten, etwa Malerei, Architektur und Dichtung? Sicherlich gibt es eine unendliche Literatur zu dieser Thematik der Kunstphilosophie. So möchte ich einfach nur einige persönliche Empfindungen notieren, die vermutlich rätselhaft bleiben: Jede Komposition ist zunächst ein kompliziertes Zahlensystem, ein mathematisches Gefüge von fixierten Tönen (Noten), die sich ihrerseits physikalisch festmachen lassen. Mathematische Verhältnisse schaffen also – *formal* gesehen – die musikalische Gestalt, erfahrbar nur in der Zeit, notiert als Notenschrift – abgesehen zunächst von Intuition und Ausdruck. – Klanggestalt nimmt dieses Notengebilde erst in actu an, wenn Musiker die ›Schrift‹-Zeichen umzusetzen verstehen – für eine bestimmte Dauer, also ›flüchtig‹. So konnte der große rumänische Dirigent Celibidache sagen:»Die 5. Symphonie von Beethoven *gibt* es nicht –

sie ist nur *da* im Augenblick der Aufführung.« Der Faktor Zeit – nicht nur in bezug auf Takt und Rhythmus – darf also in einer Musikphilososophie nicht fehlen! (Fesselnd zu lesen die Musikphilosophie von Georg Picht.)
Wie kann aber ein mathematisches Gefüge in die Erlebniswelt übergehen und zu zahlreichen Assoziationen führen, bis hin zu verschwebender Innerlichkeit und Andacht? Das bleibt bis heute meine zentrale Frage. Vorstellbar ist mir diese Transposition in eine andere Welt nur über die Zahlensymbolik des Pythagoras und über Keplers ›Weltharmonik‹, d. h. universale Schönheit als Ausdruck gefügter Ordnung und Balance von Spannungen. In der Architektur wird dieser Gedanke zwar leicht zur Anschauung kommen können, etwa beim Schloß von Versailles, doch schon in der Malerei versagt er: Phantasie, Farben und Träume folgen in der Regel nicht mathematischen Ordnungen! (siehe William Turner). Bleiben wir also bei der Musik. In einer Bachschen Fuge wird diese Beziehung evident, ebenso in den Goldberg-Variationen, vor allem aber in seinen meisterhaften Orgelwerken – ja, selbst noch im erkennbaren Tonarten- und Klanggefüge einer großen Mozart-Symphonie; auch noch in einer Schubert-Phantasie für Piano?
Hier ist für mich die Grenze erreicht: Ist bei einem schwermütigen Adagio aus einer romantischen Symphonie noch mathematische Ordnung wahrzunehmen, obwohl sie doch die musikalische Harmonie und damit die Schönheit der Form erst ermöglicht? Ich kann dieses Rätsel nicht auflösen, vielleicht mein Sohn Uwe.
Mein Konzertleben beginnt natürlich in den frühen Hamburger Jahren als Schüler und Student; der Ort des Geschehens war meist die unzerstört gebliebene Musikhalle am heutigen Johannes-Brahms-Platz. Im großen, schönen Saal fanden die Orchesterwerke statt, im kleinen, intimen Saal Liederabende und Kammermusik. Da ich wenig Geld hatte, mußte ich mich mit den schlechten, hinteren Plätzen auf dem Rang begnügen. Be-

deutende Dirigenten sind mir in Ausdruck, Stil und Gestik noch gut in Erinnerung geblieben: vor allem der romantische ›Mystiker‹ Eugen Jochum und der präzise, straffe und klare Hans Schmidt-Isserstedt. Ständig war ich im Konzert oder im Theater; wann ich eigentlich meine Studien getrieben habe, weiß ich nicht. Sie werden wohl – meinem Naturell entsprechend – nicht zu kurz gekommen sein.

Um eine Brücke zum ersten Abschnitt über das Musiktheater zu schlagen, möchte ich frühe Eindrücke über die großen Oratorien festhalten, wenn sie zeitlich wohl auch nicht am Beginn standen. Bachs große Passionen wurden in der ehrwürdigen Michaelis-Kirche aufgeführt, ein angemessener Rahmen für breit angelegte, sakrale Polyphonie der Leidensgeschichte Christi. Mir kamen bei diesen Werken stets zwiespältige Empfindungen: Ergriffenheit von dem Größe, Kraft ebenso wie Zartheit ausstrahlenden dramatischen Geschehen um Jesu Tod – und andererseits Befremdung über die süßlichen wie pathetischen Barock-Texte, die m. E. dem Ernst, der Tragik und Würde, die Bachs Musik vermittelt, nicht entsprechen. Daß ich die darin steckende theologische Aussage für mich nicht nachvollziehen konnte, gehört zu einem anderen Kapitel. Die geradezu zwangsläufige Tragik eines Gottessohnes auf dieser Erde wurde mir jedoch immer wieder zu einer tief bewegenden Erfahrung in dieser Musik.

Sehr ähnlich erging es mir schon damals mit der Totenmesse Mozarts, dem wunderbar meditativen »Requiem aeternam« des Beginns wie dem schmerzlich verhaltenen Lacrimosa – verknüpft mit dem musikalisch überwältigenden, aber inhaltlich grausamen Gottesbild des »Dies irae«. Diese Spannung zwischen vorgegebenem Text und musikalischem Ausdruck – ebenso beim schwermütigen Requiem von Antonín Dvořák – habe ich bis heute nicht überwinden können. Stark abgemildert, menschlicher geworden und damit religiös allgemein zugänglicher wird diese Problematik bei Johannes Brahms' ›Deutschem Requiem‹!

Die Gattung ›Lied‹ ist mir schon gleich nach dem Kriege vertraut geworden, seltsam genug, wenn man bedenkt, in welch scharfem Kontrast ein romantisches Lied von Schubert zum grausamsten Kriegsgeschehen aller Zeiten stand. War der Besuch eines Liederabends die Flucht in eine ›heile Welt‹ oder verständliche Nahrung für eine geistig ausgehungerte Seele? Wie dem auch sei: die Veranstaltungen mit erlesenen Sängern oder auch dem schönen Mezzosopran von Anneliese Kupper waren ausgebucht. Die überwiegend deutsche Liedkultur spiegelte praktisch das kompositorische Schaffen des 19. Jahrhunderts wider, von Beethoven bis Reger und Richard Strauss.

Die Instrumentalmusik und damit zunächst die großen Orchesterwerke der europäischen Musikgeschichte standen seit der Jugendzeit im Zentrum meiner musikalischen Orientierung. Zusammen mit Lotte habe ich fast die ganze Musikliteratur kennengelernt; das Aufzählen würde den Leser langweilen. Nennen möchte ich jedoch, weil mir besonders am Herzen liegend: die drei letzten großen Symphonien Mozarts (Es-Dur, g-Moll und C-Dur), Beethovens ›Eroica‹ (3.), 4., 5. und 6. Symphonie (Pastorale) wie seine Klavierkonzerte G-Dur und c-Moll; Schuberts große C-Dur Symphonie und vor allem die »Unvollendete« in h-Moll. Von den frühen Romantikern wäre noch Mendelssohns »Schottische Symphonie« zu nennen und Schumanns 4. in d-Moll. Nicht zu vergessen: die sogenannte »Symphonie fantastique« von Hector Berlioz und später Dvořaks 9. mit dem verheißungsvollen Titel »Aus der neuen Welt«. Immer wieder zum Höhepunkt unserer Konzertabende wurde mir aber Anton Bruckners riesiges symphonisches Werk, im Mittelpunkt seine 3., 4. (die »Romantische«) wie 7. und 8. Symphonie.

Spiegeln die großen symphonischen Werke unser *ganzes* Leben in seinen Höhen und Tiefen, Freude und Trauer, Größe und

Elend, Dramatik und Stille, Schicksalslast und innere Befreiung, so liegen die Charakteristika der Kammermusik, zu der Lotte mich zunehmend hinführte, auf einer ganz anderen Ebene. Kammermusikalische Werke rückten in späteren Jahren ins Zentrum – es ist ein Weg zur Konzentration und Verinnerlichung.
Klaviersonate und Streichquartett sind mir bis heute die reinsten Formen musikalischer ›Privatsphäre‹ geblieben. Die erstere als Ausdruck der Individualität – Monologen, genauer: Selbstgesprächen einer Seele vergleichbar, deren innere Schwingungen zwischen Leidenschaft, Kampf, Schmerz, Freude, Andacht, Seligkeit und Traum vom Hörer unmittelbar aufgenommen werden. Das trifft besonders auf Beethoven und Schubert zu, zuweilen formsprengend in wandernde Phantasien übergehend, wunderbar in der Interpretation Alfred Brendels. – Beide Meister komponierten in der Hoch-Zeit deutscher Geistesgeschichte.

Anders das Streichquartett (oder auch -trio), für Lotte und mich heute die vollkommenste Gattung der Kammermusik. Ich nehme es als ein Musik gewordenes Gespräch unter Gleichen auf, als wechselnden Dialog in Rede, Widerrede, Ergänzung und Übereinstimmung. Stimmungen variieren, Akzente verschieben sich; gedankliche Konzentration kann in lockere Unterhaltung übergehen, schroffe Spannung in heitere Auflösung. Das große Vorbild war Joseph Haydn.
Höhepunkte waren immer wieder die Rasumowsky-Quartette op. 59 von Beethoven, das einzige Quartett von Verdi (!) und das Quintett von Bruckner.
Von erlesener Schönheit und Lebensfülle wie auch einsamem Verwehen und andächtiger Schwermut (im Rückblick) künden die für mich wunderbarsten Werke musikalischer Ausdruckskraft: Mozarts Streichquintett g-Moll KV 516 und Schuberts großes C-Dur-Quintett.

Das Zauberreich der Musik möchte ich nicht verlassen ohne einige sehr persönliche und damit höchst subjektive Bemerkungen zu Charakter und Wirkung der Komponisten.
Bach habe ich immer hoch verehrt, aber nicht geliebt. Im Alter ist er mir näher gekommen, besonders seine meditativen Cello-Suiten. (Die jeweilige Zuneigung hängt eng mit den Lebensphasen zusammen.) Haydn höre ich gern zum anspruchsvollen Ausruhen, begleitend am Sonntagmorgen. Mozart ist komplexer: leicht und spielerisch – darum frei! – bis abgründig und erhaben ernst. Der ebenso kraftvolle – oft schroff und wild – wie weich, nach innen gewandte Beethoven tat mir in dunklen Zeiten des Lebens – vor allem bei schwerer Krankheit – besonders wohl. Er ist ein sehr deutscher Musiker, kantig und schwierig, wie in der Dichtung Kleist.
Schubert gehört meine ganze Liebe, seitdem erst im 20. Jahrhundert seine ganze Tiefe neu entdeckt wurde. Dieses so früh *vollendete* Genie sah man früher oft einseitig unter dem Aspekt der Wiener ›Kaffeehausmusik‹, unterhaltend, fröhlich, plätschernd und zu leicht befunden. Sicherlich finden sich unter den über 1000 opera zahlreiche Belanglosigkeiten, nicht verwunderlich bei der täglichen ›Produktion‹. Doch die zentralen Werke, Klaviersonaten wie Quartette und Lieder sprechen für sich! Sie verdienten eine gesonderte Würdigung. Gäbe es nur das Wanderer-Lied, so hätte Schubert bereits seinen Platz in der Musikgeschichte gefunden!
Mit Dvořák, dem »böhmischen Schubert«, ergeht es mir ähnlich, besonders mit seinen Streichquartetten op. 96 und 106; sie sind jedoch weicher, nicht so dissonanzenreich und leidvoll wie Schuberts Quartette.
Zu Wagners Werk, das ich in meinen Jugendjahren gründlich kennenlernte, habe ich seit langem Distanz gewonnen. Seine Größe erfährt für mich heute eine starke Einschränkung durch sein Pathos, seine zuweilen penetrante Leitmotivik, sein häufiges fortissimo und seine gezielte Theatralik. Empfindlich

reagiere ich schon lange bei jeder Inszenierung des ›Parsifal‹ hinsichtlich der musikalisch wie szenischen Darstellbarkeit des HEILIGEN. Es hat etwas Gemachtes, Künstliches an sich und rutscht sehr leicht ins Sentimentale ab. Vieles ist Pose und Effekt des ausgehenden 19. Jahrhunderts.

Zum Schluß dieses knappen Kapitels darf ein Wort über Anton Bruckner nicht fehlen: die groß angelegten Symphonien sind für mich fast jedesmal Gottesdienst gewesen: Weltgemälde, Seelenlandschaft, Zwiesprache und Mystik zugleich. Hier wird das HEILIGE Gegenwart, ohne daß es bewußt inszeniert wird. Erhabenheit und Ergebenheit, Ferne und Nähe, Unendlichkeit und Sehnsucht korrespondieren miteinander. Und dieser innere Reichtum entspringt aus dem Gehirn und Herzen eines bescheidenen, arglosen wie zaghaften Dorfschullehrers!

*Leben und Kunst ohne Erschütterung
ist Existenz ohne Gnade.*

Carl Zuckmayer

10. Wandern und Reisen – Wege zur Kunst

Wandern und Reisen haben viel Gemeinsames, und doch lassen sich heute deutlich andere Akzente und Perspektiven setzen. Zu allen Zeiten war Reisen immer zugleich auch Wandern. Beide verbinden Fernweh, Weltaufnahme, Lebenserfahrung, Abenteuer und Erlebnis, Leistung und Bewährung, Begegnung mit Menschen.

Die Unterschiede können im 20. Jahrhundert jedoch klar markiert werden: das Wandern kennt den überschaubaren Raum, die Ziele sind abgesteckt, körperliche Leistung wechselt mit behaglichem Ausruhen, der Zeitfaktor spielt kaum eine Rolle, die zu entdeckende Welt heißt: unberührte Natur. Wir erlebten sie im Allgäu, im Schwarzwald, in den Dolomiten und auch am Meer. Ein ebenso erhabener wie ungebändigter Urzustand, der zum Meditieren einlädt, kann sich zuweilen noch unverfälscht präsentieren, eben als Natur, wörtlich als Geborenes, Gewachsenes, Wildnis und Schönheit, Lebenswelt und Formenreichtum. (Über ›Der Wanderer als Symbol des menschlichen Daseins‹ schrieb ich früher einen Aufsatz; im Symbolon, N. F. 8, 1986.)

Anders steht es mit dem Reisen. Es sind Kulturen, die wir uns erschließen wollen – mit Hilfe vielerlei moderner technischer Möglichkeiten. Wir entdecken Völker, andere Sprachen und Religionen, vor allem aber ihre Kunst, die bekanntlich ja ursprünglich immer sakralen Ordnungen diente. Reisen heißt Entdecken und Bilden, über den eigenen Lebenshorizont hinausschauen, fremde Orientierungen sich zu eigen machen. Das gelingt meist nur in Ansätzen. Es ist alles zu flüchtig im

20. Jahrhundert. Doch trägt es zur Erweiterung unseres Menschenbildes bei – in der Zusammenschau von sehr Verschiedenem und Gleichem, in der eigenen und fremden Kultur.

*

Meine erste Reise führte nach Rom anläßlich des zweiten Internationalen Kongresses für Religionswissenschaft 1955 nach dem Kriege. Es war damals eine endlos lange Eisenbahnfahrt. Da Rom als Barockstadt gilt, konzentrierte ich mich in den wenigen Tagen auf die Antike, das Forum Romanum, die Via Appia und andere klassische Stätten. Ich verstand (und verstehe) nicht viel von römischer Geschichte. Doch hier wird Geschichte zum Erlebnis, nimmt sichtbar Gestalt an, wie ähnlich früher in Trier. Größe, Macht, Staatsordnung, Rechtssystem, aber auch imperiale Selbstdarstellung mit religiöser Verankerung verkörpert sich in dieser römischen Metropole.
Und überdeutlich wird in dieser Stadt, wie nahtlos dieser römische Geist auf den ›Heiligen Stuhl Petri‹, die frühe christliche Kirche übergegangen ist, nachdem sie im 4. Jahrhundert Staatsreligion wurde. Die Katholische Kirche trat das Erbe des untergehenden Reiches an; ›urbi et orbi‹ kündigt der Papst noch heute an. Die antike Basilika – es gibt zahlreiche in Rom, die ich mir ansah – verleiht diesem universalen Geltungsanspruch durch ihre Architektur den würdigen Ausdruck. Aus der profanen Gerichtshalle mit der Nische für den Richter oder Herrscher (Apsis) wurde der Urtyp des christlichen Sakralbaues, der Kirche. Ihre spätere Ausformung im heutigen Petersdom machte auf mich als fast 30jährigen einen überwältigenden, durch prunkvolle Versteinerung in ihren riesigen Ausmaßen auch erdrückenden Eindruck. Eine andächtige Empfindung konnte hier nicht aufkommen. Nur die wunderbar edle wie zarte Frauengestalt der ›Pieta‹ von Michelangelo erlaubte für den Betrachter Augenblicke stiller Einkehr.

*

Unsere erste gemeinsame große Auslandsreise (1960) galt dem alten Ägypten, eine frühe Spurensuche im weiten Reich der Kulturgeschichte. Kunst und Religion – in alten Kulturen immer verschwistert – standen stets im Mittelpunkt unserer oft gewagten Zielsetzung.

Beim Aufbruch nach Ägypten mit einem schönen italienischen Schiff ab Venedig war mir trotz Vorbereitung noch nicht bewußt, welch eine fremde, ebenso erhabene wie seltsame Hochkultur uns erwarten würde. Schon die Anreise war ein großes Erlebnis, denn wir wurden an Deck des Schiffes nach einigen Tagen früh am Morgen in der Ferne plötzlich wieder Festland gewahr – und dieses Land war ein Kontinent, genannt Afrika! Heute fliegt man in wenigen Stunden nach Kairo und ist bereits »vor Ort« – ohne innere Umstellung.

Obwohl unsere Reise auf das 3000jährige Reich der Hieroglyphen ausgerichtet war (wörtlich: gemeißelte heilige Zeichen), begegneten wir natürlich einer islamischen Kultur, täglich auf Schritt und Tritt. Sie überlagert auch baulich das Alte Ägypten wie das Christentum die Römerzeit.

Eine andere Entdeckung war für mich in jungen Jahren die Archäologie als Wissenschaft, nein als Kunst, längst Vergangenes »wiederzubeleben« und das heißt, einem Trümmerhaufen virtuell Gestalt zu verleihen und Aussagen machen zu können, wie vor 4000 Jahren eine Küche aussah oder ein Dach konstruiert war. Wir konnten nur staunen ob solcher Phantasie.

Ein weiteres blieb mir lebendig im Gedächtnis: einerseits die Wahrnehmung der langen Konstanz einer alten Kultur über Jahrtausende (ähnlich China), andererseits die Anschaubarkeit von Frühformen, Hoch-Zeit und Verfall, wenn kreative Impulse ausbleiben und nur noch nachgeahmt und mangelhaft weitergeführt werden.

Über Lebensstil und Erkenntnisformen, wie sie etwa in den Wandmalereien der »Totenstadt« (Westufer von Theben) sichtbar werden, haben später unsere Tübinger Freunde, das Ehepaar Brunner, Aufschlußreiches gesagt. In diesen Zusammenhang gehört auch meine erste bewußte Begegnung mit dem Polytheismus – vom Christentum stets verachtet – als einer faszinierenden Möglichkeit, die umfassende göttliche Wirklichkeit bilderreich wahrzunehmen. Selbst der überzeugte Christ Hellmut Brunner hatte später einen Aufsatz geschrieben mit dem Titel »Lob des Polytheismus«. Man spürt ihn überall beim Gang durch die mächtige, ja überwältigende Tempelanlage von Luxor in Oberägypten. Kommt man zurück nach Kairo in das arabisch dominierte Ägypten des Islam und besucht die frühen, berühmt gewordenen Moscheen, so bewegt man sich – religiös gesehen – im Reich des Kontrapunktes: der ›Wüstengott‹ Allah ließ keine Bildervielfalt zu, dafür aber in Bauform und Ornamentik hoch verfeinerte abstrakte Kunst, ausgehend von der Kalligraphie der Korantexte. Eine Begehung dieser wundervollen heiligen Räume vermittelt Hoheit, Stille und Würde.

Erfüllt von diesen unvergeßlichen Eindrücken bestiegen wir in Alexandria wieder das Schiff mit Kurs auf Genua. Und als wir den Hafen von Piräus anliefen, um einen kurzen Abstecher (leider!!) nach Athen zu machen, fühlte ich mich mit einem Mal wieder »zuhause«, nämlich in Europa!

*

1964 stachen wir wieder »in See«, um das Land unserer Väter anzusteuern: Griechenland, die Urheimat Europas. Ein älterer griechischer Dampfer brachte uns gemütlich von einer Insel zur anderen, ausgehend vom Festland, dem Peloponnes. Da die Griechen ein Seefahrervolk waren, wie auch Engländer und Norweger, war die Entdeckung dieser zauberhaften, wenn auch schon früh gerodeten Landschaft vom Meer aus angezeigt.

Gleißendes Licht, Wasser, Himmelsbläue und Schatten, kubische weiße Häuser und Olivenhaine – wie es Erhart Kästner schön beschrieben hat – geben eine Atmosphäre, die nicht zuletzt auch durch ein sympathisches, gastfreies Volk entsteht. Es sind nicht mehr die Griechen der Antike, sondern eine durch 2000 Jahre ›Besatzung‹ geprägte mittelmeerische Mischbevölkerung. Die antiken Griechen gehörten zu den ziemlich wenigen, hochbegabten und kulturstiftenden Völkern der Erde, doch waren sie schwierig, zerstritten, reich an Widersprüchen wie wir Deutsche.

Was blieb haften in der Erinnerung? Eine spätere Kreuzfahrt durch die Ägäis (1990) und den Besuch der griechischen Kolonien in Süditalien (1985) – der Magna Graecia – möchte ich einbeziehen; sie bilden eine Einheit. Selbst das minoische Kreta (1975) als Urmutter Europas gehört hinzu. Aus der Fülle dieser Erlebnisse sollen nur fünf knappe Akzente gesetzt werden, die sich aus lebendiger Anschauung ergaben.

Auf dieser Reise konnte ich wohl erstmals bewußt verinnerlichen, was »heilige Stätten« bedeuten. Da gibt es die steinernen Reste des gigantischen Olympia mit dem riesigen Zeustempel, seinen Säulen und Kapitellen. Man staunt allein schon über die technische Bewältigung solcher Bauten. Das in der Nähe gelegene gewaltige Amphitheater von Epidaurus hat uns besonders beeindruckt, vor allem seine architektonische Vollendung, seine unvorstellbare Akustik. Ein Wort des Sophokles, flüsternd auf der ›Bühne‹ gesprochen, hört man im obersten Rang (= Stufe). Daneben die ausgedehnte Heilstätte. Bei den lebensnahen Griechen fügte sich alles zusammen: die Heiligkeit eines Ortes vertrug sich durchaus mit dem Zentrum »weltlicher« Macht und Lebensform: mit Schatzhäusern, Sportfeldern, Schulen, Heilanstalten und Theatern. Ein solches Gelände ähnelt einer Großorganisation, ohne daß die Hoheit eines Tempels verlorengeht. In Agrigent im Südwesten Siziliens sieht man es noch besonders deutlich, ähnlich auf der kleinen Insel Delos – heute ein Trümmerfeld – wo der Goldschatz Athens sicher aufbewahrt wurde. Knossos auf Kreta bietet dem Besucher noch heute ein archaisches Urbild dafür.

Einen besonderen Höhepunkt bildeten in dieser Hinsicht zwei einsam gelegene Heiligtümer, die man nur per Schiff erreicht: die Kultstätte der Kabiren auf der kleinen Insel Samothrake (vor der Küste Thrakiens gelegen), die man wie bei einer Pilgerreise nur bis zu stiller Höhe erwandern kann, und andererseits das berühmte Delphi. Auf der Rückfahrt durch den Isthmus fuhren wir nach einem Gewitter früh morgens in den Golf von Korinth ein; und über dem kleinen Hafen Itea am Rande des Gebirges lag ein herrlicher Regenbogen, der mir wie eine Brücke erschien zum hoch in Wolken eingehüllten Delphi: dort mußten die Götter wohnen – »immerwährend«, unsterblich. Auf der luftigen Höhe ist mir vor allem der malerische Rundtempel (tólos) und die berühmte Orakelstätte in Erinnerung geblieben. Eine andere herausragende Erscheinung der griechischen Kultur, die es im Mittelmeer immer wieder zu besichtigen gab, ist die agorà, der ›Marktplatz‹ würden wir heute sagen oder der Rathausplatz. Dort spielte sich das öffentliche Leben ab, dort trafen sich die freien Bürger zum Dialog über alle Dinge des Staates, der Verfassung und des Rechtes. Im Stadtzentrum versammelte sich gewissermaßen das ›Parlament‹ und stimmte offen über wichtige Entscheidungen ab. Solche Plätze der frühen Demokratie findet man in jeder griechischen Stadt. Verhandelt wurde alles, was zur politeia gehörte. Eindrucksvoll die Anlage in Athen! Hier wurde erstmals die Selbstbestimmung des Bürgers praktisch verwirklicht.

Ein Drittes ist der Formensinn der Griechen, die offenbar Augenmenschen gewesen sein müssen. Ausgewogenheit, Maß und Schönheit fanden sich zu einer Symbiose zusammen. Man kann es noch heute am Zeustempel auf der Akropolis und anderswo ›ablesen‹. Die Bauformen korrespondierten mit der Ordnung

Hera-Tempel in Selinunt, 450 v. Chr.

*Grabmal der Mnesarete, Tochter des Sokrates
Attika, 380 v. Chr.*

des Weltalls, mit Regelmäßigkeit, Mathematik und sogar Zierwerk; das alles verbindende Wort hieß Kosmos! Wir kennen noch heute den goldenen Schnitt. Er stammt von den Griechen. Der Sinn für Maß und Schönheit kommt aber auch im idealisierten Menschenbild der großen Bildhauer zum Ausdruck. Die menschliche Gestalt der Griechen – man denke nur an die herrlichen Göttergestalten – wurde zum künstlerischen Urbild der Europäer, im Hellenismus dann ausdrucksstärker, weicher und individueller. Gott und Mensch näherten sich an – aus zweifacher Perspektive. Festhalten möchte ich noch die ergreifenden Grabstelen aus dem Athener Nationalmuseum: Zeugnisse des wehmütigen Abschieds von den Toten.

Schließlich konnte man bei all unseren Reisen durch die griechisch oder römisch bestimmte Mittelmeerwelt auf Schritt und Tritt immer wieder erfahren, was Hellenismus bedeutet: die geistige Ausstrahlung des alten Hellas durch Denkstil, Lebensform, Kunst und Sprache. Inschriften, Namen, Massenherstellung von Votivtafeln, die Ausdrucksform von zahlreichen Kunsthandwerkern und vor allem die Sprache von Rom bis nach Asien zeugen von griechischer Weltgeltung. Dieses geniale kleine Volk hat unsere europäische Kultur neben dem Christentum maßgeblich geprägt. Man könnte auf Anhieb gleich 20 Namen nennen, die für Dichtung, Theater, Medizin, Naturwissenschaften, Philosophie, Mathematik, Geschichtsschreibung und Politik stehen – und nicht zuletzt die großen Künstler, deren Menschenbild sich selbst auf die indische Gandhara-Kultur ausgewirkt hat.

Ich muß meine Begeisterung zähmen! Natürlich hatte ich auch früher schon längst gelernt, daß nicht »edle Einfalt und stille Größe« (Winckelmann), nicht nur die Idee, Gestalt, Erkenntnis und Schönheit diese maß-gebende Kultur bestimmten, sondern auch Leidenschaft, Zwietracht und Grausamkeit, doch hat das Bleibende sich über 2500 Jahre durchgesetzt und uns Europäer noch bis ins 20. Jahrhundert hinein geprägt.

Ein letztes sollte man beim Stichwort Griechenland nicht vergessen: die byzantinische Kirche, die sogenannte »orthodoxe«. Man begegnet ihrer Lebendigkeit und ihrer engen Verquickung mit griechischem Nationalbewußtsein überall auf den vielen Inseln. Aus dem Blickfeld der Antike ist sie etwas Fremdes; für die heutigen Griechen ist sie jedoch zum inneren Eigentum geworden, von Naxos bis Santorin, von Athen über Thessalien bis zu dem berühmten Berg Athos. Eine Reise nach Hellas ist auch eine Reise nach Byzanz – könnte man sagen.

*

Über meine (unsere) Reise in die sogenannte ›Neue Welt‹ (1965) brauche ich mich nicht sehr ausführlich auszulassen, denn sie hat keine starken und förderlichen Impulse gesetzt. Es war eine Reise zu einem mir fremden Erdteil, einem geschichtslosen, riesigen Land, in dem ich mich – trotz mancher erfreulicher Seiten – niemals würde »zuhause« fühlen können. Auf Natur, Städte und Menschen möchte ich mich beschränken.

Sehr eindrucksvoll ist die unendliche Weite und Vielfalt der Landschaften zwischen Kalifornien und der früheren britischen Ostküste. Hochgebirge – die Rocky Mountains – Prärien, riesige Kornfelder, gewaltige Flüsse prägen diese vereinigte Staatenwelt. Der Europäer wäre von Narvik aus per Flugzeug längst in Afrika – im Vergleich mit der Ost-West-Entfernung der USA.
Herrlich war unser Aufenthalt im Yosemite-National-Park im stillen und einsamen gebirgigen Westen – fast menschenleer. Den anderen Höhepunkt bildeten die Wandertage am Colorado, dem schier endlosen Abstieg zum Fluß von einer flachen Hochebene aus und die Erfahrung, daß für diese Bewohner die eigene Ostküste bereits zu einem fernen, fremden Land gehört. Man konnte sich sehr gut vorstellen, wie abenteuerlich und

höchst gefährlich die Entdeckung und Eroberung dieses Erdteils durch die ersten europäischen Siedler gewesen sein muß.

Die Großstädte haben in meinen Augen überhaupt kein ›Gesicht‹, keine unterscheidende Individualität wie in Europa etwa Heidelberg und Pisa. Im Stadtkern gibt es meist einige schöne, oft klassizistische Gebäude aus der Gründerzeit um 1800; im Ganzen wird das sogenannte ›Gesicht‹ aber durch Beton, Straßen, Brücken und ›Wolkenkratzer‹ (Hochhäuser) bestimmt. Gelegentlich kann man eine faszinierende moderne Architektur bewundern, meist aber unordentliche, eben wilde Stadtbilder. In New York gibt es eine eindrucksvolle ›skyline‹ von außen und oben gesehen – eben keine Lebenswelt zum Wohlfühlen.

In Washington wirkt das historische Zentrum ebenso anziehend wie großzügig. Im Capitol erfährt man anschaulich etwas von der jungen amerikanischen Geschichte; doch außerhalb dieser parkreichen Mitte ist die Hauptstadt langweilig, ohne Kontur und arm (schwarze Bevölkerung).

Eine Ausnahme bildet für eine Großstadt San Francisco mit seiner wundervollen Hafenbucht und der imposanten Golden Gate Bridge, die am Rande eines Parks den Blick auf den Stillen Ozean freigibt. Das Klima ist mild, die Stadt hügelig.

Welche Menschen bewohnen dieses Land? Eine Reise von fünf bis sechs Wochen (anläßlich eines Kongresses in Kalifornien) kann nur einen oberflächlichen Eindruck vermitteln. Die Bevölkerung bietet das Bild eines Schmelztiegels aller Rassen und Völkerschaften mit einem anglo-europäischen Kern und einer recht dünnen gebildeten Oberschicht. Nur wenige Menschen wissen etwas über die übrige Welt, wenig selbst über Europa und fast gar nichts über Geschichte und Kulturen, obwohl es für die Oberschicht exzellente Museen, Konzerte und sehr gute Universitäten gibt. – Im Ganzen aber wirkten (vor 35 Jahren!) die Menschen großzügig, frei, sehr freundlich, selbstbewußt und ahnungslos zugleich, oft oberflächlich und gleichzeitig sehr gläubig mit viel Einfalt. Man kann sich leicht vorstellen, daß

Amerikaner unser traditionsreiches, altes Europa als eng, rückständig und kleinkariert wahrnehmen. Dennoch: ich liebe dieses Europa als Deutscher; der ›american way of life‹ bleibt mir fremd.

*

Einen größeren Kontrast zu den USA kann es kaum geben als eine Begegnung mit »Mutter Indien«, wie die Inder ihr 5000 Jahre altes Kulturland selbst liebevoll nennen. Meine geheime Sehnsucht, dieses uns Europäern polar doch so verwandte Land und dessen reiche Kultur, mit der ich mich als Student schon intensiv beschäftigt hatte, einmal kennen zu lernen, sollte 1967 in Erfüllung gehen. Innerlich war es wohl auch eine mögliche Alternative zum Christentum, die ich suchte. Schon als Junge (siehe Kap. 6) wurde ich durch Schopenhauer mit der Weisheit der Upanishaden vertraut gemacht, wenngleich dieser enzyklopädisch gebildete Philosoph das Christentum auch nicht verstanden hatte und selbst die indische Tradition durch die Brille seiner eigenen Philosophie sah. Hermann Hesses ›Siddhartha‹ tat ein übriges, erwartungsvoll mein Traumziel anzusteuern.
Indien hat einen religiösen Wurzelboden, von einer Vielfalt der Ausprägung wie keine Kultur der Erde: sie reicht von erschreckenden Kultpraktiken bis zu tiefsinnigen Weisheitslehren, von handfestem Volksglauben bis zu bedeutenden philosophischen Systemen, vom Bilderreichtum bis zur Abstraktion – auch in der Architektur.

Vieles war mir durch die längere Vorbereitung bereits bekannt, und doch sieht die Realität ganz anders aus! Hatte ich mich getäuscht, sollte ich durch diese Reise über eine Ent-Täuschung das wahre Gesicht Indiens kennenlernen? War es denkbar, daß eine mir so sympathische Kultur gleichwohl fremde, abstoßende Züge tragen konnte? Jedenfalls setzte die Entdeckung

Indiens in mir Energien frei, gab Anstöße und Ideen zu anschließenden eigenen Forschungen.
Korrekturen waren in vieler Hinsicht angebracht. Das begann schon mit der Größenordnung, denn Indien ist kein homogenes ›Land‹, sondern ein vielgestaltiger ›Erdteil‹, eben Subkontinent, geographisch, sozial, kulturell, religiös. Die große Überraschung allein im politischen Raum: 20 Jahre nach der Erreichung seiner Unabhängigkeit fand ich dank britischer Nachhilfe in einem Kontinent mit 14 Hauptsprachen, ca. 350 Millionen Einwohnern und riesigen Entfernungen eine funktionierende Demokratie vor, die dieses Riesenreich wie zu Zeiten der Kaiser Ashoka (3. Jh. v. Chr.) und Akbar des Gr. (16. Jh.) regierbar erscheinen läßt.
Ich bereiste damals nur Nordindien über drei Wochen; mehr als erste, wenn auch intensive Eindrücke konnten kaum vermittelt werden. In einem Exkurs zu diesem Kapitel wird der Leser meinen damaligen »Bericht« finden.
Eine mir besonders wichtige Erfahrung aus der Erinnerung möchte jedoch in diesem späten Rückblick noch eigens zu Wort kommen: menschliche Impressionen! Die Nordinder wirken aus der Perspektive des europäischen Reisenden recht einheitlich – bei aller individueller Unterschiedlichkeit. Sie sind oft sehr hübsch, schön gestaltet und vornehm im Auftreten, sofern sie nicht zu den erbarmungswürdigen, sich selbst erniedrigenden Bettlern gehören. Ihr Augenausdruck ist überwiegend gelassen, bescheiden, friedlich und schicksalsergeben. Eine seltsame Mischung von traurig und glücklich, in jedem Falle sehr nach innen gekehrt. Frauen haben etwas Verhaltenes, Keusches an sich, zuweilen stolz – schwer zu durchschauen in dieser dominanten Männergesellschaft, in der eine Liebesheirat selten ist. Besonders eindrucksvoll beggneten mir in Benares würdige Greise, die sich vom bunten und aufregenden Treiben des Lebens zurückgezogen haben. Sie wirken still und geläutert, im Einverständnis mit dem Sein. Brahmanen, die oberste Kaste,

wirken dagegen oft hochmütig und sogar geldgierig. In den Städten geben geschäftstüchtige Männer häufig ein höchst unerfreuliches Bild ab, wie man überhaupt beobachten kann, in welchem Maße die soziale Situation den Menschen zu prägen vermag. Beglückend die vielen heiteren Kindergesichter, meist von der Armut gezeichnet. Wie wünschte man unseren verwöhnten und unzufriedenen Deutschen solche Begegnungen! Die Frömmigkeit der Menschen braucht man in Indien nicht eigens zu erwähnen, wohl aber ihre Gebetshaltung, nämlich leicht gebeugt mit zusammen gelegten Händen und gesenktem Kopf als Ausdruck von Andacht und Ehrfurcht, ohne die Würde zu verlieren. Bei den Moslems gebietet Allah Hingabe und Unterwerfung: wir kennen alle den meist auf dem Teppich knienden, mit dem Kopf den Boden berührenden Körper; sind es Gegensätze? So jedenfalls meine Impressionen.

*

Meine dritte Bekanntschaft mit dem Islam machte ich in Spanien, im ehemals islamischen Andalusien. Es mag 1979 gewesen sein. Welch eine andere Welt, diese heute museale maurische Kultur – doch immer noch eine Aura edler Spiritualität ausstrahlend!

In Kairo und Agra (Nordindien) konnte man moslemisches Leben wahrnehmen, Allahs Größe und die ergebene Gefolgschaft seiner Gläubigen. Nicht zu vergessen den architektonischen Höhepunkt mit dem weltberühmten Taj Mahal, einem marmornen Grabmal in der Größe einer Moschee, das der indische Moslem-Kaiser Shah Jahan für seine Gattin errichten ließ. Dieser wunderbare, weiße Formenreichtum hatte sich mir tief eingeprägt. Und nun sah ich Vergleichbares in Cordoba und Sevilla, den frühmittelalterlichen Machtzentren des westlichen Islams, dessen Vordringen nach Europa Karl Martell vereiteln konnte. Betrachtet man jedoch seine Kunst, so hält sie in der Architektur und Steinmetzkunst – nicht zu vergessen Intarsienarbeiten und Emaille-Kompositionen – jeden Vergleich mit Europa aus. Andalusien bietet herrliche Zeugnisse einer großen Vergangenheit – nicht der christlichen! Das alte Cordoba am breit dahinströmenden Guadalquivir (Brücke!) gelegen, faszinierte uns besonders. Die riesige Moschee mit hunderten von Säulen und Bögen mochte Tausenden Raum zur stillen Andacht gegeben haben – ausgerichtet auf die kostbare Gebetsnische im Osten. Nur dem Umstand, daß die erobernden Christen – eine künstlerische Entartung – ihre Kirche in diese Halle hineinsetzten, verdankt die Moschee ihre Erhaltung. In der Nähe Granadas liegt die weltberühmte Alhambra, Juwel einer burgähnlichen Residenz. Man könnte allein ein langes Essay über dieses Kunstwerk schreiben. Meine Dias zeugen von den feingliedrigen Fensterbänken, den Fußböden und kalligraphischen Marmorwänden mit den bedeutendsten Koranversen. Doch zeigt es auch die Prachtentfaltung der reichen Herrscherhäuser. Wie überall in der Welt – zu Lasten ihrer Untertanen. Eine solche Reise gibt oft Anlaß zum Meditieren über das Verhältnis von Kunst und Gesellschaft: gäbe es solche Kostbarkeiten ohne das Heer ihrer armen Erbauer? Im großzügig angelegten Sevilla sieht es ähnlich aus. Paläste, Kunstgärten, Residenzhäuser aus der maurischen Zeit zieren die Stadt.

Die Mentalität der Spanier war mir damals sehr fremd geblieben, obgleich doch Europäer, aus unserem Kulturraum. In ihrem Charakter – vermutlich ein oberflächlicher Eindruck – schienen sich stolze Nationalität, herbes Auftreten, Gefühlsarmut mit Höflichkeit, Leidenschaft mit einer seltsamen, ebenso sentimentalen wie nach außen gekehrten Christlichkeit zu vermischen. Es gibt viel Gepränge und auch heitere Theatralik bei den Karfreitagsprozessionen etwa. Die Männer wirken hart, die Frauen kühl und verschlossen; doch gleichzeitig beobachtet man inbrünstiges Beten zur Göttin ›Maria‹ (meist im Zentrum

*Alhambra, islamisches Burg-Schloß in der Provinz Granada,
13./14. Jh.*

der Kirchen) und viel Familiensinn. Ich fühlte mich fremder als in Indien.

*

Was haben mir in der Rückschau unsere Reisen in Europa sagen wollen? Was bedeutet mir unser altes Europa, das immer ein geniales Pulverfaß gewesen ist, noch heute? Es ist ein so vielfältiges Gebilde – geographisch, landschaftlich, klimatisch, ethnisch und kulturell. Es zeichnet sich durch derart unterschiedliche Mentalitäten und Volkscharaktere (es gibt sie trotz allem!) aus, daß man Mühe hat, von einer Einheit zu sprechen. Kelten, Germanen, Slawen und Römer haben ihren Beitrag zu den vielfältigen Traditionen geleistet. Und doch gibt es ein einigendes Band, ja, eine Einheit der Kultur, die diesen äußerlich und innerlich zerklüfteten Kontinent zusammenhält: die geistigen Energien und Traditionen der Griechen, Römer und Christen wie die indogermanische Sprachfamilie. Die Verschmelzung dieser Kulturleistungen hat sowohl im Guten wie im Bösen, besser: im Schöpferischen wie Zerstörerischen eine solche Fülle an Talenten hervorgebracht, daß Europa noch heute davon zehrt, trotz der allgegenwärtigen amerikanischen Überfremdung.
Wenn ich freilich von Reisen erzähle, so sollte das Leitmotiv nicht Nachdenken, sondern Anschauung heißen. Über einen so heterogenen Kontinent, der vom kalten und dunklen Narvik bis zum warmen und sonnigen Palermo reicht, können ganze Bibliotheken berichten. Mir kommt es nur auf einige Impressionen an, die vorwiegend über die Kunst vermittelt wurden. Spricht man aber von europäischer Kunst, so ist das Christentum mit seinem so zwiespältigen Erbe und seinen tragischen Folgen nicht wegzudenken. Daher möchte ich bei der Schilderung unserer Reisen Frankreich und Italien in den Mittelpunkt rücken. Vielerlei Wahrnehmungen zeichneten im Geiste ein

Bild von Europa, das von »Größe und Elend« (Pascal) der Menschen unserer Lebenswelt berichtet.

Zwei Reisen führten uns Anfang der 80er Jahre nach Frankreich, diesem für deutsche Verhältnisse riesengroßen, leeren und schönen Nachbarland. Die Reise nach Burgund galt der Romanik, die wir näher kennenlernen wollten. Aus unserem alten Deutschland kannte ich das stille Maria Laach in der Eifel, die frühen Kirchen auf der Insel Reichenau und den Dom von Speyer und Mainz, später Monreale in Palermo – mit byzantinischem Einfluß. Die Malerei dieser frühen Bauwerke zwischen 1000 und 1200 hat mich immer mehr ornamental als hinsichtlich der dürftigen Ausdruckskraft menschlicher Gesichter angesprochen; es ist aber unterschiedlich. Man kann z. T. schon eindrucksvolle Figuren, vor allem in der Skulptur in Frankreich kennenlernen. Im Ganzen aber fesselt die Baukunst der Dome; Profanbauten sind nur wenig überliefert. Nicht umsonst – das hat sich mir stark eingeprägt – nennt man diesen Stil Romanik, denn sein römisches Erbe ist unverkennbar! Von unserer schönen Herbstreise nenne ich nur Vezelay als Höhepunkt: Es ist eine ungewöhnlich lichte Kirche – bei gutem Wetter, insofern ist die Erdschwere dieser Sakralität nicht sofort erkennbar. An dieser ausgereiften Romanik lassen sich ihre Merkmale gut wahrnehmen: die Kirchen haben oft etwas Burgähnliches. Mit ihren schweren Mauern, stämmigen Säulen und Last tragenden Bögen bei relativ kleinen Fenstern sprechen sie von Abwehr nach außen und Bergung nach innen. Das Äußere von Vezelay ist mit Ausnahme des Westportals nicht sehr aussagekräftig; umso herrlicher und vollendeter der Innenraum. Ja, *Raum*, geschlossener Raum, der Schutz bietet und einen erdverbundenen Glauben anzeigt, ist das richtige Wort für diese konzentrierte Atmosphäre. Es geht viel Hoheit und Festigkeit von dieser Basilika (basileus = König) aus. Am Westportal und ehrwürdigen Narthex (Vorhalle, selten) lassen sich sogar sehr gelungene Skulpturen ausmachen – so zu Unrecht anmaßend urteilt ein

Besucher des 20. Jahrhunderts, der selbst keine entsprechenden Fähigkeiten besitzt! Erstaunlich jedoch, wie sich auf dem schmalen Raum der Säulen-Kapitelle eine Fülle von gemeißelten, sehr archaisch wirkenden figürlichen Szenen findet. Zauberhaft der schon gotisch orientierte Chorumgang. Doch welche Gedanken schleichen sich ein, wenn man über das Christentum, seine Zwiespältigkeit, das Mittelalter und seine Sozialstruktur, die Motivation der Baumeister nachzusinnen beginnt? Die gläubige Bevölkerung war sehr arm, die Institution Kirche reich. Macht, Geldgier, grausame Kreuzzüge und später Inquisition sind mit zu denken, wenn man diese großartigen Gotteshäuser betritt, die das schon säkulare Gemüt bewegen, weil der sakrale Charakter eines solchen gewaltigen Bauwerks unmittelbar ausstrahlt. Man braucht sich nur ein Hochamt mit gregorianischen Gesängen vorzustellen oder eine sich in Glaube und Furcht zusammenschließende Gemeinde. Gerade die Angst vor dem ›Jüngsten Gericht‹ – im Tympanon verewigt – ließ die Gruppe zusammenwachsen. Von der Botschaft des Nazareners spürt der Besucher nicht mehr viel; dieses Heiligtum ist Ausdruck des komplexen Gebildes ›Christentum‹ geworden.

Denkt man an Monreale, normannisch wie byzantinisch beeinflußt, so verstärken sich diese Gedanken: herrliche Wandmosaiken (biblische Szenen) lassen einen Raum der Andacht zu einer Prunkhalle werden, über die Christus, der Weltherrscher (Pantokrator) in der Apsis gebietet – nicht der leidende, sich opfernde Jesus als Meditationsobjekt: das Kruzifix herrscht nicht! Ist die christliche Überlieferung bereits schizophren angelegt?

Unsere zweite Reise galt der Gotik im Nordwesten Frankreichs; Normandie und Bretagne, die Geburtsstätten dieser geschlossensten europäischen Stilepoche, lernten wir gründlich kennen. Es war immer mein Wunsch gewesen, nach den Ursprüngen des Ulmer und Freiburger Münsters zu fahnden – meinen Lieblingskirchen. Lotte erging es ähnlich. Die herrliche Lorenz-Kirche in Nürnberg lernten wir erst später kennen. Welch einen

Kontrast bildet eine solche christliche Kathedrale in Anlage, Struktur, Baukunst und (religiöser) Geisteshaltung zum griechischen Tempel, dem großen antiken Gegenpart europäischer Kultur! Man denke etwa an Agrigent oder das Bergland von Segesta auf Sizilien.

Keine Kunstgeschichte möchte ich nacherzählen, sondern schlicht sagen, was ich beobachtete und empfand, was mich tief ansprach oder auch begeisterte bei gründlichem Kennenlernen wie auch ›Begehen‹ dieser Heiligtümer; vor allem denke ich an Chartres, Bayeux, Quimper, St. Denis in Paris, Reims und Amiens.

Schon äußerlich nehmen diese riesigen Bauwerke in den einst nur kleinen Städten einen beherrschenden, zentralen Platz ein – allgegenwärtiger Orientierungspunkt für die Bürger, die schließlich mit ihrer Arbeitskraft einen solchen Bau auch wirtschaftlich erst ermöglichten. Eine solche Bürgerleistung läßt sich heute nur vorstellen, wenn man sich verdeutlicht, daß Glaube und damit auch Kirche im Hochmittelalter das summum bonum für die Menschen waren, wie es sich in der »Summa Theologia« des Thomas von Aquin als Werthierarchie spiegelte. Sind doch die Meisterwerke der Gotik umgekehrt auch ein Abbild der herausragenden Denkleistungen dieser Zeit. Vergessen wir nicht für das, was zu sagen sein wird, den bedeutendsten Mystiker: Meister Eckhart (1260-1327)!

Was erfahren wir bei der Begehung eines solchen doppeltürmigen Doms, etwa in Amiens? »Unendlich« hoch aufstrebende, fein differenzierte Pfeiler (= Säulen), die das schwere Mauerwerk der Wände ersetzen sollten, um das Licht des Himmels als Zeichen der Transzendenz einzulassen, ja, das weiße Licht göttlicher Einheit sich durch die zahllosen bunten Fenster zur irdischen Sphäre brechen zu lassen. Das nennen die Fachleute ›Diaphanie‹, Hindurchscheinen. Die für den Menschen sichtbare Erscheinung korrespondiert dem Urbild, dem Ursprung, dem Sein an sich – Gott.

Der Mensch fühlt sich klein angesichts dieser Höhe, auf sich gestellt, einsam und zugleich als Ich aufgelöst – demütig angesichts dieser Erhabenheit. Eine andere Geborgenheit als in der Romanik, eher einer inneren Befreiung gleichkommend. Hier fügt sich ein das Christuswort »Mein Reich ist nicht von dieser Welt«. (Man möchte vergessen, wie weltlich, ja, skrupellos und machtbesessen die Kirche sich im 13. Jh. und 14. Jh. verhielt.) Die Kreuzform des Grundrisses und damit die viergliedrige Ausrichtung, die kunstvollen Gewerke der Steinmetze mit ihrem Formenreichtum, die allgegenwärtigen geometrischen Strukturen, der ›Weg‹ zum Sanctuarium, d. h. zum Heil im Zentrum der Vierung bzw. im Chor – ein gotischer Dom ist ohne eine hochdifferenzierte Symbolik nicht denkbar; seine Baumeister waren nicht nur Ingenieure, Techniker auf der Höhe ihrer Zeit, sondern Gott zugetane Menschen, deren Individualität sich gleichwohl schon abzeichnete, wie etwa bei Erwin von Steinbach in Straßburg.

Nicht vergessen möchte ich ein Wort zum Menschenbild, zu den hochbegabten, ausdrucksfähigen Bildhauern der Spätgotik, die ihren so sprechenden Figuren – oft am Westportal, wie in Reims – geprägte Gesichter gaben: Könige, Bischöfe, Engel, Propheten, Apostel und Mariengestalten – voller Ausdruckskraft: würdevoll, versunken, liebevoll, wehmütig oder stolz; man findet sie in vielen Facetten der menschlichen Lebenswelt.

Für mein Leben bedeutsam war das immer wiederkehrende Erlebnis der riesigen Fensterrosen zwischen den Doppeltürmen; sie blieben der meditative Höhepunkt der gotischen Kathedralen. Von außen fesseln sie vor allem durch ihr kunstvolles, formenreiches Gewerk, handwerkliche wie mathematische Meisterleistungen mittelalterlicher Steinmetze. Eine komplizierte geometrische Komposition baut zur Gliederung des Kreises als Symbol der Vollendung auf der Zahl 4, 12, 16 auf. Die Zahl 12 gilt bekanntlich in der Religionsgeschichte – oft wiederkehrend – als Vollendung. Wer vor dem Eingang am Westportal in

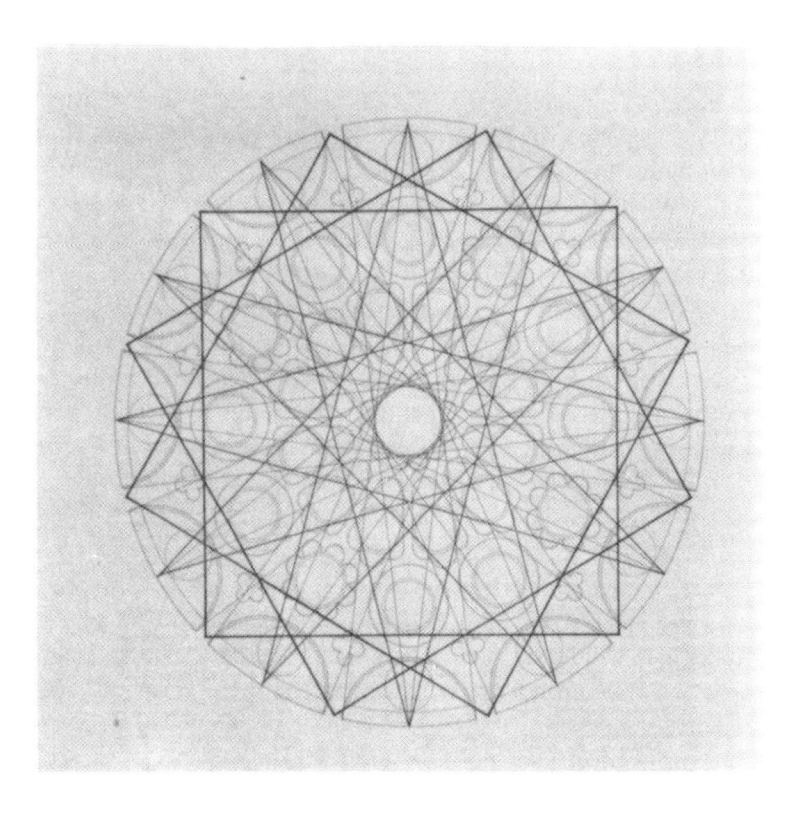

Konstruktion der Südrose an der Kathedrale von Chartres

Chartres steht, ist überwältigt von diesem gewaltigen Mandala (13,5 m Durchmesser), das in seiner zwölffachen Gliederung Kosmos und Weltmitte darstellenden Schönheit kaum zu übertreffen ist, wenngleich die geometrische Gestaltungsvielfalt dieser ›Rosen‹ an anderen Domen überrascht. Erstaunlich auch, wie die Architekten dieser europäischen Blütezeit es verstanden haben, die Balance zwischen aufstrebenden Pfeilern und in sich ruhender, zentraler Rose nicht zu gefährden. Ausgleich und Maß bestimmten ihre Konstruktion – einer der 4 (!) Kardinaltugenden entsprechend.

Betrachtet man dieses figuren- und farbenreiche Kreisfenster still nachsinnend (in Chartres sehr dunkel), so hat man das Gefühl, dieses in sich ruhende Mandala (sanskr. = Kreis) hat uns etwas Wichtiges zu sagen: Mitte und Kosmos »im Gespräch«, das Rad der Zeit umkreist das Zentrum der Ewigkeit, die Sonne des Lebens strahlt in den irdischen Spektralfarben in die heilige Mitte des Tempels, die Lotusblüte – Ausdruck des reinen Geistes – weist uns den Weg nach Innen; sie erleuchtet uns auf unserem Weg zu Einheit und Ganzheit – und läßt ihre heilenden Kräfte wahrnehmen. Man könnte meinen, die Quadratur des Kreises sei gelungen, Himmel und Erde seien versöhnt.

*

Eine Reise nach Italien gleicht dem Eintreten ins Schlaraffenland der Künste. Eine solche Fülle an musischen Begabungen findet man wohl in keinem anderen Land Europas. Die Italiener sind ein sehr lebendiges Volk, leidenschaftlich, gewandt, einfallsreich, musikalisch und ausgestattet mit einem starken Sinn für Form und Schönheit – von ihren Schattenseiten möchte ich schweigen. Die Kunstgeschichte Italiens bietet uns eine Vielfalt an Ausdrucksmöglichkeiten und Stilen. Kann man sich diesen Facettenreichtum und diese Könnerschaft als Erbe der Römer vorstellen? Natürlich gibt es auf dieser Halbinsel mit ihren malerischen Landschaften voller Licht und Farbe tausendfache Anlässe zur Gestaltung, ganz anders als im waldreichen, dunklen Norden Europas. Dennoch: das Künstlertum der Italiener muß angeboren sein. In Florenz sitzen die Tagesmaler und Kunsthandwerker auf der Straße. Die großen Meister der Renaissance waren oft gleich mehrfach begabt: Baumeister, Bildhauer und Maler – wie z. B. Giotto, Michelangelo und Leonardo.

In diesen Reiseskizzen möchte ich mich auf wenige Akzente beschränken und daher den faszinierenden Schmelztiegel Sizilien unberücksichtigt lassen; denn man müßte sich auf die Normannen, die Staufer, die Sarazenen (Araber), Griechen, Römer, Spanier und Byzantiner einlassen. Es führt zu weit und ist überall nachzulesen. Die große Insel übte freilich allein durch Landschaft und Atmosphäre einen starken Reiz auf mich aus, z. B. Taormina, der Ätna, Segesta und Selinunt im Westen.

So möchte ich mich auf die Renaissance in der Toskana, auf Florenz und Pisa beschränken und mich selbst fragen, was sich aus dieser Zeit des Umbruchs wohl in mein Bewußtsein eingegraben hat. Natürlich bringt jeder Reisende seine eigene Sichtweise, seine besondere Wahrnehmung mit; es bleibt vieles subjektiv im Urteil zwischen dem, was man schätzt oder gar bewundert, und dem, was man liebt, sich innerlich zu eigen macht.

Was hat sich mir eingeprägt? In der Renaissance entdeckt sich der Mensch wieder selbst. Das Weltbild wird diesseitig; Städtekultur, Bürgertum, Lebensbejahung, Leistung und Reichtum stellen sich in der Kunst dar. Erfahrung bestimmt jetzt das Denken; Freiheit und Persönlichkeit treten in den Mittelpunkt. Das Menschenantlitz (Porträt) bekommt Konturen: Charakterköpfe werden gemalt und gemeißelt: das ganze Leben dieser Menschen zwischen Größe und Elend, Seligkeit und Trauer, Edelmut und Verbrechen. Geniale Meister werden wir gewahr: Ghibertis Bronzetüren des Baptisteriums in Florenz und Donatello, das ›Abendmahl‹ des Ghirlandaio, Tizians ›Flora‹ und des späten, einsamen Michelangelo ›Pieta‹ mit Nikodemus, den Campanile des Giotto als Architekt. Auf der anderen Seite aber auch Proportion, Harmonie, Ebenmaß und Repräsentation, Formenreichtum und Prunk der Bauwerke, denen für mein Empfinden – im Falle der Dome – die Sakralität fehlt. Vieles ist Stolz und Selbstdarstellung des Menschen, oft würdig und maßvoll, oft auch Spiegelbild einer ziemlich amoralischen Gesellschaft, der Machtinszenierung. Die großen Maler jedoch geben uns ein getreues Bild dieser Zeit und ihrer Mentalität: zwischen zarten und weichen Frauengestalten (Filippo Lippi und Fra Angelico) bis zu den harten Medici-Köpfen, zwischen Zauber und Realismus, zwischen Schau und Sentimentalität. Wohl der Größte unter den vielen Großen: Michelangelo verband in seiner Hoch-Zeit Antike und Christentum so eindrucksvoll, daß Übergang und Aufbruch dieser Epoche mir besonders deutlich wurden. Er starb sehr einsam.

*

Als wir in jungen Jahren anfingen, die Welt der Kulturen zu entdecken und unsere Reisen planten, war mein Grundgedanke, sowohl mit den antiken Hochkulturen zu beginnen als auch weite und mühsame Reisen mit noch besseren Kräften voranzustellen. Deutschland könne man im Alter immer noch kennenlernen, so lautete der Vorsatz. Auf diese Weise – so hatte sich später herausgestellt – kam unsere schöne Heimat Deutschland etwas zu kurz. Kulturelle Reisen nach Thüringen (Weimar, Jena, Eisenach) und Sachsen waren bis 1990 ohnehin ausgeschlossen; für die Barockkultur fehlte Lotte und mir gleicherweise jede innere Beziehung. Man kann Schlösser und Residenzen bewundern, den Formenreichtum und eleganten Schwung ihrer Architektur (z. B. Würzburg) und doch Pracht, Luxus und überquellender Ornamentik fernstehen; eine ästhetische »Liebesbeziehung« kommt bei mir nicht auf. Für den Sakralbau gilt dies erst recht, denn der ist Ausdruck der ecclesia triumphans – wie etwa die Birnau oder Vierzehnheiligen in Bayern – angemessener Raum für ein Gloria meines geliebten Vivaldi, das eben *auch* zum Ruhme der Fürsten gereichen sollte! Eine Ausnahme bildet (für mich) unser Hamburger »Michel« (St. Michaelis); es muß ein großer Baumeister gewesen sein, der diese ebenso schlichte wie großartige, für Raum- und Klanggefühl vollendete Kirche geschaffen hat. Dennoch: zur Andacht eignen sich diese christlichen Barocktempel nicht.

Wenn ich noch einmal zur Renaissance zurückkehre – ein schönes Beispiel der Neu-Renaissance ist unser Hamburger Rathaus – und mich wieder der Malerei zuwende, so kommt sofort die Reformationszeit in den Sinn, in einem größeren Bogen das 15. und 16. Jh. in Deutschland und auch Holland, generell der mitteleuropäische Kulturraum. Alle diese Kostbarkeiten haben wir in den reichen Sammlungen der Museen von Amsterdam, London, Berlin und München kennengelernt. Welch einen ganz anderen Charakter hat doch die bildende Kunst nördlich der Alpen: zeichnerisches Detail bei Albrecht Dürer (später auch bei Ludwig Richter), liebevolle Stilleben neben mystischer Schau bei Grünewald, Kantigkeit bei Lucas Cranach und Hans Holbein, um nur sehr wenige und einseitige Akzente zu setzen. Alle stechen hervor durch hohe Charakterzeichnung, Realismus und Genauigkeit im Kleinen, bei den Porträts eher streng und abweisend als liebevoll oder gar lieblich, auch wenn Gewänder und Ornamente ebenso meisterhaft gemalt sind wie bei anderen Großen dieser Epoche. Frauenporträts wirken meist sehr zurückgenommen, verhärmt und traurig. Letzteren Eindruck hatte ich freilich bei der gesamten Malerei dieser Jahrhunderte. Wird es erst im 19. Jahrhundert anders?

Überragende Gestalt dieser Zeit bleibt für mich Tilman Riemenschneider (neben Donatello und Michelangelo). In meinen Augen hat das menschliche Antlitz – besonders im Ausdruck von Stille, Wehmut und liebevoller Teilnahme, bei aller Gebrechlichkeit – hier eine künstlerische Vollendung gefunden!

Noch ein Wort zu den verehrten Niederländern, die mir stets näher standen als die meisten Italiener, vor allem Anthonis van Dyck, Rembrandt, Brueghel und Ruisdael: Rembrandt als Meister von Atmosphäre, Stimmung und ›Innenansicht‹ des Menschen, van Dyck als zu Recht berühmter Porträtmaler, Jacob van Ruisdael als Landschaftsmaler, der zuweilen schon die Romantiker vorwegnimmt. Stichwortartige Punktierungen stehen für jeweils starke Impressionen.

Soll ich das ›Buch der Reisen‹ noch weiter anreichern durch meinen leider nur kurzen Besuch Englands, dem Land meiner Vorfahren, oder durch die Seereise zum stillen, leeren und (meist) dunklen Norwegen Edvard Griegs? Sollen unsere herrlichen Erlebnisse im Berner Oberland – prägend für unser Leben – Erwähnung finden? Nein, meine Leser mögen selbst auf Entdeckung gehen, sofern unsere ehemals schöne Erde es ihnen noch erlaubt. Anstöße und Perspektiven können es nur sein, was ich hierzu notiert habe.

Am Ende meiner Reisen in die Welt – gerade im Spiegel ihrer Kunst – werde ich mit meinem Schiff dort vor Anker gehen, wo ich ›zuhause‹ bin – im »Hafen«, den mein geliebter Caspar David Friedrich so vielfältig und sinnträchtig dargestellt hat. Ich könnte ihn nicht selbst entwerfen, nicht malen, diesen virtuellen ›Heimathafen‹ – fotografisch festhalten läßt sich nur Reales...

Exkurs 1
Reise in ein heiliges Land – Indienfahrt 1967

Der lang ersehnte Tag ist gekommen, ein milder Wintertag, der 2. Februar. Voller Erwartungen geht es zum Flugplatz. Um 17.00 Uhr treffen sich die Fahrtgenossen, eine ziemlich heterogene Gruppe, es sind nur 14 an der Zahl, die sich zur »Studienreise« entschlossen haben. Der Reiseleiter ist studierter Kaufmann mit längerer Indienerfahrung, kein Wissenschaftler, wie ich angenommen hatte.
Um 18.00 Uhr starten wir mit einer britischen »Comet« der United Arab Airlines Richtung Kairo. Neben mir ein typischer Engländer, vornehm, diskret verbindlich, Zeitung lesend. Er übersetzt mir das unverständliche Englisch der ägyptischen Flugleitung. Die Stewardessen sind unästhetisch und unhöflich. Motoren dröhnen, die Sitze sind recht eng. Hessen liegt schon hinter uns, die Maschine fliegt ruhig. Kann man begreifen, daß es nach Asien geht? Es könnte auch Berlin sein. Die Monotonie der Technik läßt Zeit und Ort vergessen – im Zwischenreich der Leere, die nur Gedanken und Erwartungen ausfüllen können. Draußen klares Sternenzelt – wir müssen über der Adria sein! Dieser Himmel ist auch Indiens Himmel. Bewußtsein der *einen* Welt. Um 22.00 Uhr unserer Zeit unter uns das Lichtermeer einer Riesenstadt – Kairo. Der Airport gleicht einer Kaiserresidenz. Lange Wartezeit, gewürzt durch extreme ägyptische Bürokratie, die Gesichter sind meist unsympathisch. Ein reizender indischer Ingenieur bestreitet die Unterhaltung in der Wartezeit.
Um 23.30 Uhr starten wir nach Bombay mit Zwischenlandung in Doha am Persischen Golf. Jedesmal ein erregendes Gefühl,

wenn die Motoren losdonnern und die Maschine sich mit vielfacher Beschleunigung aus dem Stand wie ein Pfeil in die Lüfte erhebt. Lage: komfortable Nachtmahlzeit und minus 50 Grad Außentemperatur über der arabischen Wüste.
Von weitem heller Feuerschein des brennenden Ölgases. Auf dem Boden des Scheichtums kann man sich die Füße vertreten. Um 3.15 Uhr erscheint über dem Persischen Golf ein schwacher roter Streifen am Horizont. Wir fliegen der Sonne entgegen, schlafen ist ohnehin unmöglich. Es wird schnell hell. Bald erscheint die Küste Pakistans – etwas später die Bucht von Bombay. Die Ohren knacken, es geht runter. Als sich die Flugzeugtür öffnet, verschlagen uns 30 Grad Hitze den Atem, es ist nicht 6.00 Uhr, sondern 10.30 Uhr indischer Ortszeit. Sehr ordentliche Beamte empfangen die Fluggäste, langwierige Bürokratie, Pässe, Währungsformulare.

Lange Busfahrt durch die 5-Millionen-Stadt, vorbei an den Slums. Unvorstellbares Elend, Dreck und Gestank. Die Stadt macht jedoch einen vergleichsweise wohlhabenden Eindruck, moderne Straßenzüge neben abscheulich englisch-viktorianischem Stil. Wir fahren zur Viktoria-Station in die ›railway retiring rooms‹. Unbeschreibliches Menschengewimmel, weiße Europäer wirken exotisch auf die Einheimischen – Bettler umzingeln uns. Erster Fehler: statt 7 sind nur 3 Räume für die Gruppe reserviert. Erste indische Mahlzeit im Bahnhof-»Restaurant«: Wasser – nein! Salat – nein! (Ruhrgefahr). Das Übrige ist ungenießbar scharf. Um 3.00 Uhr Stadtrundfahrt mit fünf Taxen, die sich verfehlen. Wir sehen einen Jaina-Tempel, der bei einer gott-losen Religion eigentlich kein Tempel ist. Bilder sind keine ›Götterbrücke‹, sondern nur Meditationshilfen.
In der Nähe die ›Türme des Schweigens‹, auf denen die Parsen ihre Toten den Geiern überlassen, da die heiligen Elemente Feuer, Wasser, Luft und Erde nicht befleckt werden dürfen. Von der Höhe herrliche Sicht auf die Bucht von Bombay. Der

Crawford Markt vermittelt uns den ersten Eindruck indischen Straßenlebens. Das Verkehrsknäuel erscheint unentwirrbar. Nach einem Blick in den Hafen, dem Gate of India (Triumphbogen zur Erinnerung an die Landung Georgs V. 1911) essen wir abends im Chinesischen Restaurant, um der indischen Küche zu entgehen.
Um 22.00 Uhr Abfahrt mit altmodischen, breiten, rumpeligen Schlafwagen. Laut Plan: Ankunft am frühen Morgen (auf der Strecke nach Delhi) in Manmad. Natürlich hatten wir erhebliche Verspätung. Busse, die uns zu den Felsenhöhlen von Ellora und Ajanta bringen sollten, waren nicht in Sicht. Order-mistake. Der Reiseleiter mußte während unseres Bahnhoffrühstücks schnell entscheiden: Weiterfahrt mit einem anderen Zug nach Aurangabad, um von dort mit beträchtlicher Verspätung die Zielorte einer Tagestour noch zu erreichen. Lunch-Paket im Auto, da Zeit fehlt. Am Wege nach Ellora finden sich gewaltige Festungswerke des letzten Moghulkaisers Aurangzeb, der im 18. Jh. den Engländern weichen mußte.
Die aus dem Felsen herausgehauenen Tempel von Ellora liegen heute abseits der Verkehrswege. Sie entstanden vom 4. bis 10. Jh. n. Chr. Alle 30 Tempel wurden im Laufe der Jahrhunderte seitlich in eine steil abfallende Felswand gehauen, teilweise in den Innenhöfen nach oben geöffnet. Jedes Kapitell, jede Skulptur »negativ« durch Stehenlassen aus dem Felsmassiv geschlagen. Der bedeutendste ist der Shiva-Tempel (Kailasa) aus dem 8. Jh. Erste Begegnung mit einem Hindutempel. Wuchernde Formen, vegetative Lebensfülle, stilisierte Figuren des Mythos. Architektonisch recht kompliziert. Ein Buddhatempel mit dem archaischen Tonnengewölbe einer Versammlungshalle – für Mönche besonders schön.
Diese Höhlentempel erforderten eigentlich ein tagelanges Studium. – Wir brechen auf nach Ajanta – stets weiter in Richtung Norden – zwei Stunden Autofahrt. Abgelegenes gekrümmtes Flußtal mit steil ansteigenden Felswänden, in die 26 Tempel

hineingehauen wurden. 2. Jh. vor bis 7. Jh. nach Christus, vornehmlich die Gupta-Zeit, die erste Hochblüte voll ausgebildeter indischer Kunst. Erst 1820 wurden diese Höhlen durch Zufall wieder aufgefunden. Berühmt wegen ihrer Freskenmalerei und der zunehmenden Vergöttlichung der Buddhagestalt im Laufe der Jahrhunderte, ebenso ein Zeugnis für die Verdrängung des Buddhismus aus Indien wie für die Hindurenaissance seit dem 6./7. Jh. Das hufeisenförmige Tal bedeutet die geöffnete Hand Buddhas, der im Zentrum des Lebensstromes ruht und allen Suchenden seine Wahrheit anbietet. Großartige Säulenhallen! Hier ließe sich die Frühgeschichte des Buddhismus anhand der Kunstdenkmäler studieren. Aber eine Tagesreise, um eine Stunde hier zu weilen, muß uns genügen. Es ist nicht mehr als ein erster Eindruck.

In langer Autofahrt geht es zu unserer abendlichen Bahnstation Jalgaon, wo unser Zug mit dem angehängten Sonderwagen um 20.00 Uhr eintreffen sollte. Offenbar Fahrplanänderung – er fährt erst um 22.00 Uhr. Wir sitzen also stundenlang im Bahnhofrestaurant, warten und lernen allmählich Gelassenheit und Geduld. Wer sich aufregen will, darf nicht nach Indien fahren.

Um 22.00 Uhr also auf den Bahnsteig, der Zug hat über eine Stunde Verspätung, eine ungemütliche Situation für unsere Gruppe, da ich gerade ein Blitzlicht vom Bahnhofsleben machte, das erregte Tumulte und eine Beschwerde beim Bahnhofsvorstand hervorrief. Ich sollte den Film herausgeben – den Ajanta-Film! Man vermutete offenbar einen politischen Korrespondenten – Fieberstimmung im indischen Wahlkampf. Gut, daß wir keine Amerikaner waren! Ich gab meine Adresse, um den Weg für eine Beschwerde bei der Deutschen Botschaft freizugeben. Allmählich beruhigten sich die Gemüter. Ein aufgebrachter Rädelsführer genügt ja bereits!

5. Februar: Nach guter Nacht sollten wir früh um 7.00 Uhr in Sanchi ankommen, es wird natürlich 8.30 Uhr, offenbar falsche

Teil eines Torbogens am Großen Stupa von Sanchi
Frühbuddhistische Arbeit

Fahrplaninformation. Aber niemand hat eine Vorstellung über Entfernungen, Zeitmaße und Verspätungen. Jeder meint etwas anderes. Ankunft auf gepflegtem Bahnsteig nach dem Frühstück im dreckigen Speisewagen. Unser Ausflugsziel, das buddhistische Heiligtum, liegt etwa eine halbe Stunde Fußweg entfernt. Ein schöner klarer Tag – ohne Menschengewimmel. Ein reizender Führer, archäologisch bewandert und gut Englisch sprechend, stellt sich uns vor. Auf der Höhe finden sich drei Stupas verschiedener Größe und der Hauptstupa – eine imposante Erscheinung, umgeben von einem Holzzaun, später Steineinfriedigung, die durch vier Tore unterbrochen wird. Der Stupa ist ursprünglich eine Grabform, eine gemauerte Halbkugel, die die Reliquien Buddhas nach der Verbrennung enthält, die von den Mönchen in drei Umgängen geehrt werden. Auf der Spitze finden sich drei übereinandergeordnete »Schirme« zum Zeichen der drei Erleuchtungsstufen. Bei dem kleineren Schülerstupa nur eine Stufe. Der große Stupa stammt aus der Zeit des buddhistischen Kaisers Ashoka, der ganz Indien missionierend zu einem buddhistischen Reich vereinigte (3. Jh. v. Chr.). Weltberühmt wurden die Skulpturen der 4 Zugangstore, für die erstmalig die Holzschnitzerei auf Stein übertragen wurde. Sie tragen eine Fülle von buddhistischen Symbolen, Zeichen seiner Lehre: des Rades, der Lotusblüte, Begebenheiten aus seinem Leben.

In der Nähe finden sich noch ein früher »Tempel« und die Überreste einer großen Klosteranlage, am Zugang ein moderner Tempel für die Pilger. Sanchi gehört nicht zu den berühmten heiligen Stätten aus der Zeit Buddhas; das Heiligtum verdankt seine Entstehung vermutlich nur der günstigen Lage zwischen zwei Königreichen. Künstlerisch war es ein Höhepunkt unserer Reise!

Am Abend werden wir in einem kleinen Kloster vom buddhistischen Oberhirten für Indien empfangen. Es wird Tee gereicht.

Die Konversation wäre sicher fruchtbringender gewesen, wenn sich unsere Gruppe anders zusammengesetzt hätte. Ich frage nach dem Sinn des Altars, da er als ceylonesischer Mönch doch der alten Schule (Theravada) angehört, die keine Gottesverehrung kennt. Das Buddhabild diene nur als Brücke zur Meditation. Dennoch haben wir das Schuhwerk abzulegen und erhalten seinen Segen.

Nach dem Dinner in der Unterkunft lassen wir uns rechtzeitig auf dem Bahnhof nieder, um unseren angehängten Schlafwagen nicht zu verpassen. Die erhebliche Verspätung sorgt für ein idyllisches Abendstündchen auf der Plattform. Reizende Inder versorgen uns mit den nötigen Stühlen und belehren uns, auch dieses Mißgeschick gelassen hinzunehmen. Der zielgerichtete, wach-bewußte europäische Zweckmensch hat in diesem Lande nichts zu suchen. Die Zeit hat eine andere Dimension.

Während der Nacht tragen uns die Räder auf der Strecke Agra-Delhi weiter nach Jhansi, dann auf eine Nebenstrecke, und am Morgen wachen wir in Harpalpur auf. Nach dem station-breakfast steigt man in die bereitstehenden indischen Klapperkästen, genannt Omnibusse. Die zeitraubende Exkursion von zwei Busstunden durch die gleichförmige indische Landschaft hat sich gelohnt: Khajuraho – die Tempelreste einer großen Hindu-Metropole tauchen am Horizont auf. Hier haben im 10. bis 12. Jahrhundert etwa 85 Tempel verschiedener Kulte gestanden. Heute sind es noch 20. Die meisten Zerstörungen gehen natürlich auf die einfallenden Muslims zurück. Nach dem Verschwinden des Buddhismus aus Indien und der Übernahme von Mahayanaformen in den neu erwachten Hinduismus seit dem 8. Jh. entstand in Khajuraho ein neues Zentrum religiösen Lebens. Das hinduistische Pantheon hat Raum für viele Formen und Sitten. Die Fülle der Bilderwelt darf nicht darüber hinwegtäuschen, daß die religiöse Intention doch vorwiegend monotheistische Züge trägt. Welcher Gegensatz zum Islam!

Wir betreten den Vishvanath-Tempel. Der Hauptteil besteht aus einem steil aufragenden Zuckerhut oder Maiskolben in strengen geometrischen Formen, er ist das Abbild des Weltenbergs Meru, der Prakriti, der Materie, in deren Innerstem (Allerheiligsten) die Gottheit ruht. Vorgelagert ist eine Tempelhalle; der äußere Mantel besteht aus einer Fülle von Skulpturen, in überquellender Lebendigkeit die ›Welt‹ abbildend. Diese Tempelstruktur ist 2000 Jahre alt und wird grundsätzlich immer wieder befolgt. Es ist kein Raum für eine Gemeinde vorhanden, da der Tempel nur der Gottesbegegnung des Einzelnen dient. Die Bilderfülle wirkt als Medium für die Andacht. Diese Tempel in Khajuraho tragen eine Fülle höchst erotischer Szenen auf ihren Reliefs, von einer Realistik, die Zweifel an der sakralen Bezogenheit aufkommen läßt. Die untere Ebene stellt die Menschenwelt dar, die mittlere die Göttermythen, die obere Turmspitze das neutrale Brahman, in dem alle Polaritäten als Ziel der Erlösung aufgehoben sind. Die Interpretation der Liebesszenen ist nicht einfach: entweder spiegeln sie den himmlischen Erlösungsweg der Vereinigung mit dem Göttlichen irdisch wider und leiten zu mystischen Gedanken hin, oder sie sollen den höchst irdischen Bereich recht krass als Gegenstand der Überwindung zum Ausdruck bringen. Künstlerisch stehen diese Bauwerke den Hoch-Zeiten der abendländischen Baukunst in nichts nach, der Vergleich zur Gotik drängt sich auf. Das erhöhte Fundament erinnert offenbar noch an die vedische Altarform. Da kleine Balkons einen milden Lichteinfall ermöglichen, ist der innere Umgang hier figurativ ausgebildet.
Im Hintergrund liegt der große Shiva-Tempel aus dem 12. Jh., in einiger Entfernung ein kleiner Sonnentempel. Die Bauwerke vermitteln einen ausgezeichneten Eindruck vom nordindischen Tempelbau, die ähnlich gearteten Jaina-Tempel verblassen dagegen. – Die örtliche Führung von staatlichen Fachleuten ließ nichts zu wünschen übrig. Die zweistündige Rückfahrt per Bus nach Harpalpur sorgt dann für eine tüchtige Erkältung, da ein

Fenster nicht schließbar war. Todmüde sinken wir nach einem erfrischenden Duschbad in die Schaukelkoje unseres Schlafwagens. Im Laufe der Nacht werden wir in Jhansi an einen Bummelzug angehängt, dem wir die Ankunft in Agra (7. Februar) statt morgens erst nachmittags um 16.00 Uhr zu verdanken haben.

Die Zeit reicht gerade noch, um das Taj Mahal zu besuchen, das weltberühmte Bauwerk der islamischen Moghulzeit. Kaiser Shah Jahan hatte seiner früh verstorbenen Lieblingsfrau dieses Grabmal gestiftet (ca. 1640). Die Nachmittagssonne wirft milde Schatten, das hoheitsvolle Denkmal aus weißem Marmor strahlt Würde, Kühle und Vornehmheit aus. Wundervolle Intarsienarbeiten und Gitterornamente zieren das Innere. Welch eine andere Welt: Strenge Bildlosigkeit, weltzugewandter Herrscherwille einer fremden islamischen Macht: 20.000 Arbeiter bauen das Grabmal einer Frau, ein architektonisches Meisterwerk, dessen indischen Bodensatz ich nicht recht zu erkennen vermag.

Mit Agra betreten wir die Welt des Islams, der es verstanden hat, vom 15. bis zum 17. Jahrhundert ein indisches Großreich aufzubauen. Nach einer Bahnhofsnacht im rangierenden Schlafwagen besuchen wir am nächsten Tag die etwas außerhalb liegende Residenzstadt Akbars d. Gr.: Fathepur Sikri. Wir werden überrascht durch eine fast vollständig erhaltene, nach zehn Jahren Regierens aus Wassermangel verlassene Stadtanlage in rotem Sandstein. Prachtvolle Höfe, Terrassen, Empfangsräume und Moscheen ergeben das geschlossene Bild eines großzügig angelegten Regierungssitzes. Eine Zierde ist der Diskussionspavillon, der Akbars Religionspolitik diente. Als König konnte er gleichzeitig mit vier weiteren Vertretern anderer religiöser Weltanschauungen um einen Ausgleich ringen.

Das Rote Fort in Agra, der spätere Regierungssitz, stammt aus der gleichen Zeit und enthält dieselben Stilelemente. Es ist eine

Taj Mahal in Agra, 1648 vollendet

Festungsstadt, am Jamna-Fluß gelegen und zeigt im Inneren schloßartigen Charakter. Die kleinen Tempelchen, weißen Marmorpaläste aus der Shah-Jahan-Zeit, Spiegelwände und prunkvolle Ornamentik erinnern an die höfische Prachtentfaltung unserer Barockzeit. Wieviel Köpfe mögen an den Höfen dieser zum Teil grausamen Herrscher gerollt sein! Merkwürdig bleibt nur: nach der Grausamkeit fragt die Geschichte nicht mehr, die Werke eines großen Staatsmannes, die Bauten eines weitblikkenden Herrschers schlagen zu Buche. Ein Zeugnis *indischer* Geschichte?

Wer sich den städtischen Prospekt Agras betrachtet, wird durch Zeichnungen mit den malerischen Schönheiten der historischen Stätten vertraut gemacht – eine Illusion, wenn man als Weißer mit wachem Auge durch die Straßen der Stadt schlendert. Hier herrschen bitterste Armut, Elend, Krankheit und Verkommenheit. Ein goldiger kleiner Junge schleicht sich in den Waggon und will mir die Schuhe putzen – für eine halbe Rupie (25 Pfennig). Er versteht sich auf sein Handwerk und bekommt 2 Rupien von mir. Ich habe selten ein Kindergesicht so strahlen sehen! Das Geld wird der Mutter abgeliefert, sie lebt mit vier Kindern auf dem Bahnhof; einen Vater haben sie nicht mehr. Unser Schlafwagenschaffner arbeitet seit 20 Jahren bei der Bahn und erhält 200 Rupies monatlich (damals 110,– DM), er hat vier Kinder. Eine Zigarette nimmt er nicht an, denn er ist ein Sikh. Seine Religion verbietet ihm den Genuß von Tabak.

Als wir am nächsten Morgen erwachen (9. Februar), finden wir uns auf einem Abstellgleis in New-Delhi-Station wieder. Große Erwartungen werden auf Indiens Hauptstadt gesetzt. Neu Delhi macht partiell tatsächlich eine Ausnahme: großzügig, sauber, gepflegt angelegt, das Regierungsviertel im modernen englischen Kolonialstil. Parlamentsgebäude, Ministerien, Präsidentenpalais wirken souverän. Man wird daran erinnert, wieviel die

Inder doch den Engländern zu verdanken haben, bei allem schmerzlichen Erbe der Kolonialzeit.

Wir besuchen das Qutib Minar weit im Süden der Stadt, eine Siegessäule aus dem Anfang des 13. Jahrhunderts. Sie ähnelt einem Minarett und ist es vielleicht auch gewesen. Im Zentrum einer größeren Stadtanlage erinnert sie an den endgültigen Sieg (1192) der muslimischen Herrscher über die nordindischen Hindu-Könige. Die Säule soll bei allem islamischen Zuschnitt die hinduistische Handwerkskunst verraten, für das ungeübte Auge noch schwer erkennbar. Hier wird uns bewußt, daß das Gesetz des Propheten schon 600 Jahre über Indien regierte, bis es durch die englische Kolonialherrschaft ersetzt wurde. Südindien war freilich meist von dieser Herrschaft ausgenommen.

Die berühmte und stark besuchte Freitagsmoschee erinnert uns wiederum daran, daß Indien auch nach der Teilung noch 10 % muslimische Bevölkerung zu tolerieren hat. Eine eindrucksvolle Position islamischen Geistes inmitten einer dreckigen Altstadt. Tagschläfer und Kranke liegen auf den Stufen, daneben werden Messer verkauft. Ein Muslim zeigt uns gegen Zahlung von Rupies angebliche Reliquien Mohammeds. Überall in der Welt hängt sich der Glaube an die Materie, glaubt ohne ihre Stütze nicht auszukommen. – Wie eh und je feiert der Handel in der Nähe heiliger Orte seine Hoch-Zeiten. Der indische Händler wirkt unsympathisch und raffiniert. Hat er einmal einen Käufer gefangen, so kann der sich seinen Fangarmen kaum noch entwinden. Daneben verlieren Bettler und Tagelöhner in ihrer Servilität und Erbarmungswürdigkeit jede Menschenwürde. Taschendiebe und allerlei dunkle Gestalten mischen sich in diesem ›Dschungel‹ immer wieder mit dem feinen, glücklichen, beseelten Gesicht so vieler Menschen, denen man es ansieht, daß sie ›reich‹ sind und in sich ruhen, ohne durch Konsum und Zwecke ihre Seele verengt zu haben.

Unser Lunch haben wir im eleganten Janpath-Hotel. Peinlich: tausend Diener lesen einem jeden Wunsch von den Lippen ab. Trotzdem ist das Mittagessen im western-style höchst unerquicklich. Man ißt es nur, um den Magen zu befriedigen, da das indische Essen für Europäer fast ungenießbar bleibt, wenn auch besser gekocht.

Am Nachmittag besichtigen wir das Rote Fort, es ist nach dem Vorbild Agras gebaut, nachdem die Kaiser nach Delhi übersiedelten. Keine neuen Eindrücke.

Am Abend finden wir unseren Schlafwagen nach langem Suchen endlich auf einem Abstellgleis in Alt-Delhi wieder.

Was beginnt man in einer fremden Stadt, wenn man einen Tag zur Verfügung hat? Das Sehenswerte entzieht sich unter Umständen durch große Entfernung, mancherlei prägt auch anderenorts das Bild. Gemeinsam unternehmen wir einen Stadtbummel, der sich zu einem dreistündigen Fußmarsch ausweitet. Nach mancherlei Umwegen durch Staub und nochmal Staub kommen wir an das Grabmal Gandhis, einer würdigen Gedenkstätte in Gestalt eines Ehrenhofes, in der Nähe des Flußufers gelegen. Zahlreiche Pilger betreten barfuß den geheiligten Boden. Selbstverständlich ist es keine Grabstätte, sondern das Mal seines Verbrennungsortes.

Meiner Natur folgend, löse ich mich lieber von der Gruppe und setze den Bummel auf eigene Faust fort. Natürlich unterschätzt man wieder die Entfernung, aber eine Taxe war merkwürdigerweise nicht zur Stelle, den Fahrradrikschas kann man größere Entfernungen nicht zumuten, obwohl die Boys sich gegenseitig die Kunden abjagen. Auf dem Wege durch allerlei Handwerksgassen, deren Bewohner ja alle ihre Werkstatt auf einem Laken vor der Bude ausbreiten, gelange ich am Roten Fort entlang endlich an die berühmte Chandni Chowk, die Bazarstraße Alt-Delhis. Atemberaubendes Gewimmel, Lärm, verschiedenerlei Düfte und viel Staub. Fettleibige Händler warten in ihren Seidenhäusern auf ihre Kunden, feines Silber wird angeboten, indische Gewürze und Nüsse neben erlesenen Schnitzereien. Gut für meine Ohren, daß ich das Stimmengewirr nicht verstehen kann. Dichte Reihen schieben sich durch die Gassen, unterbrochen von kreischenden Rikschas, verzweifelt hupenden Taxis und – selbstverständlich – den alten, müden, abgemagerten Kühen, die sich auf den sonnigen Plätzen der dreckigen Straße häuslich eingerichtet haben. Der Verkehr braust um sie herum. Die Häuser sehen selbst in dieser berühmten Straße verkommen aus, sollen aber als Eigentum wohlhabender Bürger im Innern kostbare Schätze bergen. Es wimmelt von Taschendieben. Photo und Tragtasche werden ständig beobachtet. Als Weißer stehenbleiben bedeutet Auslieferung an die Gestik und Überredungskunst von 20 Händlern, man wittert Dollars, kann man sie doch im Verhältnis 1:10 auf dem schwarzen Markt ständig umsetzen (normaler Kurs 1:7,4). Trotzdem bereitet es einen prickelnden Genuß, sich mit einem Orientalen auf einen Handel einzulassen. Dazwischen wieder hübsche Gesichter mit klaren großen Augen, doch die Mehrheit ist verschlagen, fett und schmierig. Im Gedränge fällt einem Jungen ein großer Korb frischgebackener Ware vom Rad, vermutlich sein Tagesverdienst. Es herrscht das Gesetz der Straße; niemand hilft ihm.

Für den Nachmittag empfiehlt sich ein Besuch im Nationalmuseum von Neu Delhi. Die Abteilungen der Museen ergeben sich fast von selbst und ähneln sich in hohem Maße: Industalkultur mit wenigen Belegen – buddhistische und hinduistische Skulptur des 1. Jahrtausends – Malerei der Moghul-Zeit (15.- 18. Jh.) und Kunsthandwerk der letzten Jahrhunderte (Metallarbeit, Teppich- und Seidenkunst). Nur der Indo-Archäologe wird hier Varianten der Kostbarkeit entdecken, Seltenheiten erspähen, die die Typik der Ausdrucksformen jedoch nicht durchbrechen. Die Plastik hat bei aller Bewegung und Üppigkeit der Formen etwas Statisch-Pflanzenhaftes an sich. Starke Stilisierungen und strenge Traditionsverhaftung zeichnen die meisten

Götterfiguren aus. Offenbar haben sakrale Bauformen für Jahrhunderte den Stil bestimmt. Gott Vishnu zeigt beispielsweise immer die gleichen Formen, variiert nur durch die verschiedenen mythischen Szenen. – Denken wir an einen Christus der Byzantiner, der Katakomben, des Hochmittelalters oder den Rembrandtschen, welche Unterschiede! Was fehlt, ist der individuelle Ausdruck. Man möchte sagen, daß selbst Züge der Erleuchtung, Gnade oder Majestät noch typisiert sind. Die sublimierte höfische Miniaturmalerei persischer Observanz kennt überhaupt kein ›Gesicht‹ mehr. Zeremonik und Ritus beherrschen alles.

11. Februar: Während einer guten Nacht bringt uns der Zug um 800 Kilometer nach Südosten ins Zentrum des Hindutums: Benares! Lange Zugfahrten bei Staub und Tageshitze erfordern eine Gemütsverfassung, die der Europäer nicht eben mitgebracht hat. Wer das Land freilich kennenlernen will, muß die Eisenbahn benutzen, denn ein beträchtlicher Teil des indischen Lebens spielt sich auf den Bahnhöfen ab. Der ca. einstündige Aufenthalt in Allahabad, wo uns das Frühstück in den Zug gereicht wird, läßt uns wieder einmal Zeuge des Bahnhoflebens werden. Wie Trauben hängen die Menschen vor den Türen der 3. Klasse-Abteile, sie sind ohnehin schon überfüllt. Eingepfercht verbringen sie dort eine ganze Nacht, um ihre Verwandten zu besuchen. Der Inder reist gern und oft, es kostet ja auch ›nur‹ 8,– DM von Delhi nach Benares. Auf der Plattform sitzen Familien und trinken Tee, andere schlafen. Dazwischen die rotbelumpten offiziellen Gepäckträger und fliegende Händler, die – phonetisch zu urteilen – alle das gleiche zu verkaufen scheinen. Der Zug hält lang genug, um den Reisenden unter den zahlreichen Wasserhähnen eine intensive Morgenwäsche zu gestatten. Der einzelne Inder ist sauber, nur der Dreck um ihn herum kümmert ihn nicht. Die altmodischen Lokomotiven aus der Kolonialzeit fauchen ihren Ruß durch alle Poren. Nach

endloser Trödelei erreichen wir Varanasi – so der ursprüngliche Name von Benares – endlich um 14.00 Uhr. Anschließend zum ›Hotel de Paris‹, wo ich einige Tage Station machen werde.

Am Nachmittag fahren wir mit dem Wagen zum nahe gelegenen Sarnath, dem Ort der ersten öffentlichen Predigt Buddhas, mit der er das Rad der Lehre in Bewegung setzte. Es findet sich eine ausgegrabene Klosteranlage aus der Ashoka-Zeit, im kleinen Museum kann man das Löwen-Kapitell der berühmten Ashoka-Säulen bewundern, die mit Inschriften und Edikten versehen im ganzen Reich Aufstellung gefunden haben. Die vier Löwen über dem Rad der Lehre weisen als Herrschaftszeichen in alle Himmelsrichtungen und symbolisieren wohl die heilschaffende Lehre des Buddha. Das Löwenemblem ist heute zum Staatswappen der indischen Republik geworden. Hinter dem alten Stupa befindet sich heute eine buddhistische »Wallfahrtskirche« aus dem Jahre 1930, der angrenzende Park beherbergt den Ableger des berühmten Bodhibaumes von Kapilavastu, unter dem Buddha seine Erleuchtung erlebte. Sarnath ist heute das Zentrum der Maha-Bodhi Society, der neubuddhistischen Missionsgesellschaft. Sie führt ein bescheidenes Dasein als Diaspora im Hindu-Indien.

Mit der Dämmerung erhalten wir noch einen ersten Eindruck von der Pilgerstadt der 2000 Tempel, besichtigen den Affentempel, der seinen Namen von dutzenden übermütiger Affen herleitet, die den Tempelbesucher von der Andacht abbringen möchten. Der stark besuchte Kult der Durga war nur von fern zu beobachten. Ähnliches gilt von dem Vishvanath-Tempel, dem »goldenen« in der Innenstadt; nur Hindus dürfen ihn betreten. Er ist mehrfach Opfer islamischer Zerstörung geworden und fristet auch heute noch sein Dasein, eng eingekeilt von einer Moschee neben den engen Bazarstraßen.

In den Abendstunden bieten die schmalen Bazargassen ein Bild orientalischer Lebensfülle, Pracht und Geschäftigkeit, wie wir es uns in Europa vorzustellen pflegen. In einem renommierten Silk-store werden unsere Damen schwach. Man muß gestehen, daß indische Seidenstoffe, Saris und Stolas an Schönheit, Eleganz und Pracht ihresgleichen suchen. Es gibt kein angemesseneres und edleres Frauengewand als den Sari. Die Händler kredenzen bereitwillig Getränke aller Art, denn sie wissen, daß die Weißen den Laden nicht wieder verlassen werden, ohne harte Dollars gegeben zu haben. Benares ist nicht nur eine Pilgerstadt, ein zweites Mekka. Sein Ruhm als Seidenstadt ist kaum geringer.

12. Februar: Früh am Morgen um 4.30 Uhr ist es noch recht kalt. Vor Sonnenaufgang begeben wir uns zu den berühmten Ghats, den langen breiten Treppen am Ganges, um vor Sonnenaufgang vom Boote aus die Pilger zu beobachten. Schattenhafte Gestalten bewegen sich am Ufer, hier und da sieht man eine Figur untertauchen. Gemächlich fließt der Ganges dahin. Wundervolle Gesänge dringen vom Ufer her ans Boot. Der Glaube an die sündenbefreiende Kraft des Gangeswassers zieht die Pilgerscharen herbei. Die Last des Karmas kann offenbar getilgt werden. Was die Werke nicht geschafft haben für eine bessere Wiedergeburt oder gar die Überwindung allen Werdens, soll das Gangeswasser vollbringen. Viele Menschen stehen im Wasser und beten, das Gesicht gegen die aufgehende Sonne gewandt. Daneben sieht man waschende Frauen, die ihre Wäsche auf schräg gestellte Steinplatten schlagen. Ob sie davon sauber wird? Das Boot wird langsam die mehrere Kilometer langen Ghats entlang gerudert. Es wird heller, immer mehr Menschen strömen ans Wasser. Hin und wieder meditiert ein Yogi auf einem separaten Treppenabsatz. Benares übt eine magische Anziehungskraft aus. Ich bin froh, für diese Stadt noch einige Tage Zeit zu haben. Völlig übermüdet ruhen wir uns nach dem Frühstück erst einmal aus.

Ein Teil der Gruppe fliegt nach Nepal. Rektor Porath, ein älterer, welterfahrener Lehrer, mit dem ich mich gut verstehe, bummelt mit mir am Nachmittag durch die Stadt. Wir besuchen die Sanskrit University, ein scheußliches viktorianisches Gebäude. Es ist eine Art College, das der Hindu-Tradition in besonderem Maße verpflichtet ist. Aus einem Raum ertönt skandierender Gesangsunterricht. Wir versuchen, mit einigen Studenten und Lehrern zu sprechen, aber es gelingt nicht. Kaum jemand spricht Englisch. Auf dem Campus finden sich einige denkmalartige Embleme der Hindu-Tradition: Buddha, Jaina und der androgyne Shiva. Am Bahnhofsvorplatz werden wir Zeuge einer Wahlversammlung, erregte Hindus scharen sich um einen Volkstribunen. Die Hindi-Ansprache schallt über Lautsprecher bis in die entlegensten Winkel des Distrikts. Die meisten lassen die Berieselung teilnahmslos über sich ergehen. Wie wir hörten, stritten sich die Wahlredner um den Reispreis, ob das Pfund 40 oder 50 Paisas kosten darf. Die Rikscha-Fahrer interessieren sich mehr dafür, ob sie die beiden Weißen zum Hotel fahren können. Daß Weiße gern zu Fuß gehen würden, ist ihnen unvorstellbar.

Am nächsten Morgen mieten wir uns noch einmal ein Boot, um unsere Beobachtungen bei Tageslicht zu vertiefen. Wieder das gleiche Bild, jetzt farbenprächtiger als vorher, abgesetzt vor dem grauen und schmutzigen Hintergrund verfallener und verschachtelter Häuserfronten. Die einzelnen Ghats sind häufig verschiedenen indischen Provinzen zugeordnet. Jeder Bezirk unterhält Brahmanen, die die entsprechende Landessprache sprechen, da ein Pilger aus Kalkutta die Priester aus Benares nicht verstehen würde. Unter großen Sonnenschirmen sitzen die Brahmanen auf Treppenabsätzen, segnen durch ein gemaltes Stirnzeichen die dem Ganges entstiegenen Pilger und bereiten sie so für das Opfer im nahe gelegenen Shiva-Tempel vor. Jedermann zahlt ihnen dafür ein paar Münzen. Ein buntes

Völkergemisch findet sich auf den Treppen ein, wilde fanatische Sektierergesichter neben fast nackten Sadhus, andere warten, dazwischen badende Kühe. Mit Gesang und Flöten zieht eine Hochzeitsgesellschaft bootfahrend an uns vorüber. Etwas später passieren wir die Verbrennungsstätten. Mächtige Holzscheite werden für jeden Toten aufgetürmt. Die Bahre aus Holzstäben mit dem eingehüllten Körper wird vorher in den Ganges getaucht. Männer sind mit weißen, Frauen mit farbigen Tüchern bedeckt. Die umstehende Familie trauert nicht, der Tod ist kein Anlaß zur Trauer. Er bringt Erlösung oder doch wenigstens die Hoffnung auf eine bessere Wiedergeburt. Das Leben geht weiter, der Tod ist nur Übergang. Leben und Tod haben fließende Grenzen. Da das Leben nicht einmalig und endgültig ist, fehlt die Hetze, Ungeduld und Zielstrebigkeit bei der Erreichung weltlicher Ziele. Zeit wird nicht gemessen.
Die Holzscheite brennen stundenlang, die Asche spült der Ganges fort. Sein Wasser ist trotzdem ziemlich sauber.

Am Ende der Stadt steigen wir an einem verlassenen Maharajapalast ab, dessen Tempelbezirk jetzt einem einzelnen wohlhabenden Yogi gehört. Der Yogi sitzt auf der Brüstung zum Ganges und meditiert. Wir haben Zutritt und dürfen beim Zelebrieren des Shiva-Kultes zuschauen. Der Stier (das Fruchtbarkeitssymbol für den Schöpfergott Shiva) wird gesalbt und mit Blumenkränzen geschmückt, während der Brahmane aus einem Buch Gebete liest.
Tempelkult ist in Indien niemals Gemeindesache, sondern Begegnung des Einzelnen mit der Gottheit. Daher hat der Tempel auch niemals die zentrale Bedeutung wie bei uns. Puja, die häusliche Andacht in den frühen Morgenstunden, tritt an die Stelle gemeinschaftlicher Tempelrituale.
Auf der Rückfahrt schauen wir uns noch einmal die zahlreichen Tempel am Gestade des Ganges an. Die Tempelform bleibt sich im Prinzip immer gleich: der hoch aufgeschossene Gottesberg

in Gestalt eines Maiskolbens, der wiederum von zahlreichen kleineren Kolben umringt ist. Als wir aussteigen und die Treppen hinaufgehen, sitzt ein Brahmane unter seinem Schirm und trägt vor einer großen Schar Hindus aus heiligen Schriften vor. Jeder geht seinen eigenen Verrichtungen nach, niemand stört ihn dabei oder kümmert sich um den anderen. Was er denkt und tut, ist seine Sache.

Am Ufer warten Bettler und Krüppel auf ein Bakschisch. Der Fuß hat kaum die Straße betreten, schon umringen uns Händler und Rikschamänner aller Art. Die Stadt ist arm und staubig, tausende von Männern scheinen nichts zu tun zu haben. Das Geschrei der Servilität kennt keine Grenzen. Menschenwürde hat ihr Gesicht verloren. Häufig scheint die Unterwürfigkeit mit Verachtung gepaart zu sein. Doch, wer nicht so gehungert hat, darf wohl nicht richten.

Am Nachmittag fahre ich noch einmal nach Sarnath, um mir das buddhistische Zentrum des Altertums etwas näher anzusehen. Vor allem nochmals das kleine, intime Museum – es ist ein Juwel. Es birgt wunderbare kleine Buddha-Statuen. Die schönsten stammen aus der frühen Gandhara-Zeit; in sich ruhend, ›abgeschieden‹ und milde im Ausdruck.

Am nächsten Vormittag statte ich der berühmten Benares Hindu-University mit dem Taxi einen Besuch ab. Sie liegt am südlichen Stadtrand und bildet quasi einen eigenen Stadtteil, ja, eine Oase in jeder Hinsicht: gepflegt, kultiviert, ziemlich modern, saubere Straßen, parkartiges Gelände mit zahlreichen Wohngebieten, Instituten und Privathäusern. Der ganze Campus ist von einer Mauer umgeben. Der Zugang ist schwierig, da überall Absperrungen. Man feiert das 50jährige Bestehen der Universität. Im übrigen sind Parlamentswahlen, die das ganze Land aus seinem normalen Geleise bringen. Aus diesen Gründen ist das Ziel des morgendlichen Ausfluges, die Besichtigung der berühmten Bibliothek mit ihren prächtigen Handschriften-

schätzen und literaturgeschichtlichen Ausstellungen, nicht möglich. Überall ein kleiner Zettel mit dem Vermerk »14th Febr. closed«.
Nach längerem Suchen habe ich das Haus des Direktors Mr. Kaula gefunden – ein Brahmane wies mich auf ihn hin –, doch Mr. Kaula »takes part at UNESCO-conference«. An seiner Stelle werde ich von seiner Tochter mit eisiger Höflichkeit empfangen. Sie rappelt ein unverständliches Englisch im Staccato herunter und wundert sich, daß ich es kaum verstehe, voller Hochmut und Geringschätzung. Natürlich kann ich den kleinen Imbiß mit Anismilch nicht ausschlagen. Eine Konversation ist kaum möglich, da die Tochter sich nicht die geringste Mühe gibt, sich auf den Fremden einzustellen.
Man darf diese Begegnung sicher nicht verallgemeinern. Möglicherweise hatte sie auch Hemmungen, einen fremden Herren in Abwesenheit ihres Vaters zu empfangen.

Es war noch etwas Zeit geblieben. So zog ich meine Schuhe aus und besuchte den Universitätstempel, der wiederum Shiva geweiht war. Die liberale Atmosphäre des aufgeklärten Universitätsbereiches erlaubte es, daß ich den Zeremonien beiwohnen und sogar Aufnahmen machen konnte. Es ist ein moderner Tempel hallenartiger, zweigeschossiger Bauart. In der Eingangshalle zieren zahlreiche Veda- und Upanishadensprüche auf Sanskrit und Englisch die Wände, eingerahmt von der überall wiederzufindenden Swastika, dem Hakenkreuz, dem uralten indogermanischen Heilszeichen. Die Sprüche bringen die universale *eine* Gottheit zum Ausdruck, auf die alle bildhaften Ausdrucksformen der verschiedenen Kulte nur hinführen, »the supreme being behind all gods and figures«.
Im Sanctum sitzt ein Brahmane auf einem Beckenrand, in dessen Mitte sich das Lingam erhebt. Es ist besprengt und mit Blumenkränzen, den Opfergaben der Gläubigen, geschmückt. Vor ihm andächtige Hindus. Der Priester spendet Segen und

erhält kleine Münzen. Ob sie auch hier das Entgelt für seine Tätigkeit darstellen, entzieht sich meiner Kenntnis. Er schmückt mich mit einer Blumengirlande und wünscht mir eine glückliche Weiterreise. Das Lingam durfte ich fotografieren. Es findet sich in allen Shiva-Tempeln als Ausdruck der Einheit göttlicher Schöpferkraft. Männliches und weibliches Prinzip als Entfaltung und Einheit des Seinsgrundes, über dessen Kern sich in Gestalt des »Gottesberges« (Tempel) das Weltall wölbt.

Im Obergeschoß erklingt wunderbare Musik, vor einigen Altären hört man eigenartig starres Memorieren von Texten. In der Mitte sieht man das Kultbild Shivas, in den Seitennischen seine mythische Gemahlin Durga und auch Vishnu mit Familie. Die Kultbilder aus Metall, Elfenbein und Holz mit Seidenbekleidung erwecken eigenartige Gefühle. Sie schauen starr, unbeweglich, ja, maskenhaft drein. Alle Figuren haben etwas Puppenhaftes in Haltung und Ausdruck. Schwer vorstellbar, daß sie Medium der Bhakti (Hingabe) werden könnten! Verknüpfen sich doch phantasiereiche und inhaltsschwere Mythen mit ihrer Gestalt! Die kultische Realisierung der Mythen mag eine echte Brücke zur Gottheit schlagen. Aber diesen Masken scheint jede persönliche Ansprechbarkeit zu fehlen; oder irre ich mich? Man könnte es bei unseren Kruzifixen und Heiligenbildern auch vermuten. Es bedürfte wohl eingehender Diskussionen mit den Brahmanen, um über diese Frage Klarheit zu erhalten. Vorstellbar ist lediglich, daß der Ausdruck völliger Weltenferne, ichferner Zurückgezogenheit den Gläubigen zur Konzentration auf die gestaltlose EINHEIT zwingen soll. Noch nachsinnend über diese Formen intimer Religiosität verlasse ich den modernen Hindu-Tempel voller Ehrfurcht und nicht ohne das Gefühl von Größe und Erhabenheit.

Mein Bootsführer Kasi Nath erwartet mich schon am Nachmittag am Gangesufer zum vereinbarten Ausflug nach Ram Nagar, dem Palast des ehemaligen Maharajas von Benares. Das maleri-

sche Gebäude ist zwei Stunden stromaufwärts am anderen Gangesufer gelegen. Mühselig, aber gelassen wird das Boot gegen den Strom gerudert, entlang der flachen Sandbank, auf der gerade ein angeschwemmter Kuhkadaver von unzähligen Geiern zerfleischt wird. Langsam nähern wir uns dem Konglomerat verschiedener Stile. Wie so oft in Indien läßt auch dieses Gebäude keine einheitliche Konzeption erkennen, wofür freilich häufig Gründe historischen Wachstums anzuführen sind. Es ist ein Zeugnis vergangener Pracht, voll alter Rüstungen, Gewänder, Schmuck und Sänften. Leider ist auch hier wieder die kleine Bibliothek mit der berühmten Handschrift des Ramayana wegen der election geschlossen. Ob den traditionsbewußten Hindus wehmütige Erinnerungen an die große Zeit der Maharajas kommen? Ich glaube kaum. Leid und Ausbeutung waren übermächtig, besonders während der letzten Jahrhunderte englischer Politik. Die große Zeit indischer Geschichte ging mit den Moghul-Herrschern zu Ende (18. Jh.).
Die Rückfahrt auf dem Ganges schenkte uns einen herrlichen Sonnenuntergang. Kasi Nath war selig über seinen Lohn, als wir die Ghats hinaufstiegen. Vielleicht gab ich ihm zuviel, aber warum nicht? Er hat nicht jeden Tag das Glück, einen Weißen zu fahren. Mein Rikscha-Mann wartete fast vier Stunden an der Treppe, in der Hoffnung, mich für 2 Rupies wieder zurückfahren zu können. Heim geht's wieder durch die dreckigen Straßen der Altstadt. Jetzt stinken sie nach allerlei Waren, schlechtem Öl, Kühen und offenen Feuern. Die Händler scheinen bei Lampenlicht erst zum Leben erwacht zu sein, die arme Stadt der Rikschas gleicht einem Bienenhaus.
Indien hat viele Gesichter, diese Stadt hat vor 1000 Jahren wohl kaum anders gelebt. Wer wagt zu denken, daß dieses Land eine Zukunft hat!

Im alten englischen ›Hotel de Paris‹ sollte man sich zurückziehen können; Stunden der Reflexion kann man brauchen. Der

›Palast‹ liegt im Cantonment (dem früheren englischen Reservat) kühl, langweilig und unpersönlich. Unzählige Diener versuchen, den Gästen jeden Wunsch von den Augen abzulesen. Sie beobachten jede Regung, jeden möglichen Entschluß. Da ich zeitweise mit nur wenigen Gästen den großen Dining-room belebte, waren fünf Diener um mein leibliches Wohl bemüht. War dieser Schluck der letzte Schluck, so war Sekunden später das Glas auch schon abgeräumt. Der fürstenähnliche Service steht freilich im Gegensatz zur Qualität der Mahlzeiten – jedenfalls für Europäer. Indian Style ist ungenießbar wegen seiner brennenden Schärfe, western style wiederholt sich täglich und ist miserabel gekocht. Was bleibt übrig: vom Lunch bis zum Dinner (20.00 Uhr) sind es sechs Stunden, der Magen muß befriedigt werden, also: western style.

Am nächsten Morgen (15. Februar) übe ich mich in Besinnung. Im geräumigen Schlafraum ist es stets zu dunkel (kleine Fenster, Moskitogitter). Man setzt sich in den Garten unter einen Sonnenschirm. Doch wehe dem, der seinen Kopf vom Buche erhebt, sein Blick wird sofort von einem ansässigen Schlangenbeschwörer eingefangen. Schaut man ihm länger als zehn Sekunden zu, beginnt die Beschwörung, und die Rupies sind fällig. Wendet man sich nach 20 Sekunden wieder ab, so verschwindet die Schlange umgehend wieder in ihrem Körbchen.

Mittags kehrt die Nepalgruppe nach etlichen Komplikationen wieder zum Hotel zurück, und mir fällt gänzlich unvorbereitet die Aufgabe zu, von nun an für unsere Gruppe den Reiseleiter zu spielen. Laut Reiseplan soll unser Nachtzug nach Delhi um 17.30 Uhr Benares verlassen. Vorsichtshalber nehme ich mir um 16.00 Uhr eine Rikscha und fahre eben zum Bahnhof, um mich über alle Reservierungen zu vergewissern. Mühselige Verhandlungen stehen bevor, der dritte Eisenbahner spricht sogar so Englisch, daß man ihn verstehen kann. Der Zug fährt natürlich erst um 18.40 Uhr, Fahrplanänderung. Die Plätze im 1. Klasse-Schlafwagen (entspricht in Deutschland einem schlechten 2. Klasse-Wagen) sind reserviert, aber für die drei Damen und mich in einem Abteil. Bequeme Lösung: Ein Vierer-Abteil für die vier Weißen. Wer die Gelassenheit noch immer nicht gelernt hat, muß sie jetzt lernen. Von Bettzeug weiß der Vorsteher nichts, außerdem stehen ihm für diesen Zug nur zehn ›beddings‹ zur Verfügung (die meisten Inder nehmen ihr eigenes Bettzeug mit). Doch kennt seine Hilfsbereitschaft keine Grenzen. Er sagt mir zu, bis eine Stunde vor Abfahrt für vier Personen Bettzeug bereitzustellen. Es klappt!

16. Februar: 10.30 Uhr Ankunft in Delhi Station. Wir steigen wieder im eleganten Hotel Janpath ab, nehmen dort Lunch und lassen unsere Koffer dort, um für die letzte Station unserer Reise – den Flug nach Jaipur – möglichst frei zu sein. Um 15.00 Uhr Treffpunkt am Indian Airlines Office am Connaught-Place. Als die ältere Dame und ich dort pünktlich eintrafen, erhielten wir nur die Antwort: »You are very late, the plane to Jaipur has gone off, you can't get Jaipur today.« Die Information vom Reiseplan stimmte nicht. Die Fahrkarte lautete auf 15.00 Uhr Abflug. Die Beamten waren wieder sehr entgegenkommend und stellten mir für den nächsten Morgen 7.00 Uhr eine neue Karte aus – ohne den sonst erforderlichen Aufschlag. So war wenigstens unser Besichtigungsprogramm in der Hauptstadt Rajasthans gewährleistet. Alsdann war noch bei der SITA Travel Agency die Hotelübernachtung umzubuchen. Auch hier wieder first class service. Mit einem geschenkten Nachmittag und Glück im Unglück schlenderten wir zum Janpath-Hotel zurück.

17. Februar: Um 5.30 Uhr finden wir uns beim Airlines Office ein. In einem alten Klapperbus, der uns zum Flughafen bringt, sitzt gemischtes Publikum. Das Fliegen ist billig in Indien, bil-

liger als die deutsche Eisenbahn. – Um 7.00 Uhr startet die zweimotorige Dakota-Maschine, 250 km südwestlich von Delhi landen wir nach einer Stunde auf dem gepflegten Flugplatz der Rajputenstadt. Das Empfangsgebäude macht einen schmucken Eindruck, die Fahrt zum Hotel weckt mancherlei Erwartungen. Wir werden ein anderes Indien kennenlernen.

Für den Vormittag steht ein Ausflug auf die Burg Amber, die mittelalterliche Residenz der Rajputenkönige, auf dem Programm. Sie liegt weit außerhalb der Stadt am Fuße des Gebirges. Die gewaltige Festungsanlage wird auf dem Rücken eines Elefanten bestiegen; ein recht zweifelhaftes Vergnügen, denn der behäbige Schritt des Tieres verursacht beträchtliches Schaukeln. Vom Mittelalter ist nicht mehr viel zu sehen, die erhaltenen Bauwerke stammen aus dem 17. und 18. Jahrhundert und ähneln stark dem Moghulstil von Agra, erfreulicherweise jedoch stark durchsetzt von alter hinduistischer Bauweise, die man mit Ausnahme der Tempel selten zu Gesicht bekommt. Seltsam die Stilmischung zweier sich radikal ausschließender Weltanschauungen. Von einer Fusion kann man eigentlich nicht sprechen. Ich werde die Dokumente islamischer Herrschaft in diesem Land immer als Fremdkörper sehen. Vielleicht könnte mich ein indischer Architekt vom Gegenteil überzeugen. Die Festung hat gewaltige Ausmaße und beherbergte offenbar den gesamten Hofstaat. Herrliche Marmormosaiken und Fenstervergitterungen, Spiegelpaläste und Torbögen erinnern an eine prachtvolle Hofhaltung. Eingebaut ein kleiner moderner Kalitempel aus weißem Marmor. Wir gehen barfuß hinein, unser Führer schlägt die übliche Tempelglocke, die die Bereitschaft zur Begegnung mit der Gottheit zum Ausdruck bringt. Auch der aufgeklärt und modern wirkende Hindu bleibt meist ein Gläubiger.

Nach der Mittagspause wartet das Taxi schon auf eine Rundfahrt durch Jaipur. Welch ein Gegensatz zu den übrigen indischen Städten, die wir sahen. Wohlhabend, gepflegt, sauber, reguläre Häuserzeilen, ein einheitliches Stadtbild, von einem klugen und aufgeklärten Maharaja, dem Rajputenfürsten, um 1730 nach einem eigenen Plan entworfen und in kurzer Zeit ausgeführt. Stadttore und Bürgerhäuser leuchten in malerischem rosarot. Man braucht sich nur noch ein Fest mit geschmückten Elefanten vorzustellen, und der Traum ›Orient‹ wird Wirklichkeit. Die Stadt ist nicht überfüllt, die Menschen sind beschäftigt und die Frauen sind vornehm gekleidet, die Armut hat nur einen bescheidenen Anteil. Jaipur verdankt seinen Reichtum den Edelsteinfunden der umliegenden Berge und der alten Goldschmiedekunst. Daneben gilt es als Zentrum kostbarer Metallverarbeitung und Elfenbeinschnitzerei. Es ist eine reine Freude, durch die Altstadt zu fahren und die schönen Rajputengesichter wie die eigenwillige Baukunst zu betrachten.

Eine architektonische Überraschung bietet der ehemalige Maharaja-Palast mit seinen erlesenen Kunstschätzen, Spiegel und Emaillefacetten, Teppichen und wunderbaren Miniaturmalereien. Im Ganzen überwiegt auch hier der Moghul-Stil, obschon der indische Einfluß deutlicher zu erkennen ist als etwa in Agra. Wieder drängt sich die Erinnerung an das absolutistische Zeitalter in Europa auf. Man müßte Zeit haben, sich eingehender mit der Lebensweise und der Geschichte dieses ruhmvollen indischen Stammes vertraut zu machen.

Noch einen Tag können wir uns dieser Stadt widmen. Der Vormittag galt dem Zentralmuseum: ein protziges Gebäude im moslem-indischen Zuckerbäckerstil des 19. Jahrhunderts. Sein Inhalt: abgestandene Rumpelkammer teils kostbarer, teils dürftiger Stücke der vergangenen Jahrhunderte, ohne Beschreibungen, ohne Auswahl und Konzept, typisch museal – im früheren Sinne. Die Zeit hätten wir besser nutzen können.

Einen Ausflug nach Galta, einem abgelegenen Gebirgsort, sollten wir nicht versäumen, riet uns der SITA-Führer. Es blieb nur noch der Nachmittag, und wir zogen los. Die Vormittagssonne hätte zweifellos einen günstigeren Eindruck vermittelt. Die alte und verfallene Maharaja-Sommerresidenz liegt weit außerhalb der Stadt, eingebettet in ein einsames, unwegsames Gebirgstal. Die Kombination mit zahlreichen Tempeln läßt eine Pilgerstätte vermuten. Auf der Höhe des Kamms, der einen herrlichen Blick über Jaipur ermöglicht, befindet sich ein kleiner Sonnentempel. Um sein ebenso grausiges wie primitives Kultbild ist eine verkommene und bettelnde Brahmanenfrau bemüht. Daneben in einem schuppenartigen Verließ ein winziger Affenschrein, die simple Figur mit knallroter Farbe getüncht. Er weist auf das spärliche Eldorado hunderter Affen hin, der heiligen Tiere. Welche Bedeutung diesem Affentempel zukommt, läßt sich freilich in der Kürze nicht feststellen. Die Talbauten sind terrassenartig angelegt, jeweils mit einem sehr tiefen Wasserbehälter versehen, der den Tempeln als heiliger See dient. Die ganze Anlage macht einen schmutzigen, verkommenen Eindruck. Daß es eine Stätte des Friedens und des »schweigenden Gottes« gewesen sein muß, mag man noch ahnen. Im schlickigen Wasser wäscht sich gerade ein einzelner Yogi, daneben tragen zahlreiche Frauen den stinkenden Schlamm des zweiten Beckens mühselig ans Ufer, die schweren Körbe auf dem Kopfe tragend. Unten winken die Brahmanen zum Eintritt in ihre Tempel – in Erwartung eines spärlichen Trinkgeldes. Die späte Nachmittagssonne vergoldet das einsame Tal und auch ein wenig die abstoßenden Formen, in denen sich das Heilige in Indien häufig gibt.

Die Rückfahrt führt uns wieder durch Jaipur, jetzt durch die Abendsonne rot-gold gefärbt. Bevor wir Abschied nehmen, schauen wir uns noch ein Metallwaren-Geschäft an, das erlesene Gravur- und Schmiedearbeiten feilzubieten hat. Wir dürfen zuschauen, mit welcher Kunstfertigkeit die Meister ihres Fachs einen Messingteller bearbeiten, nachdem wir tags zuvor eine Teppichknüpferei besichtigt haben. Alle diese Arbeiten spielen sich auf dem Boden ab, sitzend oder hockend. Die geschäftstüchtigen Eigentümer wittern natürlich Dollar-Pakete in unseren Taschen. Leider ein Irrtum.

Am nächsten Vormittag fliegen wir nach Delhi zurück. Unter uns das nördliche Wüstengebirge Rajasthans, dann die fruchtbare Gangesebene. Diesmal Zwischenlandung in Agra. Fotografieren ist streng verboten. Vor Agra werden sogar die Fenster verdunkelt, um das offene Geheimnis der Militärbasen nicht den Blicken eines möglichen Spions auszusetzen. Wer könnte es sein? Ein Chinese oder ein Pakistani? Ihr Generalstab dürfte darüber längst informiert sein!
Unter uns regelmäßige Felder, grün und braun, erste und zweite Ernte. Dazwischen Haufendörfer. Nach einer halben Stunde landet unsere Viscount-Maschine schon auf dem Delhi-Airport. Wie schön wäre es gewesen, direkt nach Bombay zu fliegen und sich die Strapazen der langen Eisenbahnfahrt zu ersparen.

Wir haben Sonntag in Delhi, die Stadt ist ruhig und unbelebt, ja, sogar sauber, da es erstmalig seit langer Zeit einen Schauer gab. Der Nachmittag ist still, man ruht sich aus und überdenkt noch einmal seine Erlebnisse. Es gibt nichts mehr zu berichten. Nach dem Dinner: rascher Aufbruch zum Bahnhof. Unsere 34stündige Bahnfahrt beginnt, zwei Nächte und ein Tag im Viererabteil nach Bombay. Natürlich bot sich auch diesmal der bequeme Weg für die Eisenbahner an, vier Weiße in ein Abteil zu stecken, obwohl die SITA Travel Agency für separate Abteile gesorgt hatte. Das Gebot heißt wiederum: Gelassenheit! Es gibt wirklich schlimmere Dinge! Der Mail Express fährt tatsächlich pünktlich ab, nachdem ein einzelner Gepäckträger (es gibt natürlich viele, aber sein Lohn steigt auf diese Weise) unsere vier Koffer mit zusammen ca. 80 kg sicher im Abteil verstaut hatte. Er trug drei auf dem Kopf, einen in der Hand und lancierte mit der anderen Hand die massive Oberlast.

21. Februar: Um 7.00 Uhr pünktlich (!) in Bombay, Viktoria-Station. Die andere Hälfte unserer Gruppe – kurz vorher aus Madras eingetroffen, nimmt uns in Empfang. Der Reiseleiter liegt mit schwerer Darmkrankheit. Natürlich sind die railway retiring rooms im Bahnhof besetzt (it was not ordered). So wurden wir glücklicherweise zum berühmten Taj-Mahal-Hotel gefahren. Wir haben es auch verdient, einen Tag im Luxushotel zu verweilen.

Nach dem Frühstück brechen wir zum letzten bedeutenden Ereignis dieser Reise auf. Mit einem kleinen Kutter geht es in der Bucht von Bombay zur Felseninsel Elephanta, deren imponierender Höhlentempel – Shiva geweiht – noch einmal den Geist der Hindu-Religion zusammenfassen sollte. Die zahlreichen Skulpturen stellen verschiedene Funktionen Gott Shivas dar, den Schöpfer, den Asketen, Zerstörer, Erlöser usw. Besonders eindrucksvoll aber bleibt das mächtige Trinitätsbildnis (trimurti) im Zentrum des Tempels: Shiva als Schöpfer, Erhalter und – Zerstörer, eine echt indische Auffassung: Die Gottheit ist abgründig, nicht durch die Idee des summum bonum begrenzt. Die Figur hat drei Köpfe, gemäß der klassischen Trinitätsdarstellung von BRAHMA-VISHNU-SHIVA. Auch dieses Bildnis ist kühl-verhalten, erdenfern, abstrakt aufgefaßt. Ähnlich die nebenstehende androgyne Gestalt Shivas. Das Prinzip der Schöpfung, das zeugende und empfangende, das schaffende und bewahrende Element, wird hier in der stilisierenden Form abstrakten Denkens wiedergegeben. Kein Hauch von Individualität. Das SEIN, das zur Schöpfung emaniert, ist unpersönlich. Erst mit der Schöpfung nimmt es menschliche Gestalt an und kehrt durch die Vereinigung des männlichen und weiblichen Prinzips in sich selbst zurück. In welchem Gegensatz dazu die subtile Individualpsychologie der heiligen Schriften, die sich vornehmlich mit dem Weg des Einzel-Ichs zum Heil befassen, ja, durch die Yoga-Praxis scheinbar einem Ich-Kult huldigen. Der Widerspruch dürfte sich dadurch lösen, daß die Ichbezogenheit des religiösen Lebens nur der Aufhebung dieses Ichs im Selbst bzw. seiner Rückkehr zum Sein dient. Hier liegt ein zentrales Problem zwischen Europa und Indien: die Person. Der indische Weg läßt die Entfaltung der Persönlichkeit im Strom der Welt, die den Charakter bildet, nicht zu. Gibt es eine Brücke zwischen beiden Welten, eine fruchtbare? – Der Neu-Hinduismus hat es versucht.

Es bleibt noch nachzutragen, daß der ortsansässige Führer die europäische Besuchergruppe mit einer Fülle von Argumenten auf den Monotheismus der Hindus hinwies, um eine mögliche Kritik des Christen an der Vielgötterei oder gar am »Götzendienst« abzufangen. – Die Christen haben bestimmt kein Recht dazu, denn ihre Trinität ist der hinduistischen mindestens strukturell verwandt; es werden mit verschiedenen Gestalten und Vorstellungen ja nur göttliche Aspekte und Funktionen zum Ausdruck gebracht, so nicht anders bei den Hindus. Und meine Beobachtungen der indischen Kulte haben die Überzeugung wachsen lassen, daß der Begriff ›Polytheismus‹ mindestens nur sehr eingeschränkt zutrifft. Das abstrakte, zur Einheit tendierende Denken der Inder einerseits und der Phantasiereichtum ihrer vielen mythischen Götterfiguren andererseits lassen im Bilderreichtum nur die Spiegelungen ein und derselben Gottheit vermuten, der man sich auf verschiedene Weise stufenweise nähern kann. Das Bild hat immer Bezug auf ein Urbild, dieses wiederum läßt sich spekulativ oder meditativ auf das reine SEIN transzendieren. Einem Katholiken dürfte dieser Vorgang leichter verständlich sein als dem anschauungsarmen protestantischen Gemüt oder gar einem Moslem.

Der Nachmittagsbummel durch das Prince of Wales-Museum vermittelt keine neuen Erkenntnisse. Im ›airconditioned dining room‹ des altmodischen, aber eleganten Taj-Mahal-Hotels läßt sich der stets ungestillte Hunger endlich auf europäische Weise stillen. Das Thema Ernährung dürfte einen längeren Aufenthalt in Indien wohl unmöglich machen, es sei denn, man könnte sich selbst europäisch beköstigen.

Das Hotel steht uns bis 22.00 Uhr zur Verfügung. Dann geht es per Bus zum Flughafen. Die Zollformalitäten lassen sich ziemlich reibungslos abwickeln. Von unserer Währungsaufstellung wollte niemand etwas wissen. Das ist der Gang überzüchteter Bürokratie. Die Stunden vergehen im Warteraum. Um 2.00 Uhr nachts starten wir. Das Flugzeug ist voll besetzt. Die Düsen heulen. Es geht auf die Startbahn. Die Bremsen werden gelöst und die Comet donnert über die Rollbahn. Sekunden vergehen – wir fliegen –, die blauen Startlichter entschwinden dem Blick. Die Maschine fliegt ruhig – Kurs Persischer Golf. Alle sind übermüdet, die Zwischenlandung in Arabien wird kaum bemerkt, obschon an Schlafen natürlich nicht zu denken ist.

Um 6.30 Uhr Ortszeit landen wir in Kairo. Die langsame Morgendämmerung (wir fliehen vor der aufgehenden Sonne mit 800 km/h) gab noch Suez frei – eine tote Landschaft.

In Kairo wider Erwarten drei Stunden Aufenthalt. Gedanken an Indien lassen sich in dieser Situation kaum denken – das Gehirn macht nicht mit. Um 9.30 Uhr ist unsere, nun schwach besetzte Maschine bereit zum Abflug. Rasch gewinnen wir an Höhe – Kurs Nordwest, Kurs Europa. Nach einer Viertelstunde passieren wir Alexandria. Das Fruchtland des Deltas hebt sich farblich sehr schön gegen die gelbe Wüste und das blaue Mittelmeer ab. Ich habe einen guten Sitzplatz vor den Tragflächen und genieße die malerische Geographie von oben. Nach einer knappen Stunde kreuzen wir eine große langgestreckte Insel: Kreta. Kurz darauf tauchen die drei Zipfel der Peloponnes auf. Reliefartig heben sich die griechischen Gebirge ab. Der weiße Gipfel des Taigetos ist deutlich erkennbar. Wir überfliegen die Adria, lassen die Ionischen Inseln hinter uns, erreichen die Hacke des italienischen Stiefels und nehmen Kurs auf Venedig. Ein überwältigendes Bild: das ganze Alpenpanorama breitet

sich unter uns aus, tief verschneit. An seinem Nordrand: Wolkendecke, Deutschland beginnt. Und schon geht es abwärts. Nach einer guten halben Stunde setzen wir zur Landung an – Deutschland wird klein – Frankfurt in Sicht.
Wieder ›zuhause‹... in Europa!

11. Beruf im Spannungsfeld der Anlagen und Ziele

Mein Beruf als Bibliothekar war eine Notlösung, genauer gesagt: nur die 2. Wahl. Die Entscheidung, dem früheren Rat aus Bonn zu folgen, war ohne Zweifel richtig, denn 1956 gab es an den deutschen Universitäten keine Chance. So aber konnte ich meine wissenschaftlichen Bestrebungen in einem ruhigen, gesicherten Beruf wenigstens indirekt verwirklichen. – Hernach sagte mir mein bibliothekarischer Mentor während der Ausbildung in Bonn 1957 – teils gelassen, teils resigniert –, dieser Beruf sei nur eine Beschäftigung, keine Arbeit. In späteren Jahren empfand ich es selbst so: diese Tätigkeit forderte mich nicht genug; sie ließ mir jedoch viel Freiheit und entlastete mich, zumal häufige Krankheiten ja mein Leben begleiteten. So konnte ich im Ganzen zufrieden sein, da die Möglichkeit zur Forschung nebenher immer wieder gegeben war.

Doch schon während der Ausbildung in Köln (Universität/ Bibliothekarschule) – so erinnere ich mich deutlich – gab es einen Tag, der mir schlaglichtartig verdeutlichte, wo mein eigentlicher Lebensraum gewesen wäre, nämlich an der Universität in Lehre und Forschung, im Umgang mit Studenten und der Chance geistiger Entdeckungen. An diesem Tage hatten wir vormittags bei einem durchschnittlichen, etwas kleinkarierten Lehrer in einem trüben Untergeschoß der Uni Unterricht in ›Titelaufnahme‹; wir wurden u. a. mit Quisquilien von Punkt und Komma innerhalb und außerhalb einer Klammer traktiert. Und was geschah am gleichen Abend, aufmerksam gemacht durch ein Plakat? Eine spannende Gastvorlesung des berühmten britischen Historikers Arnold Toynbee über Konturen der Weltgeschichte. Welcher große Atem, welche Weite, welche Souveränität!

Nein, ich war kein Bibliothekar aus Berufung, auch kein besonders geeigneter Vertreter dieses Standes, obwohl mir die ›Arbeit‹ schnell von der Hand ging. Ich hatte weder ein gutes Gedächtnis noch interessierten mich tausend Einzelheiten über Ort und Zeit der Bücherwelt. Das Vielwissen an der Oberfläche ohne Gründlichkeit war mir zuwider. Man wurde zwar zur Genauigkeit erzogen, auch zu umfassenden (äußeren) Kenntnissen; insofern hatte sich dieser Beruf positiv auf meine Forschungsarbeit ausgewirkt. Doch blieb alles ohne Tiefgang. Verhängnisvoll für mich das berühmte Wort des Amerikaners John Dewey: »Who reads is lost«. Das rein formale Wissen war nicht meine Sache; es konnte nur Hilfsdienste für die Wissenschaft leisten.

Auch ging mir jeder Sinn für das Sammeln ab. Wozu mußte man zehn Kant-Ausgaben haben? Für mich zählte nie die Quantität, immer nur der Inhalt, das Wesentliche. Selbstverständlich standen kurze, allgemeinverständliche Ausgaben legitim neben einer kritischen Gesamtausgabe, doch nicht mehr. Schließlich wurden Steuergelder ausgegeben, und man hatte verantwortlich zu prüfen, ob Wesentliches oder Belangloses – oft nur um der Vollständigkeit willen – gekauft wurde.

Selbst für das Bibliophilentum fehlte mir das Verständnis, trotz meiner Liebe zu schön gedruckten und gebundenen Büchern, vor allem auch zauberhafter mittelalterlicher Handschriften. Ein Ästhet war ich immer, doch nicht um den Preis des Habenmüssens oder des bibliothekarischen Kultivierens dieses Genres auf Staatskosten.

Als ich am 1. Juni 1959 meine erste Stelle als Fachreferent an der wissenschaftlichen Stadtbibliothek in Mainz antrat – es war die einzige freie Stelle in Deutschland – und »ab sofort« fast alle Geisteswissenschaften zu betreuen hatte, war es ein »Sprung ins kalte Wasser«: tätig werden, d. h. Kauf und Sachkatalogisierung, ohne jede Anleitung, gestützt freilich von einem netten Team von Bibliothekaren. Mein alter, ebenso stiller wie liebenswerter, dabei vielseitig gebildeter Kollege Claus Nissen (Biologe) sagte zu mir in seiner drögen Schleswiger Art nur: »Denn machen Sie man...«.

Die ersten Tage waren ein Schock für mich, nicht nur wegen der plötzlich nahezu autonomen Situation, die ich mir ja immer gewünscht hatte, sondern durch ein seltsames Gefühl des vermutlich lebenslangen Eingesperrtseins in eine mir noch unbekannte berufliche Alltäglichkeit, die langweilig, sehr passiv und ohne Kreativität sein könnte.

Die Kehrseite nahm sich nach einigen Wochen schon anders aus: dieser Beruf erzog zur Universalität; man mußte auf allen Saiten spielen lernen, ob das Stichwort nun Himalaja, Leonardo oder Aufklärung hieß. Diese Herausforderung habe ich gern angenommen und nie bereut. In späteren Jahren sollte sich diese Notwendigkeit als sehr einträglich im geistigen Sinne erweisen: Selbst bei »nur« drei bis vier Kulturwissenschaften kamen tausende von Büchern und Zeitschriften auf meinen Schreibtisch! Schnell konnte ich mir einen Überblick zur Lage einer Wissenschaft verschaffen und ihn gleichzeitig für die eigene Forschungsarbeit nutzen. Da der lange Arbeitstag (bei damals 48 Wochenstunden) – immer anstrengend gewesen – in einem gemütlichen Andante verlief, blieb immer noch Zeit für Eigenes.

Es ist müßig, eine private Bibliotheksgeschichte zu schreiben. Cui bono? So beschränke ich mich auf wenige Akzente meiner langen Darmstädter Berufsjahre (1961-1985). Dem bedeutenden, geraden und zielstrebigen Direktor Hans Rasp gelang es nach dem Wiederaufbau des Schlosses endlich, meine Berufung durchzusetzen. Ich hatte die Hälfte der Geisteswissenschaften zu übernehmen und sollte – mir zur Freude – ein Bildungsprogramm aufbauen (Vorträge, Konzerte, Lesungen). Sein Nachfolger wurde für kurze Zeit der gleichfalls herausragende Ludwig Borngässer (Mathematiker und Musiker). Da er souverän war und weiträumig dachte, ließ er mir große Freiheit. Das beflügelte. So konnte ich damals zu Lesungen etwa Hans Erich Nossak, Günter Eich und Siegfried Lenz gewinnen – neben Liederabenden. Diesem führenden Mann mit Perspektive diente ich gern; er hatte einfach Format, obgleich dienstlich streng.

Als 1964 das Amt verwaist war und ein engherziger, obschon fairer Verwaltungsbeamter die Leitung übernahm, pflichtbewußt, fleißig und sehr ehrgeizig, sollte sich das Blatt wenden. Meine schöne Sonderaufgabe wurde bald abgewürgt, denn bei diesem unmusischen Direktor aus Hamburg (!) gab es unterschwellige Komplexe. So wurde es für mich schwierig – bei aller gebotener Loyalität. Ich fühlte mich diesem und auch dem nächsten Direktor (ab 1977) überlegen. Eine Bibliothek zu leiten, traute ich mir ohne Bedenken zu – in jeder Hinsicht, wirtschaftlich, kulturell und personell. So bemühte ich mich etwa ab 1970 um die Leitung einer kleinen, überschaubaren Bibliothek, die weiterhin Zeit zur Wissenschaft freigeben würde. Manches wurde ausgeschrieben, und sehr rasch erhielt ich mehrere Chancen: Kassel, Lübeck, Oldenburg und Wolfenbüttel (dort lernte ich noch Erhart Kästner kennen!). Doch kamen mir jedesmal wieder Zweifel: wäre dies die richtige Entscheidung gewesen? Eine Weichenstellung fürs Leben, möglicherweise gegen die geliebte Wissenschaft? So zögerte ich immer wieder, zumal zu reflektiert und nicht risikofreudig angelegt. Vielleicht war es auch nur Flucht vor dem nüchternen Verwaltungsmenschen in Darmstadt. Natürlich reizte mich die Selbstbestimmung und eigene Gestaltungsmöglichkeit, so weit dies bei einem deutschen Staatsbetrieb möglich ist, der zudem seit den 70er Jahren – obwohl eine kulturelle Bildungseinrichtung – nur noch gesellschaftlich als »Dienstleistungsbetrieb« gesehen wurde.

Nein, ich entsagte allen diesen Verlockungen und blieb mir treu, meinen Lebensnerv, die Wissenschaft, nicht zu kappen, obwohl mir in der bibliothekarischen Ausbildung von Kollegen prophezeit wurde, ich hätte »den Marschallstab ja in der Tasche«. Es war eine Abwägung von Können und Wollen. Das Selbstsein hätte ich preisgegeben; so blieb ich in Darmstadt bei mancherlei Anpassungen. Ich mußte zwischen Anlagen, Zielen und Wünschen sorgfältig abwägen, um meinen beiden Berufen gerecht werden zu können.

Kein Beruf liefert ein Idealbild, davon träumen wir nur in der Jugend. Wenn ich daher auf 28 Jahre eines Berufes zweiter Wahl zurückblicke, so kann ich mit Befriedigung feststellen, daß die Tätigkeit in einem Institut, das der Kultur dient, Freude gemacht hat: als Fachreferent für einige Geisteswissenschaften, bei bescheidener Lehrtätigkeit (Referendare) und – wenn auch grenzwertig – in der Leitung. So darf ich auf die langen Darmstädter Jahre dankbar zurückschauen, denn es gab »im Schloß« ein hohes Maß an Anerkennung, vor allem aber ein menschliches »Zuhause«.

12. Freunde und Vertraute

Über Menschen nachzudenken, die uns im Leben begleitet, getragen, beglückt oder auch belastet haben, heißt über Freundschaft nachzudenken, über Menschen, die zu Vertrauten wurden, zu Weggefährten einer langen Reise, seien es nun Geschwister, die eigene Familie oder gar die »Wahlverwandtschaften« (Goethe!), die wir in der Neuzeit Freunde nennen. Doch bevor Freundschaften im tieferen Sinne wachsen können, sind wir umgeben von zahlreichen Menschen, mit denen wir aufwachsen, die uns *nahe* sind in der Familie, in der Schule und schließlich noch im Beruf. Manche Bindungen lösen sich später, neue werden geknüpft in der »Lebenswelt«, durch die wir wandern. Freunde zu haben, Freundschaften zu entwickeln und zu pflegen, ist vornehmlich eine Sache der Neuzeit, eine soziale Lebensform mit der zunehmenden Individualisierung, auch der Vereinzelung und schließlich (20. Jh.) sogar der Vereinsamung des Menschen – jedenfalls in Europa.

Natürlich *sucht* man sich in der Regel nicht Freunde – seien sie männlich oder weiblich –, man findet sie meist durch vielerlei Begegnungen auf den verschiedenen Stufen unseres Lebens. Auch aus dem Verwandtenkreis können Freundschaften entstehen im Sinne von sehr vertrauten Bindungen. Nur von diesen soll hier die Rede sein, nicht von Zweck- oder Interessen-Freundschaften, von denen man heute häufig spricht. Selbst Kameradschaften mit ihren praktischen, gleichgerichteten Orientierungen kommt noch nicht das Prädikat Freundschaft zu; sie kann sich aus ihnen entwickeln: »Alles fließt«.

Ein paar Worte möchte ich den sprachlichen Wurzeln dieser Erwägungen widmen. – Unser Wort ›Freund‹ ist sprachverwandt sowohl mit ›frei‹ wie vor allem mit ›lieben‹, schon gemeingermanisch; gotisch heißt es frijon. Im Griechischen gibt es eine Parallele von philia = Freundschaft und philein = lieben. Doch gab es geschichtlich – meist Verwandtschaft, Kameradschaft, Genosse – eben nur selten diese für uns heute so bedeutsame Beachtung der freien Person. Wenn ich von Vertrauten spreche, so möchte ich nur an die so bekannte wie verwandte Wortfamilie erinnern: Freunde sind stets allemal Vertraute: sie bleiben sich *treu*, vertrauen einander und haben das wechselseitige Zutrauen, sich aufeinander jederzeit verlassen zu können. Einander trauen heißt nicht zuletzt: Versprechen, Zusage – wie es so schön noch bei der ›Trauung‹ geschieht. – Damit möchte ich den kleinen Ausflug in die Philologie beenden.

Worin mag der Kern einer bleibenden Freundschaft bestehen, selbst wenn seine Schalen – wie etwa Interessen, Ziele und soziale Ebene – auseinander driften sollten? Ich denke vor allem an den inneren Gleichklang trotz unterschiedlicher Charaktere. »Was von Natur ähnlich ist, ist einander notwendigerweise ein Freund«, sagte im Mittelalter schon Adelard von Bath. Freundschaft geht über Sympathie weit hinaus. Verwandtschaft des Fühlens und Denkens, ja, die gleiche innere Ausrichtung bestimmen die »Herzens-Freundschaft«, von der Montaigne im 16. Jh. sprach. Als ehemaliger Techniker würde ich heute von der gleichen Wellenlänge sprechen: nur Freunde senden und empfangen auf der gleichen Frequenz, dann auch bei Störgeräuschen noch verstehbar. Wenn sie »aus einem Holz« sind – ohnehin aus »krummem Holz«, wie alle Menschen nach Kant, so gibt es unter ihnen in aller Vertrautheit häufig das wortlose Verstehen, den einverständigen Augen-Blick.
Im Freundeskreis stellen sich natürlich mancherlei Aspekte und Variationen ein, denn es werden bei jedem Menschen andere Seiten angesprochen wie verschiedene Saiten zum Klingen

gebracht. Das wird sich bei empfindsamen und musischen Menschen intensiver und unterschiedlicher entwickeln. Auch der Briefaustausch, den ich immer gern gepflegt habe, richtet sich in seiner Abstimmung nach dem Empfänger; heute sind diese schönen schriftlichen Begegnungen leider zu einer Rarität geworden. – Begegnen sich zwei Freundeskreise mit ihrem jeweiligen Mittelpunkt, so kann es zu beglückenden Erfahrungen kommen: aus dem Kennenlernen kann Neues erwachsen!
Doch möchte ich nochmals auf den Kern zurückkommen. Zu einer engen, sehr vertrauten Freundschaft, die immer auch auf Treue und Verläßlichkeit beruht, gehört unabdingbar ein hoher Grad an Offenheit und Wahrhaftigkeit – ohne Maske. Das schließt wechselseitige Kritikfähigkeit ein. Nur unter Freunden darf man »sich alles sagen«; man wächst aneinander nicht nur durch bestätigenden Gleichklang, sondern gerade durch Zweifel, Aufmunterung oder Widerspruch. Die Freundschaft erhält damit eine andere Qualität als der normale, tägliche, freundliche und höfliche Umgang mit dem sogenannten »Nächsten«, den man achten oder gar schätzen – aber nicht lieben kann. Vielleicht fällt es sogar leichter, diesen noch fremden Nächsten *anzunehmen* als einen guten Freund, den man u. U. auch ertragen muß aus gewachsener Nähe – ohne die übliche Distanz des gewohnten Umgangs.
Zum Nachdenken über das, was Freundschaft wesentlich ausmacht, begleitet und mitbestimmt, gesellen sich noch einige weitere Aspekte, um die jeder weiß, der *wirklich* gelebt hat.
Zu ihnen gehört nicht zuletzt die Selbsterkenntnis, seit den Griechen ein Leitgedanke europäischer Kultur. Kann man sich wirklich (!) selbst erkennen, sein Innen und Außen wahrnehmen wie es ist? Lassen sich die Fragen »Wer bin ich?«, »Wo ist mein unverstelltes, ›eigentliches‹ Sein, was ist nur Erscheinung, vielleicht trügerische Außenansicht?« beantworten? Hätte nicht der Andere, selbst der Freund eine Aussage über mich bereit, die mich überraschen könnte? Bleibt mein Selbst-Sein – Identi-

tät, wie man heute sagt – konstant, wenigstens im Sinne der Goetheschen Entelechie, daß Wesen und Gestalt sich aus der keimhaften Anlage entwickeln? Weiß man nicht nur zu gut von Verbiegungen und Selbstentfremdungen vieler Menschen, vom angepaßten Rollenspiel? – Ich glaube, meine Freunde – alle mir Vertrauten – sehr genau zu kennen. Würden sie sich durch mein Urteil bestätigt sehen oder mißverstanden fühlen? Sie könnten sich im Alter auch entfremdet oder (sich) so verändert haben, daß ihre ursprüngliche Mitte überdeckt und daher nicht mehr deutlich ist. Und so könnte auch ich selbst von Freunden wahrgenommen werden. Wieviel Klarheit und Täuschung mögen sich vermischen? Kann die Fremderkenntnis – sofern derjenige über Menschenkenntnis verfügt – zu einem hinreichenden Urteil führen? Vermutlich wird erst eine Synthese von Innen- und Außenansicht zu einem angemessenen Bild des Selbst führen. Für alle menschlichen Begegnungen, besonders aber alte Freundschaften, sollten diese Fragen immer bedacht werden.

Freundschaften haben schließlich ihre Zeit – wie unsere Lebensstufen. Nicht jede Freundschaft hält bis zum Tode. Wie Lebenslinien sich kreuzen können und über eine erste Vertrautheit und Nähe Freundschaften entstehen können, so können sie auch durch jeweils andere Orientierungen, gar wachsende Entfremdungen oder charakterliche Veränderungen verebben oder gar zerbrechen. Vieles hängt mit der Intensität und der Dauer einer Freundschaft zusammen. Manches bleibt nur »Begegnung auf Zeit«, wie ein befreundeter (!) Pfarrer mir einmal sagte; anders können Menschen auch lebenslang im Herzen verbunden bleiben, obwohl sie sich kaum sehen und der innere Austausch nur sporadisch stattfindet. Sind die geistigen Bande stark und schwingt ein harmonischer Akkord fort – trotz großer Entfernung – so möchte ich das »Regenbogenfreundschaft« nennen: eine farbenreiche Brücke. Doch hält auch diese Metapher nicht durch, wie so viele, denn der schöne Regenbogen ist eine flüchtige Erscheinung bei günstigen Konstellationen; es ist eher dem Kairos vergleichbar. Doch gerade dieser stellt sich bei einer solchen Freundschaft immer wieder ein, etwa wenn uns ein Brief erreicht. Jugendzeit, Beruf, Familie und schließlich das Alter haben ihre Zeit, ihre Wünsche, Erfahrungen und Ziele – damit ihre Stufen, auf denen sich das Vertrautwerden mit Menschen sehr verschiedenartig einstellen kann. Jugendfreundschaften können sich verlieren, im Beruf entstehen treue Weggefährten, durch die Familie manche neuen Lebenskreise, und im Alter – dem Stadium der Stille und Zurückgezogenheit – kann durch neue Begegnungen Vertrauen wachsen, das Lebensimpulse freisetzt und vielleicht zu späten Bindungen führen kann. So erging es mir vor fünf Jahren, als sich anläßlich einer Fachtagung die Begegnung mit einem jungen Kollegen ergab, dessen geistiges Schiff etwa meinen Kurs steuerte. Heute darf ich sagen: eine Freundschaft entstand. Ähnlich vor 23 Jahren durch eine Ost-West-Begegnung. – Kurz vorher lernten wir auf unserer Kreta-Reise ein reizendes altes Ehepaar kennen, das uns beiden anhaltend verbunden blieb. Das allein wäre nichts Besonderes, wenn mir der alte Herr (geb. 1897) nicht zum Vater (!) geworden wäre. Ich verehrte und liebte ihn, diesen so lebenserfahrenen, ausgeglichenen, abgeklärten und gütigen Pädagogen. An seinem 99. Geburtstag durften wir noch ein langes, schönes Gespräch über Sokrates führen – via Mikrophon und Kopfhörer.

In einem Rückblick auf Freundschaften darf ferner ein etwa gleichaltriger Gefährte nicht fehlen: ein gerader, tapferer, sehr offener Idealist und kerniger Ethiker (Schüler von Karl Jaspers), dem ich auf früheren Kongressen begegnet bin. Viele gute Gespräche hatten wir geführt, zuweilen kontrovers – seine schwere Kriegsverletzung ließ er sich nie anmerken! Am 9. März 1991 starb er in Bonn – als überzeugter Christ. – Im Alter finde ich mich glücklich wieder als Vater und Großvater –

von Kindern und Wahlkindern mit den dazugehörigen Enkeln, denen ich etwas mitgeben darf. Eine neue Lebensstufe ist erreicht – der Forschungsdrang tritt allmählich in den Hintergrund.

Dennoch ist die psychologische Leidenschaft noch immer gegenwärtig: Was ist der Mensch? Begegnungen im Augustinum wecken immer neue Fragen. Und die längst gespeicherten Psychogramme der Freunde? Beobachtungen, Erkenntnisse, Aspekte oder auch »Bilder« – auch sehr kritische, von Vertrauten und mir selbst – stellen sich ein. Doch von meiner Mutter habe ich den hohen Wert des Schweigens gelernt. Daher gilt für dieses Buch in Abwandlung eines Römer-Spruchs: »De viventibus nihil nisi bene«.

13. Kleine Bruchstücke aus dem politischen Gedächtnis

Während ich über einige politische Erinnerungen nachdenke, die in einer Lebensbetrachtung nicht ganz fehlen sollten, so wäre vorweg zu sagen, daß meine Eltern – noch jung in der Weimarer Zeit – deutsch-konservativ eingestellt waren, insofern das ›linke‹ Spektrum generell als ›rotes Tuch‹ betrachtet wurde. Ich selbst bin mein Leben lang recht unpolitisch gewesen, selbst während der Indoktrination durch die NS-Diktatur. Das Alphabet genügt, um Erlebnisreiches einzufangen.

a. Eine erste Begegnung mit der politischen Welt hatte ich als Sechsjähriger. Mein Vater hatte mit seinem ersten Auto abends in Hammerbrook (Stadtteil) noch Kunden zu bedienen. Eine Fackel-Demonstration behinderte die Fahrwege. Es waren die (bösen!) Kommunisten (1932).

b. 1936 wurde aus Berlin die Olympiade im Radio übertragen. Ich war ein sehr unsportlicher Mensch – daher wenig Interesse. Im Gedächtnis blieb mir aber – obwohl ein internationales Ereignis – die ebenso nationale wie pathetische Berichterstattung im Lautsprecher.

c. Mit dem 10. Lebensjahr wurde ich zum Jungvolk eingezogen, ohne jugendliche Begeisterung, da mir alles Kollektive stets ein Greuel blieb (s. Kap. 1). Ein recht unglücklicher »Pimpf« war ich damals, wie ein Foto noch bezeugt. So fand ich einen Ausweg in den wöchentlichen Bastelabenden bei einem tüchtigen Werkmeister. Dort durfte ich mich ›als Schreiner‹ austoben und manches unter Anleitung dieses musischen Lehrers bauen.

d. In meiner Oberrealschule (ab 1936) hatten wir uns immer wieder ein bis zwei Stunden lang die Hitler-Reden im Laut-

sprecher anzuhören; alle Schüler versammelten sich in der Aula. Der Unterricht fiel aus. Im Gedächtnis ist mir nur die ebenso magisch-suggestive wie pathetische und aggressive Stimme geblieben.
e. Der Bürgerkrieg in Spanien 1936-1939 wurde von der NS-Propaganda, auch in der Kino-Wochenschau, zu Gunsten Francos begleitet, also als Parteinahme für die Nationalisten! Mein Vater, damals schon Reserveoffizier, steckte auf einer Landkarte wöchentlich die militärischen Fronten ab.
f. Mit 14 Jahren wurde man zur HJ (Hitlerjugend) verpflichtet, aus heutiger Sicht entsetzlich, eine ganze Jugend auf einen Diktator auszurichten – wie auf einen Heilsbringer. Da alles sportlich-militärisch organisiert war, hielt ich mich als lerneifriger Bastler an die Nachrichten-HJ. So konnte ich mir wenigstens einen Rest von Freiheit bewahren.
g. Im Wohnzimmer unseres Elternhauses besaßen wir 1938 schon einen recht guten Radioapparat. Am 12. März hörten wir dort die Rede des »Führers« (wie die Propaganda Hitler nannte) aus Wien übertragen. Deutsche Truppen waren gerade kampflos in Österreich einmarschiert und offenbar begeistert empfangen worden. Hitlers (selbst ein Österreicher) mich ebenso bewegende wie pathetisch sentimentale Rede über seine Heimat, die er nun »heim ins Reich« holen durfte, löste beim Zwölfjährigen eine schaurige Ergriffenheit aus. Ich empfand diese magischen Worte – gesprochen wie von einem heiligen Sendboten. Im Rückblick heute denke ich: so können auch Gefühle pervertiert werden…
h. In der Schule – es war die Klasse Quarta – bestimmten die Geschichtsbücher von Walter Gehl den Unterricht, einem NS-Historiker. Ausgiebig wurde das deutsche Mittelalter behandelt, die Hoch-Zeit des deutschen Reiches unter den Saliern, Franken und Staufern, insbesondere die Ost-Kolonisation. Im Deutschunterricht wurde das begleitende Lesebuch »Deutsches Erbe« vom NS-Regime zunächst noch

übernommen: es bot gute Literatur aus zwei Jahrhunderten deutschen Geistes. Tradition, Heimat, Naturgefühl und Innerlichkeit waren bestimmend. Auch einen guten Religionsunterricht gab es noch bis etwa 1937/38. – Dann wurde alles durch die NS-Ideologie ersetzt: das »Deutsche Lesebuch« vermied Gefühle, andächtige Stimmungen; der Stil wurde hart, nationalistisch und kämpferisch!

i. Ende August 1939 begleiteten wir meinen Vater mit seiner Nachrichtentruppe zum Güterbahnhof. Dort wurden abends Truppen und Fahrzeuge mit unbekanntem Ziel verladen. Wir ahnten: »Es gibt wohl Krieg«. Abschiednehmen. Am 1. September 1939 höre ich im Radio die dämonische Hitlerstimme: »seit 5 Uhr 45 wird zurückgeschossen«. Der Angriff auf Polen wurde von ihm – wie wir heute wissen – als notvolle Verteidigung umgedeutet. Diesen grausigen Tonfall »des Führers« habe ich heute noch im Ohr. Erschrecken und dunkle Zukunftsahnungen begleiteten uns.

j. Am 3. September 1939 war meine Tante Lene bei herrlichem Spätsommerwetter zu Besuch in unserem Garten. Sie hatte das Ende des 1. Weltkriegs als junge Offiziersfrau bereits miterlebt – und sah Schlimmes voraus. Als die Rundfunknachricht durchkam, England und Frankreich hätten Deutschland – nach Ultimatum – den Krieg erklärt, sagte Lene: »Das bedeutet Weltkrieg«. Als 13jähriger begann ich zu »begreifen«. Ist es aus der Rückschau hineininterpretiert? Ich glaube nicht.

k. Zu Beginn waren wir dennoch stolz auf die »Blitzkriege«. Polen, Frankreich, Norwegen – indoktriniert durch eine raffinierte Propaganda, die geschickt vaterländische Gefühle ansprach. Begleitet wurden solche militärischen Erfolgsmeldungen in der ›Wochenschau‹ (Kino) meist durch entsprechende Musik: die Fanfaren aus Liszts »Les Préludes« oder Wagners »Walkürenritt«.

l. Lese ich heute wieder einige Schulaufsätze (zwei habe ich verwahrt) aus jenen Jahren, so überkommt mich noch nachträglich das Entsetzen über die eigene martialische Entfremdung. England z. B., zu dem wir Hamburger immer eine engere Beziehung hatten, wurde als das »perfide Albion« bezeichnet.
m. Dennoch blieb ich innerlich vom Kriegsgeschehen zunehmend unberührt. Ich bastelte an meinen Radios und fuhr im Sommer 1941 und 1942 gemächlich – man möchte sagen, friedlich und versonnen – auf der Alster mit meinem Boot.
n. Auf den Straßen begegneten mir um 1940 herum gelegentlich Menschen mit dem gelben Judenstern. Wir Jungs konnten uns darunter (noch) nicht viel vorstellen; wir hatten ambivalente Gefühle: die politische Beeinflussung war auf Mißachtung getrimmt (uns noch sehr unbewußt!); und doch kam auch Bedauern und Teilnahme auf: warum wurden diese Menschen öffentlich verfemt? Bekannt war mir in jenen Jahren nur das Wort ›KZ‹ als Ausdruck für ein besonders schlimmes Gefängnis, in das *jeder* ›abgeholt‹ wurde, der zu laut etwas gegen die Staatsführung sagte. Mein Vater sorgte in jenen Jahren (wie mir später bekannt wurde) für den Schutz eines Geschäftspartners (jüdischer Abstammung) vor dem Regime.
o. Als am 21. Juni 1941 das deutsche Heer auf breiter Front Rußland angriff, kamen mir erste Ahnungen von wahnwitziger und verhängnisvoller Entscheidung. – Das »Winterhilfswerk«, vorher von uns Kindern als eine sinnvolle, soziale Einrichtung zum Gemeinwohl verstanden, an der wir uns gern beteiligten, wurde nun zunehmend zur Unterstützung des Rußlandkrieges mißbraucht. – Es brauchte Jahre, bis wir ›aufwachten‹ und den Irrsinn solcher Maßnahmen, vor allem aber die teuflische Ausnutzung einer bereitwilligen, idealistischen, durch Propaganda noch ›geförderten‹ Grundhaltung durchschauten.

p. Der Bombenkrieg über Deutschland führte in diesen Jahren zu ständigen nächtlichen Störungen und damit zu einer dürftigen Schulsituation. Es gab keine kontinuierliche und förderliche Bildung. Die Lehrerschaft war überaltert und zum Teil pädagogisch untauglich; die Parteiabzeichen wurden stolz oder leicht versteckt am Kragen getragen, der »Hitlergruß« überzeugt oder lässig praktiziert. – Die häufigen Fahnenappelle auf dem Schulhof bei besonderen Ereignissen verpflichteten uns zum Absingen der beiden (!) Nationalhymnen: das Deutschland-Lied liebte ich – nicht so sehr wegen des schönen Textes von 1841, der heute falsch interpretiert wird – vor allem in musikalischer Hinsicht, ohne damals vom Haydnschen Kaiserquartett gewußt zu haben. – Die anschließende NS-Hymne war mir allein rhythmisch unerträglich...

q. Da ich nicht zur Wehrmacht eingezogen wurde – nach einem Lazarett-Aufenthalt am Ende des Arbeitsdienstes in Polen und militärärztlicher Untersuchung (»vergessen« oder Fügung durch die Entscheidung des Arztes?) –, konnte ich zuhause in Eppendorf am 20. Juli 1944 die Radionachrichten vernehmen. Wenn ich mich recht erinnere, kam die erste Meldung morgens vom Attentat auf Hitler – er sei tot und eine provisorische ›Regierung‹ hätte in Berlin alle wichtigen Stellen besetzt. Jedenfalls reagierte ich mit Erschrecken und dann doch Befreiung. – Als dann einige Stunden später die Gegenmeldung durchkam, Hitler lebe und die NS-Regierung sei Herr der Lage, kam das große Entsetzen über das Mißlingen auf. Nicht zuletzt auch über Hitlers makabres Wort von der »Vorsehung«. Bald darauf hörte man den Einpeitscher Joseph Goebbels mit seiner hellen Kopfstimme die Massen fanatisieren und mit gespielter »demokratischer« Rhetorik fragend: »Wollt Ihr den totalen Krieg?« Den Ton höre ich heute noch! Es wurde mir

unheimlich – ohne politische Hintergründe als 18jähriger erkennen zu können.
r. Als Konsequenz kam für mich die Verpflichtung zum Rüstungsbetrieb in einer Elektrofabrik. Mein kleiner Vorgesetzter war ein schleimiger, intriganter Duckmäuser: Vorsicht war geboten! Ich verstand meine Arbeit, das Leitunglegen, besser als er. Die Firmenleitung dieser halbzerstörten Fabrik verstand es – so war es oft – vorsichtig zu taktieren.
s. Das Weihnachtsfest 1944 verbrachte ich mit meiner Mutter allein, mit einem kleinen Tannenbaum in unserer Eppendorfer Wohnung. Meine Geschwister waren ›verschickt‹ nach Mecklenburg und Böhmen; mein Vater irgendwo in Frankreich. Angstvolle Zukunftserwartungen um die Familie und das nun selbst höchst gefährdete Deutschland beherrschten unsere Stimmung. Meine Mutter war eine tapfere Frau; ich half ihr, so gut ich konnte.
t. Im April 1945 wurden wir als »letztes Aufgebot« noch zum ›Volkssturm‹ eingezogen, um Hamburg zu verteidigen. Der Bau von Panzerfallen in Hamburgs Straßen ist mir noch im Gedächtnis. Wir wußten längst um diesen Unfug und »unterhielten« uns bei schönem Wetter gemütlich mit netten französischen Kriegsgefangenen. Ich selbst hatte das Glück, nie eine Waffe in der Hand gehabt zu haben; dadurch wurde ich vor einem quälenden Gewissenskonflikt bewahrt, möglicherweise mich selbst als Mörder hätte sehen zu müssen, wie später ein Studienfreund.
u. Den 3. Mai 1945 empfand ich als Tag der Befreiung. In Hamburg besetzten britische Panzer nach der Übergabe der Stadt durch den gemäßigten NS-Gauleiter Kaufmann – entgegen Himmlers Befehl aus Berlin – alle wichtigen Plätze. Hinter den Gardinen unserer Wohnung atmeten wir auf. Die Alternative wäre die Zerstörung der restlichen Stadtgebiete gewesen – nach dem Flammenmeer vom Juli 1943, das ich nicht erlebt hatte.

v. Im Rückblick von heute (2000), da Recht und Freiheit für alle Nachgeborenen eine Selbstverständlichkeit sind, mag es seltsam erscheinen, daß wir Studenten eine riesige Freude empfanden, als nach der Grundlegung einer deutschen Verfassung 1949 die ersten freien Wahlen stattfanden und eine deutsche Regierung die alliierte Militärregierung ablöste! Wir wußten, daß diese Regierung vertraglich nur über eine begrenzte Freiheit verfügte. Umso beglückter waren wir, als Konrad Adenauer, den ich aus mehreren Gründen gar nicht schätzte, im Deutschland-Vertrag (nur Westdeutschland) 1955 einen weitgehend selbständigen Status aushandeln konnte. Für uns Studenten war freilich Europa das politische Ziel. Wir sehnten uns schon in den 50er Jahren nach einer möglichst raschen Vereinigung Europas, denn Europa bedeutete für uns die gemeinsame Kultur. – Zum ersten Staatspräsidenten wurde 1949 ein Mann gewählt, der als Homme de Lettre maßvoll und souverän politische Kultur verkörperte: Theodor Heuss galt durch seine sehr zivile, Freiheit und Würde ausstrahlende Tradition als gewollter Kontrapunkt zum NS-Regime. – Er konnte seinem »seelisch amorph gewordenen Volk« wieder Maßstäbe vermitteln, nicht zuletzt Demokratie als »Gesinnungskraft und Lebensform« (man vergleiche 30 Jahre später Richard von Weizsäcker).

Zukunft verheißend war die Gründung des Europarates mit Sitz in Straßburg am 5. Mai 1949. Beglückend empfanden wir die Einigung über die spätere europäische Hymne mit dem herrlichen Beethoven-Thema aus der 9. Symphonie »Freude, schöner Götterfunken...« – zugleich Ausdruck einer wiederentdeckten Wertschätzung des »anderen Deutschlands«. – Als 1957 mit Unterzeichnung der Römischen Verträge die Europäische Wirtschaftsgemeinschaft gegründet wurde, nahmen wir dies nur als eine erste wirtschaftliche Basis hin.

w. In den 50er Jahren waren wir zunehmend enttäuscht über die Ausrichtung einer restaurativen Politik in Bonn und die Festigung der neuen Diktatur in der DDR. – Wir hatten uns nach dem Kriege nicht nur die wirtschaftliche Gesundung, sondern vor allem eine innere Erneuerung Deutschlands – wenigstens zunächst im Westen – versprochen. Stattdessen wurden viele ungelöste Probleme im Zuge einer identitätslosen Anpassung an das Ausland verdrängt, die deutsche Geschichte wegen des einzigartigen Verbrechens nur noch negativ gesehen, andererseits aber das NS-Regime – abgesehen von einer einseitigen Literatur – im öffentlichen Bewußtsein des Volkes nicht kritisch aufgearbeitet. In einigen Bundesländern wurde schlechte Kulturpolitik betrieben. Eine falsch verstandene ›Chancengleichheit‹ führte zur Elitefeindlichkeit; allergische Reaktionen gegen Leistung, Größe und Tradition führten zunehmend zur »Geschichtslosigkeit der Deutschen«, die »paritätische Mitbestimmung« zur Entmachtung der Führungskräfte und eine ideologisierte Freiheitsidee zur Destruktion der Erziehung. Die spätere Entwicklung ist den Jüngeren bekannt.

x. Die fortschreitende Amerikanisierung Europas und insbesondere Deutschlands gehört zu den erschreckendsten Kapiteln der Nachkriegsgeschichte. Dies hier auszuführen, würde den Rahmen fragmentarischer Erinnerungen sprengen. Es gehört vornehmlich zum Kapitel 14.

y. Die neuere politische Entwicklung brauche ich nicht festzuhalten; sie ist bekannt. Persönlich bewegend wurde für mich der Herbst 1989, als die Grenzen zu Osteuropa fielen und sich eine neue Ära anzukündigen schien, denn in 40 Nachkriegsjahren stand ein möglicher Atomkrieg ständig »im Raume« unserer Generation; sogar den Keller unseres Hauses armierten wir mit besonders dicken Betondecken und sorgten für Kohleheizung für eventuelle Notzeiten.

z. Nach 1990 erhielt das alte und müde Europa nochmals eine Chance, hoffentlich nicht nur eine wirtschaftliche... Aus der Geschichte weiß man, daß jede Kultur schließlich wieder untergeht. – Es würde mich für *Europa*, das ich schon früh als Vaterland empfand – Deutschland als meine Heimat – schmerzen, wenn sich erfüllen sollte, was der große Europäer Saint-Exupéry kurz vor seinem Tode (1943) im »Brief an einen General« notierte: »Ich hasse meine Zeit von ganzer Seele. Der Mensch stirbt in ihr vor geistigem Durst... Was wird denn schon übrig bleiben von dem, was ich geliebt habe? Ich denke dabei nicht nur an die Menschen, sondern genau so an Sitten und Bräuche, an unersetzliche Klänge, an ein bestimmtes geistiges Licht.«

Exkurs 2
Deutschland und wir Deutschen

Wer sind *wir*, dieses große Volk zwischen allen Völkern, das man seit fast 1000 Jahren »die Deutschen« nennt? Oft gab es in meinem Leben Anlaß, darüber nachzudenken, was des Deutschen Art sein möge. Ich habe freudig Ja sagen können zu einem Wesen des Deutschen, wie es unserem geschichtlichen Selbstverständnis entsprach, vielleicht sogar, wie es im besten Fall auch von Anderen gesehen wurde. Dann wieder kam Bestürzung oder gar Entsetzen auf über Ereignisse und Eigenschaften der Deutschen in ihrer Geschichte, schließlich Zweifel daran, ob es ein *deutsches* Wesen, genauer eine bleibende Identität überhaupt gibt. Heißt nicht Identität: konstantes Selbstsein? Oder darf es stets nur heißen: Wesen im Wandel? – Da mich diese Fragen bis heute beschäftigen, möchte ich versuchen, mich in meinen Erinnerungen um einige Klärung zu bemühen. Vielleicht zeichnet sich etwas ab, das vorsichtige Zustimmung gestattet, ohne daß die Gedanken allzu gelehrt ausfallen! Das ist nicht meine Absicht – wohl aber, Tatsachen zu benennen, Gründe zu erwägen und ein gewisses Psychogramm zu entfalten.

Vermutlich hilft uns die Philologie nicht recht weiter. Das germanische Wort »thiudisc« – Karl der Große sprach so – steht für *Volk* und meint später die ostfränkischen Stämme, die sich im ›Reich der Deutschen‹ (= der Völker!), wie man im Hochmittelalter sagte, zusammenfanden. Dem ›Deutschen‹, d. h. dem ›Mann aus dem Volke‹, mußte der König (Priester), wenn es etwas zu erklären oder anzuordnen gab, etwas be-deuten, verdeut-lichen, d. h. volksverständlich machen. Wissen wir mehr, wenn wir das Deutsche mit dem Volksmäßigen zusammensehen, auf einem bunten Stammesteppich, den man im 15. Jahrhundert erstmals ›Deutschland‹ nennt?

Betrachtet man den Raum dieses ›tiutschen Landes‹, so beginnt man in der offenen Mitte Europas zu ahnen, daß es eigentlich keine *Mitte* dieser westgermanischen Stämme gibt. Völkerwanderungen von Ost nach West, West nach Ost, Nord nach Süd, eine sicherlich fruchtbare Rassenvermischung aus Kelten, Römern (später Franzosen), Germanen und vor allem Slawen haben in diesem nach allen Seiten gefährdeten Gebiet kaum einen einheitlichen Volkstypus entstehen lassen: Alemannen, Schwaben, Rheinländer, Bergbewohner bis Tirol, Friesen, Niedersachsen bis hin zu den erst später so genannten Preußen stellten ein solches Völkergemisch unter dem gemeinsamen Band der deutschen Sprache dar, daß es schwerfällt, diese Vielfalt einigend *deutsch* zu nennen. Süddeutsche Gebirgsmenschen fühlen und denken anders als die norddeutschen Küstenbewohner im weiten, oft nebelreichen Flachland. Dänen, Niedersachsen und Holländer haben von ihrer Wesensart her mehr Gemeinsames als Mecklenburger und Bayern. Eine Studie über Europa übergreifende Mentalitäten wäre hilfreich. Wie sollen solche unterschiedlichen Stämme, die sich oft zerstritten haben und nach außen zu wehren hatten, sich zusammenfinden?

Schaut man auf die Zeitachse, die 1000jährige Geschichte einer gemeinsamen Lebensordnung, eines sozialen und später kulturellen Gefüges, dessen deutscher Kaiser sich mit diesem »Römischen Reich...« von Hamburg bis Palermo sicher übernommen hat – denkt man hin bis ins zerrissene 20. Jahrhundert, so stellt sich erneut Verwirrung ein ob der Frage, was nun eigentlich deutsch sei oder wenigstens von einer deutschen Mentalität geprägt und gestaltet war.

Es läßt sich alles nachlesen. Mir geht es lediglich darum zu fragen, ob in diese 1000jährige Entwicklung vom Staufer-Reich, Städtegründungen, Hanse, Reformation und Dreißigjährigem »Teutschen Krieg« über Bürgertum, Aufklärung, Bildung von Nationalstaaten zu wilhelminischer Ära und Weltkriegen – eine Linie, eine Ordnung, gar eine Identität zu bringen ist. – Daß Deutschland in der Mitte Europas über eine »ungeschickte Größe« verfügt, wie man gesagt hat, andererseits über eine reiche kulturelle Vielfalt durch seine zahlreichen Fürstentümer; daß die Deutschen sich immer wieder untereinander bekriegt oder gestritten haben, oft aus religiösen Gründen, und deshalb für das Ausland ungefährlich waren, alles dies sind bekannte Tatsachen. Tatsache ist ferner, daß wir schwierigen Deutschen erst spät – und völkerpsychologisch gesehen, vielleicht unheilvoll – zu einer Nation wurden. Daß diese »verspätete Nation« (Plessner), voller Komplexe und Kompensationsbedürfnis nach 1870 schließlich zu Europas unglückseliger Geschichte maßgeblich beitrug – nachdem sie bis zur Mitte des 19. Jahrhunderts (das Trauerspiel von 1848/49!) die zweite Blütezeit ihrer eigenständigen Kultur hinter sich hatte –, ist ebenfalls unleugbar. Warum konnte denn eine staatliche Einheit deutscher Stämme nicht glückhaft gelingen? – wie heute!

*

Was fügte sich nur alles zusammen zu deutscher Geschichte? Glückliches und Unseliges, »Größe und Elend« (Pascal), Genialität und Spießertum, Unterwürfigkeit (Obrigkeitsidee seit Luther!) oder Anmaßung und Größenwahn, Opfergeist und Idealismus wie Realitätsferne. – Mit Sicherheit war *der* Deutsche – bei aller Vorsicht und gewisser Identität – im Jahre 1250 – 1520 – 1650 – 1800 – 1870 – 1920 und 1950 jeweils ein »anderer Mensch«, wie man sagt. – Kann man noch von einer Kontinuität des Nationalcharakters sprechen?

Den Menschen der Gegenwart können wir beobachten und einschätzen, wenn auch nicht ohne eigene »Brille«. An den Mitbürger vor 50 Jahren kann man sich noch erinnern: Gefühle und Erfahrungen sind noch gegenwärtig im Rückblick. Doch kennen wir den Menschen – Europäer oder Deutschen – um 1800 oder zur Renaissance-Zeit nur aus Bildern, literarischen Zeugnissen, Biographien, Briefen und historischen Dokumenten. – Denken wir an die Deutschen der Reformationszeit, so kennen wir den einfachen Bauern in der Regel nicht, sondern vornehmlich die Theologen, Fürsten, Edelleute, Großbürger, wie sie unsere Maler Dürer, Cranach, Holbein und nicht zuletzt Riemenschneider festgehalten haben. Selbst wenn ich mir nur die deutschen Porträtmaler anschaue – grundlegend anders sehen die Porträts unserer Nachbarvölker nicht aus! –, so zeichnen sich doch im Vergleich des Menschenbildes von Dürer über Spitzweg, Menzel, Corinth bis Beckmann gewaltige Sprünge ab, sowohl geschichtliche Sichtweisen wie auch ein anderer Typus. – In der Literatur sieht es nicht anders aus: von Luther über Bach, Flemming, Hölderlin, Büchner und Raabe bis Kafka – welch ein Wandel der Blickrichtung und des Selbstverständnisses! Ist es eine »unendliche Geschichte«, einen *deutschen* Charakter einzufangen?

Wenn ich es dennoch versuche, so im Bewußtsein, daß Eigenschaften, die markant waren, verlorengegangen sind; und Kennzeichnungen der Gegenwart früher nicht zutrafen. Allgemeinurteile sind bekanntlich immer falsch; es kann sich nur um Näherungswerte handeln.

Denkt man zunächst an die sogenannte »geistige Welt«, so darf man als Deutscher (weiß man es heute noch?) stolz sein, einem der besonders begabten, ja genialen Völker der Erde anzugehören. In der Philosophie, Musik, Medizin und Technik – um nur einiges zu benennen – ist dieses Volk wegweisend gewesen. Ideenreichtum, Erfindungsgabe, Tüftlersinn, träumerische Phantasie, idealistische Grundeinstellung, systematisches Denken und Gewissenhaftigkeit verbanden sich oft mit pedantischer Perfektion, lebensfremder Kompliziertheit und Neigung zu irrealem Dogmatismus. Eine gewisse Skrupelhaftigkeit und Unsicherheit können hinzukommen. Doch ergaben sich aus solchen Anlagen epochemachende Werke wie das »Bürgerliche Gesetzbuch« – oft zum Vorbild genommen –, die »Kritik der reinen Vernunft« (Kant) oder aber Schuberts h-Moll-Symphonie und die Entdeckung des Dynamoprinzips durch Werner von Siemens. Ohne Zweifel: den Deutschen wurde eine Fülle genialer Menschen geschenkt!

*

In der Arbeitswelt wie im sozialen Umfeld gelten Deutsche seit alters her als fleißig und pflichtbewußt, sauber und ehrlich, einsatzbereit und zuverlässig, aber auch als angepaßt und zuweilen unterwürfig, ordentlich bis spießerhaft, begabt zum Planen und Organisieren, jedoch nicht als spontan und frei, schon gar nicht als heiter, freudig und gesellig.
Treue gehört(e) zu den herausragenden Eigenschaften; man sollte freilich mitbedenken, daß das mittelalterliche triuwe ein Rechtsverhältnis zwischen Untergebenen und Dienstherren meinte! Es begründete ein ausgeprägtes Geben und Nehmen. – Wenn ich dies so notiere, komme ich schon ins Stocken: Schon wieder zeigen sich Verallgemeinerungen! Dieses »Bild der Deutschen« könnte sich gewandelt haben: Sind sie nicht heute selbständiger, freier, aber auch anspruchsvoller und für den Vorgesetzten – eine unselige deutsche Vokabel! – unbequemer geworden? – Lediglich als »Sekundärtugenden« die oben genannten Eigenschaften einzustufen, zählt jedenfalls zu den Zynismen unserer Zeit.

Auf dem Felde der Politik, des Staates und der Beziehung zur eigenen Geschichte sieht es mit einem Volke (= deutsch!), das sich erst spät, widerwillig und mühsam zu einer Nation zusammenfand, sehr betrüblich, wenn nicht gar tragisch aus. Denn mit der einheitlichen Staatsbildung divergierender Stämme trat in meiner Sicht nur scheinbar eine Selbstfindung ein, vielleicht eine Selbstentfremdung. Angesehen war Deutschland als Kulturnation, als regional orientiertes Gebilde ohne machtpolitische Gefahr für die Nachbarn. Eigenbrötelei der Fürstentümer, Uneinigkeit im Ganzen, provinzielle Schrebergartenperspektive, rechthaberische Separat-Egoismen konnten sich schwerlich zu einem schönen großen Park mit übergreifender Architektur zusammenfinden. In der Vielfalt lag zwar äußere Schwäche, doch innere Kraft und vor allem Identitätsgefühl: der Bauer aus Ditmarschen, der Hamburger Hanseat, der oberbayerische Hirte oder westlich orientierte Rheinländer blieben zunächst das, was sie waren und bleiben wollten – erst in zweiter Linie waren sie Deutsche, dann aber aus der Kraft alter Tradition und Sprache, weniger im Blick auf eine gemeinsame politische Leitlinie. Als diese 1870 das Bewußtsein veränderte, entstand ein durchgeplantes Staatsgebiet mit eindrucksvoller Gesamtkonzeption und in weiten Teilen die sogenannte Industrielandschaft, kaum ein großer Park. Aus dem unheilvollen *Gehorsam* gegenüber einer seit Luther maßgeblich sanct-ionierten, autoritären Obrigkeit konnte sich nach anfänglicher Begeisterung bald eine seltsame irrationale Mischung aus Servilität und Anmaßung, aus uniformierter (!) Anpassung und übermäßigem Stolz, aus ungeduldigem Strebertum und aufgesetzter Pose entwickeln – im wilhelminischen Zeitalter, dessen militaristische Großmannssucht so gute Traditionen verdrängte.

Getragen und indirekt gestützt wurde diese Entwicklung andererseits durch eine unglaubliche geistige Dynamik auf den verschiedensten Gebieten. Das staatlich entstandene Deutschland hatte in kurzer Zeit ein ganzes Jahrhundert »nachgeholt«, zu schnell und zu kompensatorisch, als daß es der Gefahr der Entgleisung hätte entgehen können. Auf den zweiten 30jährigen Krieg von 1914-1945 möchte ich nicht eingehen; ich bin kein Historiker – Zeugnisse und Urteile finden sich genug. Das Charakterbild der Deutschen soll im Mittelpunkt stehen, es hatte sich stark verdüstert. Freilich zeigt sich inzwischen, daß die nun zusammengewachsenen deutschen Stämme bei gefestigter demokratischer »Lebenswelt« sehr viel Gutes zum Wohle der Völker leisten können, aufbauend, friedenstiftend, konstruktiv und sozial orientiert – mit ähnlichen völkischen (= deutschen) Eigenschaften, doch heute »erwachsener«, nicht mehr so ideologieanfällig, wie es meine so geschätzten Engländer nie waren!

Ein Nachtrag zum Charakter, teils religiös bedingt, sollte jedoch nicht fehlen: es hängt mit der Reformation zusammen. Sie hatte generell die Befreiung des Geistes aus kirchlicher Bevormundung und auch geistlicher Tyrannei bewirkt, das Verhältnis des Menschen zu Gott jeder Vermittlung enthoben. Die gewaltige kulturelle Schubkraft des Protestantismus ist bekannt. Die Luthersche Frühschrift »Von der Freiheit eines Christenmenschen« liest sich heute noch mit Freude. – Doch hat die Reformation ebenso zur inneren Spaltung Europas geführt, die sich in seiner Mitte, in Deutschland, ein Jahrhundert später im 30jährigen Krieg (wörtlich:) ver-heer-end ausgewirkt hat. Das Land wurde zerstört, die Menschen dezimiert und verroht, das entstandene Bürgertum vernichtet. – Nicht nur Konfessionen – schon unterschiedliche Aspekte *einer* Religion kämpften um die Vorherrschaft (welche religiöse Perversion!). Ideologien wurden zu Massenbewegungen und verbanden sich mit politischen Kräften. Von dieser Spaltung hat Deutschland sich selbst im nachchristlichen (20.) Jahrhundert noch nicht wieder gänzlich erholt.

Schlimmer freilich für die Psyche der Deutschen scheint mir die Entstehung, vielleicht auch Entfesselung von ganz bestimmten Eigenschaften durch dieses unselige (!) Kriegsgeschehen.

Söldner wurden verdingt, religiöse Fanatismen freigesetzt, Intoleranz geschürt, der Gegner verketzert, Haß und Exzentrik verstärkt, gleichzeitig aber die Leidensfähigkeit eines armen Volkes arg strapaziert. Dichtern wie Paul Gerhardt lag es am Herzen, sinnstiftend im Geiste christlicher Gottergebenheit zu wirken. – Der andere Luther, der »Fürstendiener«, hatte diese Entwicklung mit zu verantworten; denn Obrigkeit – von Gott eingesetzt (s. Römerbrief) – verlangte absoluten Gehorsam, bis zu den Brutalitäten der Kriegsführung. Man kann es das deutsche Verhängnis nennen! Die Deutschen brauchten lange, sich von solchen Entfremdungen zu erholen; selbst die Aufklärung hat es nicht durchgängig erreicht.

Wo wohnt die »deutsche Seele«, der »deutsche Geist«? – von diesen Begriffen sprach man nicht nur anmaßend und pathetisch, wie eine abgehobene Intellektualität kritisierte, sondern ehemals auch aus einer gefühlsmäßigen Sicherheit heraus – wo ist dieser Geist zuhause, bei sich selbst? Im Niemandsland? Ist diese *Seele* etwas anderes als jenes Unfaßbare des Menschen überhaupt, das wir Seele nennen? Nein! Doch gibt es gewisse Akzente, »Farben«, die das eigentümlich Deutsche kennzeichne(te)n, wenn es auch heute der weltweiten Egalisierung zum Opfer zu fallen droht. – Die kulturelle Vielfalt hatte ich schon angesprochen. Im 19. Jahrhundert zählte dazu – erhalten teilweise bis heute – viel Volkstümlichkeit, idyllische bis weltfremde Privatheit, biedermeierliche Skurrilität, wie sie Carl Spitzweg oft liebevoll (!) karikiert hat, und eine ziemlich unpolitische »Anständigkeit«. Häuslichkeit, Heimatliebe und die damit verbundene *Innerlichkeit* konnte ein Volk früh entwickeln, das die große politische Arena noch nicht betreten hatte. Dazu gesellten sich »fromm« und »gemütlich«, von dem schönen deutschen Wort Gemüt abgeleitet, das sich kaum übersetzen ließ. Doch trägt das Arglose und Geradlinige, wie es Walther und Wolfram im 13. Jahrhundert bereits besungen, einen gefährlichen Schatten mit sich herum: lebensfremden Widerspruch zur »bösen Welt«, eigensinnige Versponnenheit und die gesellschaftsferne Einsamkeit vieler großer »Dichter und Denker«. – Dichter wie Theodor Storm oder Johann Peter Hebel mögen stellvertretend für eine Einheit von Gegensätzen stehen, die wir als »deutsch« bezeichnen. Ja, »deutscher Geist« – er wohnt ebenso im »preußischen« Kant mit seinem »kategorischen Imperativ« wie im universal spekulierenden, Weltgeltung bewirkenden Hegel, in der romantischen Bewegung der Maler, Dichter und Musiker ebenso wie bei Bodelschwingh und den Brüdern Grimm. Dieser »Geist«, sofern man ihn benennen kann – er ist dem russischen verwandter als dem englischen oder französischen! –, hat deutsche Kultur getragen; er wird sich nach seiner entsetzlichen Entfremdung im Bewußtsein des 21. Jahrhunderts nicht mehr einfinden können, vielleicht zur europäischen Synthese verschmolzen werden können; denn wir Deutschen brauchen die Klarheit, Wachheit des französischen Geistes, den pragmatischen Realismus der Engländer und die spontane Vitalität und Lebensfreude der Italiener. Eine Gefahr sehe ich lediglich in der allgemeinen Nivellierung europäischer Kulturträger und damit im Vergessen geschichtlicher Traditionen.

*

Dem nur sehr skizzenhaften Exkurs über die Deutschen möchte ich zur Verdeutlichung unseres so zwiespältigen Nationalcharakters, der doch so schwierig zu fassen ist, noch einige Porträts bedeutender Gestalten hinzufügen, die wir als sehr deutsch empfinden. Bekanntlich gibt es immer auch Grenzüberschreitungen in der Beurteilung. So zeigt beispielsweise Ibsen (er lebte lange in Deutschland) manche deutsche Züge, und Lord Byron ist kein so typischer Engländer. Andererseits lassen sich Leibniz, Mozart und Goethe nicht so ausgeprägt als Deutsche bezeichnen; sie sind vielmehr Europäer – wie sonst etwa Leonardo da Vinci und Erasmus von Rotterdam.

Wen mag man wohl als typisch ›deutsch‹ einstufen? (Einige Beispiele mögen folgen:) *Martin Luther* sicherlich! Diese geschichtsträchtige Gestalt zeigt bei allen zeitgenössischen Malern recht bäuerliche, ja, derbe Gesichtszüge. Seine Totenmaske erschreckt. In ihm vereinten sich Mut mit Grobheit, schon neurotische Angstzustände und Unterwürfigkeit mit Standhaftigkeit und kämpferischer Ausrichtung. Neben Geradlinigkeit und Freiheitsdurst steht seine feine und zarte Sprache (Bibel!), der Schönheitssinn und die so wahrhaftige, ja skrupelhafte Frömmigkeit. – Wie konnte jemand zu den bedeutendsten Philologen der Geschichte gehören, also Gelehrter sein, und doch ein derart unduldsamer Mann entschiedener Tat? – Verständlich jedenfalls, daß ihm der souveräne, ausgleichende und friedliche Kopf namens Erasmus suspekt sein mußte; denn: ein Friedensstifter war Luther nicht!

Von *Immanuel Kant* war schon kurz die Rede. Auch er kernig und zielstrebig – doch ein ebenso klarsichtiger wie subtiler Philosoph am Katheder der Königsberger Universität. Seine Physiognomie zeigt etwas Knöchernes, Kant-iges mit dem unbestechlichen Blick der Wahrheitssuche. Theoretische Grundhaltung (sie gibt es bei vielen Deutschen) verband sich mit universaler Ausrichtung. Zuverlässigkeit bis zu kauziger Pedanterie assoziierten sich mit einer recht rigorosen Pflichtethik, so daß Neigungen und Gefühlen nicht gern Raum gegeben wurde. Äußerste Disziplin bestimmte diesen überragenden Geist – vielleicht sogar zum Schaden der Gemütskräfte mancher ihm folgenden deutschen Denkrichtungen. Doch das schöne Wort vom »gestirnten Himmel über mir«, seine sich selbst zurücknehmende Bescheidenheit in der abschließenden Frage »Was ist der Mensch?« läßt uns auch immer wieder Einblick nehmen in sein Inneres.

Über ein sehr deutsches Dichterpaar ließe sich ein eigener Essay schreiben: *Heinrich von Kleist* und *Friedrich Hölderlin*. Der »Preuße« Kleist – bildlich meist nur als idealistischer Jüngling bekannt – war mannhaft, konsequent bis zum Tode, schroff und grüblerisch, mit dem Sinn für große Tragik begabt. Stets lebte er in der Spannung zwischen Vernunft und Gefühl, Freiheit und Gehorsam (›Prinz von Homburg‹), Kampf und Hingabe – immer zerrissen. Die Sicherheit seines Gefühls obsiegte schließlich gegen die Rationalität der Aufklärung. Seine zarten, herzbewegenden Frauengestalten offenbaren sein Inneres – und doch gibt es Exzentrisches, ja Grausames in seinem Werk (›Penthesilea‹).

Hölderlin zeigt mir den anderen Pol des Deutschen: träumend, schönheitstrunken, weich und idealisierend. Seine hymnische Sprache fasziniert mich bis heute! – Beim Schwaben Hölderlin finden wir viel Utopisches, ein Sich-hinein-steigern in eine schönere, ja »heil-ige« Welt des Wahren und Edlen, hineingefügt in die große Tradition der Griechen – freilich irreal überhöht. Seine freie religiöse Schwingung – in den Mythos eingebunden – war auf der Flucht vor der Gegenwart dem Göttlichen schon nahe, dem Christentum längst entrückt, wie bei seinem Stiftsgenossen Schelling. – Die Gedanken könnten noch weiter schweifen auf der Suche nach der Identität des Deutschen. Neben der romantischen Bewegung, angesprochen stichwortartig mit *Caspar David Friedrich*, *Novalis* und *Franz Schubert* – alle symbolträchtig, Kunst, Dichtung, Musik repräsentierend, natur- und transzendenzoffen –, möchte ich zum Ende gern noch ein sehr unterschiedliches deutsches Musikerpaar erwähnen: *Ludwig van Beethoven* und *Richard Wagner*.

Beethoven zählt nicht zu den umstrittenen Gestalten der Musikgeschichte, anders Wagner. Der Bonner war ein schwieriger Charakter, aber eben ein character = ein Geprägter: standhaft, energisch, aufrecht und oft wild entschlossen, sein schweres Schicksal zu bewältigen. Sein reiches Oeuvre kennt alle Facetten menschlichen Lebens: Größe, Energie, Trauer, beschwingten Tanz wie innigste Zartheit, Dramatik und Elegie, Schwermut und Entsagung. Er war ein Apostel der »Menschheit«, wie man damals das Menschliche im Sinne Pascals nannte. »Aufrechter Gang« (Darwin) und »krummes Holz« wie bei Kant und *Schiller* bestimmten sein ethisches Pathos, eben: seine Leidenschaft. – War Beethoven mit dem holländischen Namen ein typischer Deutscher? Ich meine, zustimmen zu dürfen, wenn man an das gute Erbe unserer Geschichte denkt; und im Täglichen auch an das, was viele Deutsche ausmacht: Beethoven war eckig und unbequem, oft zornig und schroff – dabei weich, leidend und wehmütig in so manchem Adagio seiner Sonaten und Quartette.

So ganz anders *Richard Wagner*. Er gab Anlaß genug, uns Deutschen mit zwiespältigen Gefühlen zu begegnen: Verehrung und Abwehr zugleich. Obwohl ich mit 20 Jahren begeisterter Wagnerianer war, verstehe ich schon seit Jahrzehnten diese ambivalenten Gefühle sehr gut. Man kann in seinem Werk ohne Mühe nicht nur eine musikalische Genialität von Weltformat (›Tristan‹), eindrucksvolle metaphysische Konzeption und Charakterzeichnung eines großen Tragikers erkennen, sondern auch viel Pathetisches, Künstliches (= ›Inszeniertes‹) und Bombastisches. Von seiner starken suggestiven Kraft kann man wie mit magischer Hand erdrückt werden. Feinsinnige, bewegende musikalische Szenen (z. B. Todesverkündigung ›Walküre‹, II. Akt.), alle Tiefen menschlichen Schicksals ansprechend, wie bei Verdi, können in ein Spektakel gewaltiger Theatralik übergehen. Der germanisierende Stabreim seiner oft schlechten und schwülstigen Sprache kann mit seiner penetranten Leitmotivik des routinierten Theatermachers geradezu Abscheu erregen. – Und dann wieder faszinierende, sinnenhafte Klangmalerei oder eine wundervolle Liebesszene wie im ›Holländer‹!

Welche Gegensätze, eigentlich unvereinbar, sollen hier überbrückt werden, sich zu »theatralischer Sendung« verbinden! – Bietet uns Wagner ein Zerrbild des *Deutschen*? Oder ist der Deutsche von 1870 – wie angedeutet – bereits ein anderer geworden als der der Goethezeit? – Jedenfalls verstehe ich die Franzosen, wenn sie von ihrem Nachbarn – spätestens seit der 1. Hälfte des 20. Jahrhunderts – zugleich angezogen und abgestoßen werden; wenn der polnische Schriftsteller Andrzej Szczypiorski von den »rätselhaften Deutschen« sprach, vor allem, wenn man an die neueren Verbrechen denkt und sich der Tatsache eingedenk sein muß, daß so bedeutende Deutsche jüdischer Herkunft wie Hugo von Hofmannsthal, Stefan Zweig, Georg Simmel oder Walther Rathenau sich noch Anfang des Jahrhunderts zu *ihrer* großen Tradition als ihrer geistigen Heimat bekannten. – Rätselhaft…, doch haben wir Wesensart und Geschichte unseres Landes anzunehmen und – wo irgend möglich – verantwortungsvoll zu verwandeln.

Epilog im Jahre 2000:
Welche Befindlichkeit haben die Deutschen gegenwärtig? Wie sehen wir uns und wie werden wir gesehen? Unsere führenden Zeitungen stellen über diese Fragen häufig Reflexionen an. Ich brauche sie nicht zu wiederholen.
Meine eigene Beobachtung sagt mir, daß wir Deutsche mit dem »Bruch« unserer Geschichte – sofern es dies überhaupt geben kann – das Bewußtsein von dem, was ›deutsch‹ eigentlich ist, verloren haben. Wir haben unsere Geschichte »vergessen« und leben bestenfalls von der Wertschätzung der Völker. – Die Werthaltung zur eigenen Tradition ist in Süddeutschland größer als im Norden. Ein Identitätsgefühl mit Herkunft, Vergangenheit und Heimat bildet sich überwiegend regional heraus. Seit der Vereinigung 1990 gibt manches zu schönen Hoffnungen Anlaß. – Daß wir Europäer sein werden, ist begrüßenswert; Widerstände regen sich dagegen vornehmlich aus angeblich

wirtschaftlichen Gründen, eben aus der Froschperspektive. Daß wir freilich nicht mehr *wissen*, daß wir Deutsche sind, welche Wesensart uns im Vergleich zu Engländern oder Polen mitgegeben ist, bleibt beklagenswert. Wenn dem Volke in einem nationalen Rausch die Fußball-Elf wichtiger ist als etwa die Bewahrung der Stadt Quedlinburg, so macht es mich traurig. Tröstlich bleibt demgegenüber freilich, daß das Menschsein offenbar wichtiger genommen wird als das Deutschsein, wie eine große Umfrage zum Jahreswechsel 2000 mit erfreulichen Ergebnissen dokumentierte. Werte wie Freiheit, Solidarität, Gerechtigkeit, Treue, Familie, Sicherheit, Natur, Zukunft, Deutschland und sogar das Buch (!) erhielten Zustimmungen von etwa 90 Prozent. Der friedliche Völkeraustausch mit unseren Nachbarn ist selbstverständlich geworden. – Das stimmt zuversichtlich!

14. Zeuge einer untergehenden Kultur?

Wer im Jahre 1925 geboren wurde, für die Geisteswissenschaften tätig war und heute sein Leben überschaut, ist gleichzeitig Zeuge großer kultureller Veränderungen in Deutschland und Europa gewesen. Was haben sie bewirkt? Sieht man sich die ganze Bandbreite dessen an, was das Wort Kultur meint – von der Wirtschaft bis zur Religion, von der Technik bis zur Kunst – so ist man geneigt, aus der Altersperspektive nur vom Niedergang zu sprechen. Doch das haben frühere Generationen jeweils ganz ähnlich gesehen. Das eine sind historische Tatschen, das andere Deutungen, Einschätzungen, Akzentsetzungen. Jedes Zeitalter kennt seine Höhen und Tiefen, Sternstunden und Entartungen. Auf das sogenannte »finstere Mittelalter« folgte die Renaissance, auf die Glaubenskriege die Aufklärung, auf diese die Romantik und so fort. Niedergangserscheinungen stehen neue Ideen und Impulse gegenüber. Substanzverluste können durch neue Aufbrüche abgelöst werden. Es ist sehr schwierig zu diagnostizieren, ob eine Kultur untergeht – zumal als Zeitzeuge – oder zukünftig vielleicht doch in neuer Gestalt und gewandelten Orientierungen noch eine Chance erhalten wird.

Die beiden bedeutendsten Kulturhistoriker des 20. Jahrhunderts, Oswald Spengler (1917!) und Arnold Toynbee, setzten bekanntlich unterschiedliche Akzente, wenngleich beide selbstverständlich von der Tatsache ausgingen, daß jede Kultur entsteht und vergeht, also auch unsere alte europäische Kultur untergehen wird. Fraglich bleibt jedoch, ob dies quasi einem biologischen Gesetz folgt und damit vorherzubestimmen ist oder ob die Entwicklung offen bleibt nach der berühmten Formel Toynbees »challenge and response«, Herausforderung und Antwort.

Für unser Europa bedeutet dies: wird der alte Kontinent es noch einmal schaffen, aus eigener Kraft den weltweiten Herausforderungen des 21. Jahrhunderts dergestalt begegnen zu können, daß Werte, Lebensformen, Ideenreichtum und breitgefächerte Zukunftsorientierung zu neuen, stabilen Mutationen führen, derer Gestalt den Namen Kultur noch verdient? Bleibt eine tragfähige »Antwort« aus, so geht Europa zugrunde.

Solche Fragen verlangten eine eigene Monographie; viele Gedanken bewegen schon länger die Öffentlichkeit. Es kann daher im Rahmen dieses Buches lediglich eine kurze Skizze – die Skizze eines Skeptikers! – versuchen, Weniges zu markieren, was andere vielleicht weiterführen mögen. Mein Bemühen richtet sich trotz aller Einsicht in den drohenden Untergang auf die Zukunft, denn meine Enkel – so hoffe ich – sollen sich in Europa noch »zuhause« fühlen können. Ist die dafür notwendige Voraussetzung: zu wissen, was Europa bedeutet, noch gegeben?

*

Sprache ist ursprüngliche Lebensäußerung des Menschen, dann aber Ausdruck einer Epoche, Umgangssprache der Spiegel eines Volkes, seines gegenwärtigen Zustands, seiner Seelenlage. Läßt sich mit Blick auf das Schrumpfen unserer Sprachqualität, die Verkümmerung von Ausdrucksvermögen und grammatischer Differenzierung auf eine Verflachung des Denkens und Vergröberung des Empfinden schließen? Es wäre naheliegend; doch ist Vorsicht geboten.

Zunächst darf man festhalten, daß das Bewußtsein für die zentrale Bedeutung der Sprache schwindet; es wird vermutlich in Europa zu den allgemeinen Phänomenen gehören. Ich beschränke mich auf Deutschland, wo das Sprachgefühl keine Nahrung mehr erhält; manche Schulen tragen dazu bei. Gerade deshalb kommt herausragenden Schriftstellern für die Gesellschaft eine hohe Bedeutung zu. Literarische Gesellschaften, Stiftungen, Preisverleihungen, die »Deutsche Akademie für Sprache und Dichtung« sind seit langem tätig, um in einer Gegenbewegung den sprachlichen Verfall aufzuhalten. Auf regionaler Ebene – ob in Holstein oder Schwaben – gelingt dies eher, bei ausgeprägterem Identitätsgefühl durch Förderung alter Traditionen (Dialekte) einer verhängnisvollen Entwicklung Einhalt zu gebieten. Die deutsche Hochsprache freilich gerät zur Dürftigkeit; die Ursachen sind vielfältiger Art. Eine Ausnahme bilden die großen Verlagshäuser und führende Zeitungen.

Sprachwandel, Laut- und Bedeutungsverschiebungen, historische Veränderungen der Rechtschreibung und manches andere hat es zwar immer schon gegeben; doch muß man die Entwicklung der letzten Jahrzehnte wohl als dramatisch bezeichnen. Sie betrifft vor allem die Grammatik, das Ausdrucksvermögen und die amerikanische Überfremdung als Zwang und Mode zugleich.

In der Grammatik (bei den meisten unbeliebt!) schwinden z. B. die Genitivformen, in den Konjugationen verliert das Futur an Bedeutung, die 3 Vergangenheiten werden oft nicht differenziert und der reiche Konjunktiv verarmt. In der Syntax fehlt zunehmend die Sicherheit, kompliziertere Satzgefüge zu verstehen, geschweige denn selbst zu »bauen«.

Der Ausdrucksschwund nimmt bereits erschreckende Formen an. Selbst den sogenannten Oberschichten der Bevölkerung mangelt es an Kenntnis einer Vielfalt von Adjektiven und Verben. *Ein* Beispiel mag für viele stehen: Um ein Erlebnis als schön zu bezeichnen, sagt man: »War ja toll!« – Was meint man, falls man es überhaupt gefühlsmäßig noch unterscheiden kann? Schön, herrlich, zauberhaft, wunderbar, eindrucksvoll, faszinierend, entzückend, usw. – welch ein Reichtum unserer Sprache! Ist die Sensibilität zurückgegangen, oder verfügt man nicht mehr über diesen Sprachschatz? Zweifel kommen auf, ob die innere Welt noch intakt ist.

Ein dritter Aspekt sollte kurz noch angesprochen werden: die Amerikanisierung ganz Europas auch auf diesem Gebiet. Die Deutschen waren stets schnell bereit, fremden Einflüssen sich auszusetzen oder sie begierig sich anzueignen. – Natürlich ist die Entwicklung der letzten 10 bis 20 Jahre vornehmlich durch die beschleunigte Internationalisierung aller Lebensbezüge gekennzeichnet, vorab der Technik und Wirtschaft. Da Englisch ohnehin zur Weltsprache geworden ist, nimmt es nicht Wunder, wenn die Sprachen mit dem Englischen, jetzt aber dem BSE (Basic Simple English) durchsetzt werden, auch zum Schaden der ursprünglichen englischen Hochsprache! – In unseren Städten werden wir täglich Zeuge dieser sprachlichen Überfremdung des Deutschen, indem Geschäfte, Werbung, TV-Sendungen und sogar Zeitungen bereits englische Slogans verbreiten, die über die Notwendigkeit der Fremdwortübernahme (etwa ›Feature‹) weit hinausgehen. Das stellt sich freilich nicht allein als ein deutsches Problem dar, und es ist im Gegensatz zum Französischen des 17. und 18. Jahrhunderts eine Massenerscheinung.

*

Wenn Sprache Ausdruck der geistigen Verfassung eines Volkes ist – Europa insgesamt entzieht sich meiner Beurteilung –, so kann es um unsere Situation nicht gut stehen. Schaut man sich einige Aspekte an, wie *Verhalten*, *Gefühlslage*, Persönlichkeit und ihre ›*Bildung*‹, so bestätigt sich diese Vermutung.

Die Ichzentrierung hat in der Bevölkerung erschreckende Ausmaße angenommen; Rücksicht, Höflichkeit, Geduld und Toleranz sind seltener geworden. Kontrapunktisch dazu sind Ansprüche und Lebenserwartungen gestiegen, die es dann durchzusetzen gilt. Die Familienordnung geht zurück; an der Zuwendung zu Kindern mangelt es. – Häufig kann man eine erhebliche Verrohung und Gefühlsverarmung beobachten. Zuweilen werden jedoch Gefühle nur versteckt; man nennt dies modisch mit einigem Stolz »cool«. – Allemal haben Lust und Unlust im Blick auf das Tun einen beherrschenden Platz eingenommen; sie werden immer weniger durch korrigierende Werte (z. B. Pflicht, Verläßlichkeit) gesteuert. – Im Bildungsbereich geht bei der jungen Generation sachliches Interesse und damit die Lernbereitschaft zurück. Der Job tritt an die Stelle des Berufs, des Einsatzes, der Faszination von einer sachlichen Aufgabe.

Doch ist bei dieser Negativ-Bilanz Vorsicht geboten. Das Geflecht unserer modernen Gesellschaften ist hochkompliziert, und derzeitige Trends haben vielfältige Ursachen. Vor allem aber sind sie als Trends einzustufen, nicht als ein generelles kollektives Psychogramm! Hinweisen muß man allerdings auf die wachsende Vereinsamung des Einzelnen in der anonymen Massengesellschaft, die Überforderung der Seele durch »Informationen« und Bilderflut, den weltweiten Zwang zu Geschwindigkeit und zweckrationalen Denkweisen und nicht zuletzt die Spezialisierung aller Wissensgebiete. Universaler Betrachtung, synthetischen Denkens und ganzheitlicher Sicht gehen wir verlustig.

Läßt sich dem gegensteuern? Etliche erfreuliche Impulse scheinen dies zu bestätigen: idealistisch ausgerichtete Jugendgruppen, Wiederentdeckung der Natur und der Langsamkeit, Meditationszentren, Freude am einfachen Leben, solidarisches Verhalten, Ganzheitsmedizin, vielfältiges soziales Engagement, zunehmende Lernbereitschaft, demokratische Selbstbefreiung mancher Völker und gewaltloser Widerstand, Aufstand gegen weltweite Zwänge, wachsende Sensibilität für die Menschenwürde und zuweilen religiöse Aufbruchstimmung zu neuen

Weisen der Welt- und Sinnerfahrung. – In den Wissenschaften wächst ein Überdenken der Ursprünge und Grundlagen. Es mehren sich Widerstände gegen die Machbarkeit des Lebens. Die berüchtigte Globalisierung führt schließlich zu einer vergleichenden Sicht aller Kulturen und damit des Menschenbildes. Kurzum: die negative Zeitdiagnose muß nicht unumkehrbar sein.

*

Es war bereits von Ichbezogenheit und Durchsetzen die Rede; benachbart in der Psyche sind Habgier, Sucht, Genuß, Wohlstandsdenken und heute Konsumrausch. Doch hat diese seelisch so einengende und bedrückende Seite für die Kulturgeschichte auch einen positiven Aspekt, den antreibenden und förderlichen Aspekt des Handels, des Wirtschaftens, des Geldes. »Nach Golde drängt, am Golde hängt doch alles. Ach, wir Armen!« sagt Goethe, den Januskopf dieser Medaille bezeichnend. Wenn wir heute – zu Recht – die Verquickung von *Geld* und *Macht* beklagen, die Massensucht nach materiellen Gütern wie das weite Feld ebenso lügenreicher wie schamloser Werbemethoden, so dürfen wir trotz eindeutiger Verfallsdiagnose nicht vergessen, in welchem Maße Reichtum zu allen Zeiten Kunst und Wissenschaft gefördert hat. Und nicht zuletzt vermag nur ein reiches Land – bewirkt durch den Arbeitsertrag seiner Bürger! – den Sozialstaat zu finanzieren. – Der negative Aspekt dieser Beobachtungen betrifft daher nicht Handel und Wirtschaft als solche, sondern ihre ethischen wie psychischen Fehlentwicklungen.

Die Spätzeit der Kulturgeschichte – es sind bekanntlich nur einige tausend Jahre! – kennt die Staatenbildung als umfassendes Ordnungsgefüge für alle Lebensbezüge einer größeren Gesellschaft, vor allem ihres Wirtschaftens, ihrer Sicherheit und ihres rechtlichen Zusammenlebens. – Heute gilt der *Staat* für uns

Spätgeborene als Selbstverständlichkeit, seit Thomas Hobbes als unverzichtbare Notwendigkeit, um das »Raubtier« Mensch zu bändigen bzw. ein relativ freies und gesichertes Zusammenleben der Völker zu ermöglichen. Wir vergessen meist das geschichtliche Entstehen eines Staates und damit seine mögliche Qualität oder auch Perversion.

*

Macht man sich heute Gedanken über den Kulturverfall, so bietet das Thema ›Staat‹ dafür kaum Anhaltspunkte. Viele Phasen hat Europa durchlebt: Königreiche, Ständeordnungen, Kaisertum, Republiken, Diktaturen bis hin zu unseren gegenwärtigen demokratischen Verfassungen, ihren stabilisierenden Institutionen und ihrer Gewaltenteilung. Denke ich an unsere eigene Geschichte seit der gescheiterten Revolution von 1848/1849, so bin ich überglücklich, nun schon ein halbes Jahrhundert in einem freien Rechtsstaat zu leben, der die grausame Diktatur abgelöst hat. Das gilt nicht nur für Deutschland! Die wachsende Einigung der europäischen Staaten zu einem überstaatlichen Rechtsgefüge ist der zweite Faktor, den unsere Generation nur begrüßen kann. Solche schöpferischen Leistungen lassen sich mit Fug und Recht nicht einer sonst vielleicht einsehbaren Untergangsthese zuordnen, selbst wenn lebensabgehobene Bürokratie, die Macht der Konzerne und die zunehmende Anonymität der Institutionen unser Leben zu bedrohen scheinen. Die Idee des Verfassungsstaates seit dem 18. Jahrhundert – spät verwirklicht – bleibt eine Pionierleistung, denn sie *ermöglicht* wenigstens das Zusammenwirken von Freiheit, Solidarität und Gerechtigkeit. Den Rahmen auszufüllen bleibt uns aufgetragen. Mehr noch: freie Staaten bzw. das europäische Gemeinwesen verdienen allseits verantwortete Unterstützung im Kampf gegen die weltweiten Bedrohungen ante portas; der Einzelne vermag das nicht. Ich sehe in der neueren Entwick-

lung Europas auf *diesem* Gebiete keine Untergangserscheinungen, höchstens reversible Verkrustungen. Für die Bürger ergeben sich vielmehr Chancen der Mitwirkung, die idealistischen Bestrebungen Raum gäben, sofern das passive Versorgungsdenken sich überwinden läßt.
Worauf beruhen denn eigentlich die Symptome des Niedergangs, wie sie die Kulturdiagnostik ausmacht? Die *Technik*schelte jedenfalls nimmt sich zu einseitig aus im komplizierten Geflecht der Ursachen. Ihr Doppelantlitz ist bekannt: faustischer Erkenntnisdrang, Ideen- und Erfindungsreichtum dürfen zweifelsfrei auch als Triebfeder großer Kulturleistungen angesehen werden – vom Fernrohr, der Dampfmaschine über die Elektrizität und den Otto-Motor zum Fliegen, bis hin zu Atomtheorie, synthetischen Stoffen und unserem Computer-Zeitalter. Die rasant fortschreitende Machbarkeit unserer Lebensverhältnisse hat freilich inzwischen einen Grad von Eigengesetzlichkeit angenommen, deren der »Zauberlehrling« Mensch nicht mehr Herr zu werden scheint. Der allgegenwärtige Zeitraffer tut ein übriges. Reicht unsere Freiheit nicht mehr aus, dieser zwanghafte Züge annehmenden Entwicklung Einhalt zu gebieten? Können wir die Vergewaltigung unserer Seele, ihre wachsende Erlebnisunfähigkeit und Vereinsamung durch Zeitdruck und innere Ortlosigkeit, noch aufhalten, gar einen radikalen Schlußstrich unter diese ebenso verhängnisvolle wie selbst verursachte Entwicklung *der* Technik (wie man so ungenau sagt) setzen? Die Grenzen der Gegensteuerung (z. B. im Bereich Umweltzerstörung oder Großchemie) sind schnell erreicht.
Diese kulturphilosophischen Skizzen kann ich nicht weiter ausmalen. Das Gemälde würde ohnehin schizophren werden; eine erkennbare Komposition wäre kaum noch zu leisten. Lebenserleichterung und -zerstörung wohnen dicht beieinander, der hilfreichen Medizin stehen Gentechnik und Arten-Sterben gegenüber. Quo vadis? Wo findet der Mensch noch ein selbstverantwortetes Leben, wo Freiraum, Stille und Schutz vor den

»Geistern«, die er selbst rief? In den Künsten, in der Religion? Diesen Aspekten möchte ich mich noch zuwenden – fragend, nicht wissend.

*

Über den herrlichen Reichtum der *Künste* aus einer großen Tradition zu sprechen, bot sich bereits vielfältig Gelegenheit. Wie sah es im 20. Jahrhundert aus, einer Zeit, in der Europa überwiegend reproduktiv aus seiner Geschichte gelebt hat, ohne daß sich genial Neues und Fortwirkendes ereignet hat? – In der Musik sind seit Schönberg zwar neue Wege beschritten worden, bis hin zur elektronischen Musik, doch nicht eigentlich vom Publikum angenommen. Mit Bartok, Hindemith, Orff und Britten enden zeitlich die meisten Konzertprogramme. – Gibt es in der Malerei über eine weiterführende Abstraktion und plakative Ausdrucksformen hinaus noch neue Konzepte? Ich sehe sie nicht. – Wahrzunehmen sind jedoch interessante Impulse in der Architektur; es gibt manche ideenreiche Baumeister: Museen, Konzertsäle, Verwaltungsgebäude könnten stilprägend wirken. Welch schöne Brücken werden heute oft gebaut! Auch die Dichtung hat Großes hervorgebracht; doch bewegt sie sich in dünner Atmosphäre, ohne Breitenwirkung. Alle Künste verlangen öffentliche Darbietung und meist Interpretation, pädagogische Aufbereitung oder Inszenierung. An der Vielfalt dieser Möglichkeiten und der Fülle an Begabungen leidet Europa am Ende des 20. Jahrhunderts keinen Mangel. Überall gibt es Kunsthochschulen, bedeutende Architekten, große Dirigenten. Reichtum ist genügend vorhanden, um die Künste zu fördern – wie eh und je erforderlich; denn Kunst ist »Luxus« in einem höheren Sinne, entfaltet sich erst jenseits von Notwendigkeit und Zweck, gehört also zum »Reich der Freiheit«, würde Hegel sagen. Geniale Architekten wurden berufen, um Bahnhöfe, Opernhäuser und Konzertsäle zu bauen (etwa Gasteig in München). »Es ist nicht nötig«, doch die res publica erwartet und finanziert es. – Die britische Musikpflege ist berühmt. Überall bemüht man sich, potentielle Begabungen zu fördern, häufig über Stiftungen. Schriftsteller und Musiker gewinnen Preisausschreiben oder erhalten Stipendien. – Sind das Zeichen eines Untergangs?

Dennoch drängt sich mir die bewegende Frage nach dem kulturellen Verfall immer wieder auf. Sollte sie wohl auf verschiedenen Ebenen gestellt werden müssen, vor allem im Hinblick auf die wieder dünner werdende Bildungsschicht, unter dem Gesichtspunkt regionaler Unterschiede und nicht zuletzt der sogenannten »Subkultur« großer Massen, die zum Erschrecken Anlaß geben? Dem Aspekt der Unterhaltung kommt dabei eine hohe Bedeutung zu. Für die Frage des Niedergangs – aus welcher Perspektive auch immer – gibt jedenfalls das Stichwort *Geist* den maß-gebenden Ton an. Ihm kommt Idealität, Anspruch, Sinnbezug und Ethos zu. Für den großen Bereich unserer Musikkultur gibt es im Blick auf diese Leitlinie keinen Zweifel, von der Vermarktung am Rande einmal abgesehen. Die Mitglieder der Philharmonien gehören zur Elite der Nationen, ihre Dirigenten ohnehin. Feinsinnigkeit, Behutsamkeit, Überlegenheit und Werktreue treffen in ihren Konzerten dann auch die *Mitte* der Meister, denen sie dienen. Selbstbezogene Eitelkeit ist selten. Große Interpreten meiner Zeit wie Wilhelm Furtwängler, Ferenc Fricsay, Eugen Jochum, Leonhard Bernstein, Herbert von Karajan oder Karl Böhm haben stets überzeugen, ja be-geistern, *Geist* vermitteln können.
Erst recht gilt dies für die Kammermusik, die berühmten Quartette, die großen Pianisten von Wilhelm Kempff bis Brendel und Barenboim, ihr hochdifferenziertes ästhetisches Empfinden, ihr Sinn für »Zwischentöne« und Hintergründe. – Für die Liedkultur mag nur *ein* Name stellvertretend stehen, er hat einer ganzen Epoche das *signum* und damit der Hoffnung auf

Bestand neue Nahrung gegeben: Dietrich Fischer-Dieskau! – Auch an die wunderbaren Bach-Interpreten Karl Richter und Helmut Rilling sei nur erinnert.

Großes Gewicht hat die heutige Museumskultur. Sorgfältige Expositionen, didaktisch wie historisch meist gut aufbereitet, bewegen ein anspruchsvolles oder auch »nur« bildungshungriges Publikum zum Besuch, seien es technische Museen oder Gemäldesammlungen.
Ferner bieten im regionalen Bereich alte, schmucke Städtchen viel Schönes, sehr Gepflegtes (= Kultur): Gedenkstätten, Heimatgeschichte, Volksfeste und Trachtenbrauch – alles dies im Zeitalter rasanten Wandels der Weltperspektive. – Gehören all diese Beispiele zu den Oasen in der wachsenden Wüste? Es scheint so, daß solche Oasen schrumpfen werden, wenn der gute *Geist* solchen Bemühens keine Nahrung mehr erhält.

Das Bild der heutigen *Theaterlandschaft* nimmt sich schon sehr viel düsterer aus. Die »Bühne als moralische Anstalt« (Schiller) gab es ohnehin zu Beginn unseres Jahrhunderts kaum noch; Sartre, Strindberg und andere setzten andere Akzente; Brecht kam Schiller im neuen Gewand wieder sehr nahe. Diese Entwicklung tat der Qualität des Theaters, seinem Anspruch an Weltspiegel und Pflege großer Dichtung jedoch keinen Abbruch. – Erst die letzten Jahrzehnte zeigen Entartungserscheinungen: viele moderne Regisseure ziehen eigenmächtige Verfremdung der Sprache wie des Sujets dem Respekt gegenüber der dichterischen Konzeption vor. Eine zunehmende Sexualisierung der Aufführungen trägt sowieso zur Degeneration bei. – Die bleibende Gültigkeit großer Dichtung bedarf nicht geschichtsfremder Neuerungen, besser: Verzerrungen, um heute verstanden zu werden, sei es Shakespeare, Lessing oder Ibsen. Vielen selbstherrlichen Regisseuren und Bühnenbildnern fehlt sowohl der Bezug zur Geschichte wie der Sinn für Symbolik,

Mythisches und das Unsagbare. Große Dramen werden bis zur Unkenntlichkeit verändert, z. B. Molière durch psychoanalytische Regieanweisungen entstellt. Man glaubt, angeblich unverständliche Texte der »Weltliteratur« (im Sinne Goethes) um der Massenwirkung willen so verändern zu müssen, daß sich die Theaterkassen noch füllen, weil der Unterhaltungseffekt gesichert erscheint. Banalisierung und Geschmacklosigkeit beherrschen oft die Szene; große Schauspieler werden rar, andere gezwungen, ihr Können zu verbergen.

Da heute das öffentliche Leben weitgehend dem Diktat der TV-Medien unterliegt, nimmt der Bereich Subkultur (bereits eine perverse Wortbildung!) immer größeren Raum für sich in Anspruch. Oberfläche, Geschwätz, Wirkung, Massenvergnügen, Lustgewinn bestimmen das Schau-Geschäft, Konsumanreiz selbst manche besseren Sendungen. Die Nähe zu Disco-Mentalität, öffentlichen Prostitutionen, Hysterie und ekstatischem Verhalten wird immer deutlicher. Diese Massenerscheinungen, gelenkt und doch begehrt, lassen meine kritischen Bemerkungen zum Theater fast verblassen. Jedenfalls scheint sich das, was man früher *Geist* nannte, im vieles nivellierenden Jahrhundert der Massenorientierung zu verflüchtigen. – Wie mögen die Hintergründe dieser Verhaltensweisen und Stimmungen im neuen Jahrhundert aussehen?

*

Vom Geist einer Kultur war die Rede, so unbestimmt dieses Wort heute auch wahrgenommen wird. Ohne diesen »Geist« jedenfalls – vielleicht sogar geheiligten Geist –, der für eine intakte Weltordnung, für *gelebte* Verhaltensnormen, für Tradition und Sinnbezüge stehen mag, entartet eine Kultur und zerfällt.

Wir sind heute Zeuge zahlreicher Verfallserscheinungen – bei gewissen gegenläufigen Bewegungen, wie wir sahen. Täglich beobachten wir die Verletzung von *Würde* und Scham, ein fehlendes Rechtsgefühl, mangelnde Ehrerbietung, Sucht und Orientierungslosigkeit der Menschen, Flucht und Vereinsamung als Massenphänomen, ichbezogenes Ausleben falsch verstandener Freiheit und damit Beliebigkeit der Maßstäbe. *Materialismus* als *Lebensform* gibt den Hintergrund ab. Soweit einige Stichworte zu den Krankheitssymptomen, die evident sind.

Wo liegen die Wurzeln oder »nur« die bereits degenerierten Keime solcher Erscheinungen? – Ich vermag diese Frage nicht zu beantworten; sie ist zu vielschichtig und die Ursachen für den Niedergang sind zu mannigfaltig. Zeitkritische Beobachtungen gibt es zur Genüge.

Es drängt sich die naheliegende und oft beklagte Antwort auf, den Zerfall der Wertordnungen mit dem Untergang des Christentums in Verbindung zu bringen und in diesem Zusammenhang die wertauflösenden oder nur neutralisierenden Wirkungen des modernen Pluralismus anzusprechen. Doch scheinen mir solche Diagnosen – obgleich von beträchtlicher Bedeutung – nicht auszureichen. Komplexe geschichtliche Prozesse dieser Größenordnung lassen sich nicht auf einen Punkt bringen. Sehr allgemein, doch substantiell läßt sich eher die Frage stellen, ob nicht der Verlust des Heiligen (vgl. heil = ganz) generell den Niedergang einer Kultur, auch der europäischen, bewirkt. Können noch vorhandene humane Maßstäbe – selbst säkulare Ergebnisse christlicher Wertsetzungen – kulturtragend bleiben, trotz des religiösen Substanzverlustes? Ist eine autonome, sinnstiftende Lebensordnung ohne Sanct-ionierung durch einen religiösen Hintergrund vorstellbar? Geschichtliche Erfahrung würde diese Frage verneinen. Doch möchte ich offen lassen – entgegen meiner Überzeugung, daß die Religion jeweils die Mitte einer Kultur ausmacht –, ob nicht im 21. Jahrhundert derart neue geistige Konstellationen entstehen können, die eine Sinnordnung und damit Kulturfähigkeit bewirken, ohne eines Bezugs zum Heiligen zu bedürfen.

Ich bezweifele dies, denn der Mensch wird in einem tieferen und zugleich universalen Sinne ein homo religiosus bleiben. Er hält in Europa bereits Ausschau im religiösen Niemandsland außerhalb der kirchlichen Enklaven; seine Sehnsucht nach Selbstbestimmung und Lebensorientierung führt ihn dazu (vgl. Bibliographie). Auf dem Felde oft diffuser Ideale oder schon abgestorbener Ideologien sucht er geistige Leitfiguren und maßgebende Vorbilder. Er ist auf sich selbst zurückgeworfen in seiner neuen Freiheit und könnte neue Wege finden oder unbegehbar gewordene erneuern, um für die Zukunft des 21. Jahrhunderts Europa durch kulturelle Mutationen das zurückzugeben, was unsere Generation bereits verloren glaubt.

*Ein Schlaf umrundet unser kleines Leben,
wir sind aus solchem Stoff, den Träume weben.*

Shakespeare, Sturm IV, 1

15. *Ausklang*

Der Rückblick auf das eigene Leben verfolgt noch einmal die Lebenslinie, das Schicksal, die Anlagen und Zielsetzungen. Dieses Zurückschauen sollte sich einigen Reflexionen unterwerfen und nicht zuletzt die Frage nach dem Sinn des eigenen Bemühens stellen. Eingedenk wird man sich dabei bleiben, in welchem Grade diese winzige Lebensspanne ihren ›Ort‹ im Gefüge des kosmischen Ganzen sub specie aeternitatis gefunden hat. Ist dieser lebendige und in Grenzen geistbegabte Mikrokosmos ein belangloses Nichts oder könnte er in einem uns nicht erkennbaren Gefügtsein doch sein Dasein sinnvoll erfüllt haben? Wenn wir unser Dasein als sinnhaft erkennen, so deshalb, weil seine rätselhaften Verschränkungen zwischen Gesetz und Freiheit den Weg für das Ereignis des Sinns offen halten. Jedes lebende Wesen unterliegt sehr engen Grenzen seines unfreiwillig begonnenen Daseins wie zahlreichen Bedingungen, die die Perspektive seines Rückblicks bestimmen. Als lebende Winzigkeit ist man an einem Ort dieser Erde »zur Welt gekommen«, mit einer Muttersprache in einem bestimmten Kulturkreis, in einer bestimmten Gesellschaftsschicht aufgewachsen. Erbanlagen, Konstitution, Umwelt, Klima, Landschaft und Jahrhundert prägen uns in einem Maße, das sowohl Werdegang wie Lebensform festgelegt erscheinen läßt. – Doch wäre aus dieser Sicht die Frage nicht beantwortet, wie ein Mensch mit seiner ›Mitgift‹ umgegangen ist, denn ohne Zweifel ist er gleichwohl ein Wesen, dem ein gewisses Maß an Selbstbestimmung und damit Verantwortung als Möglichkeit gegeben ist. So kann aus der scheinbaren Belanglosigkeit gestaltetes und damit gelingendes Leben werden. In jedem organischen Keim, dessen Wachstumsprinzip ein Ziel in sich trägt – von Aristoteles Entelechie genannt –, wird Mögliches verwirklicht und damit eine sinnhafte geistige Ordnung gestiftet. In der Entwicklung des Lebens zum Menschen wird die Seele zur wirkenden und gestaltenden Kraft – in einem Körper, dessen subtile Bauart – wie alles Seiende – uns schon früh in Staunen versetzt. Und Seele ist es, die als erkennende und liebende (beides ist miteinander verwandt!) in einer großen Anstrengung am Ganzen teilzuhaben und ein kleines Stückchen seiner erhabenen Ordnung zu durchschauen vermag. Für Goethe war sie »ein Stück Ewigkeit«, denn sie folgt nicht nur einem vorbestimmten Bauplan – wie z. B. die Anemone –, sondern wird auch selbst zum Weg-Weiser ihrer Lebensreise durch viele Höhen und Tiefen, Entfaltungen und Versagungen in Schicksalhaftem und Befreiendem.

Auf dem Theater konnte man früher zwei Dramen kennenlernen, die sich den Weisen des Traums widmen: Calderons »Das Leben ein Traum« – christlich zum Ausdruck bringend – und als Gegenpol Grillparzers Umkehrung »Der Traum ein Leben«, das dem Zuschauer die Möglichkeit eines zweiten, virtuellen Lebens vor Augen führte. Beide Versionen haben ihren tiefen Sinn. Das Leben kann nicht nur traumhaft flüchtig, im höchsten Grade vergänglich und damit frag-würdig erscheinen; es kann sich auch ein zweites, ersehntes im Traum erfüllen und damit das reale, eingegrenzte unendlich bereichern. So erging es mir schon in früher Zeit: wie ein unbeschwerter, freier Vogel flog ich z. B. über die ganze Erde. – Die dritte Möglichkeit zeigen uns die Wachträume: ihre Impulse lassen uns vielfältige Anlagen verwirklichen, begleiten die Lebenslinie im realen Dasein. Vielen Menschen sind mehrere Möglichkeiten in die Wiege gelegt. Ein Stück Freiheit führt dann zur Weichenstellung für's Leben. Die Selbstvergewisserung, die uns deutlich macht, was uns wirklich angemessen ist und nicht entfremdet, unter Einsicht in die eigenen Grenzen, sollte dabei als ›Stellwerk‹ stetig werden. – Von den Talenten her gesehen, hätte ich ebenso Tischler wie Architekt, Lehrer, Regisseur oder Hochschuldozent werden können – die Lebenslinie wäre in jedem Falle anders verlaufen. Vieles fügte sich zusammen, mit viel Energie angegangen, konnte mein Hauptwunsch in Erfüllung gehen: Der eigentliche und stärkste Impuls – *Forschung* – blieb mein Lebensnerv; er richtete sich vornehmlich auf die Religionswissenschaft und die Philosophie. Dieses Studium würde ich heute erneut beginnen. Ist das eine weltfremde Träumerei am Beginn des 21. Jahrhunderts?

Am Lebensabend empfinde ich Zufriedenheit und Dankbarkeit für das Erreichte und Gefügte. Umwege und Kompromisse gehören zu den Selbstverständlichkeiten unseres Lebens. Wer darf aber glücklicher sein als der, dessen Lebensweg trotz mancher Hürden ans Ziel gelangt ist, dessen Leben durch großherzige und liebevolle Zuwendung zahlreicher Menschen bereichert wurde? Begegnung im Sinne Martin Bubers ist alles! Was sind wir ohne das DU? – Auch Erkenntnis, Phantasie, Wandern im weitesten Sinne und Musik bleiben einsam ohne das Du der Begegnung.

*

Mein Leben orientierte sich schon recht früh am SEIN, an einer umfassenden Wirklichkeit, die alles Seiende umschließt und doch über dieses hinausweist. Das Endliche und Zeitliche als Staunen erregendes Dasein und Leben – im Sinne von Leibniz; das Unendliche und Zeitentrückte als Hoffnung. – Beides spiegelt sich in den geometrischen Formen von Quadrat und Kreis. Beides, diese »irdische« und himmlische Vollendung, in ihrem Geheimnis zu vereinigen, ist uns Sterblichen nicht vergönnt. In der Meditation eines Mandala – für mich besonders dann, wenn es geometrisch ausgestaltet ist – können wir es ahnen. Beide Größen, das bodenständige Quadrat und der unendliche Kreis, haben ihre Mitte, auf die es im Leben ankommt. Mitte bedeutet immer auch Maß, Ausgleich und Harmonie. Diese »beiden« Mitten zusammenzuführen zu einer Einheit, zu einer Ganzheit, bedeutet für östliche Kulturen: Weg der Vollendung. – Doch kennen wir auch in unseren Breiten religiöse Lebensformen, die eine solche Weise der Teilhabe am Ganzen praktizieren, sicherlich nicht die konventionell christliche, wohl aber Wege, die aus dem griechischen Erbe erwachsen sind wie der Neuplatonismus und freiere Formen der Mystik.

Über die religiöse Innenseite meines Lebensgrundes mich auszulassen, verbiete ich mir. Glaube, Ahnung und Gewissen gehören nicht vor die Öffentlichkeit. Und der Weg des Wissenschaftlers ist zuweilen ein anderer als der des homo religiosus. – So läßt sich etwa über (Lebens-) Raum, Zeit, Tod, das Wahre, das Gute manches denken; doch Empfindung und Wahrnehmung sind ein anderes. Die Musik spricht, wo das Denken versagt...

Ein Rückblick und vielleicht noch eine gewisse Vorausschau dürfen nicht beendet werden, ohne zwei ›Dinge‹ noch anzusprechen, die mein Leben stets begleitet haben: die deutungsreiche wie perspektivische Bilderwelt des Lebens sowie Vorbilder für die innere Ausrichtung.

Die Welt stellt sich uns ebenso bildhaft wie farbig dar; wir nehmen Bilder wahr – aller Art: anschaulich, in der Vorstellung, in den Träumen. Bilder erschließen uns nicht nur Gegenstände, Lebewesen und Menschen, sondern können auch Sinnzusammenhänge intuitiv erhellen und Abstraktes – etwa aus Mathematik und Philosophie – plötzlich konkret werden lassen. Sind es Zeichen oder in der Welt der Sprache Metaphern, so betreten wir bereits das Reich der Symbolik, ohne die uns der Zugang zum Geheimnis des Daseins überhaupt verschlossen bliebe. Das Denken des Allgemeinen – mir immer vertraut – führt stets zur abgehobenen, generell gültigen, aber auch unverbindlichen Abstraktion. Mit den Bildern aber *leben* wir, in der Anschauung und in der Zeit... Wir begegnen der Natur, dem Menschen und ihrer Spiegelung in der Kunst. Damit kommt die gestaltete Welt in den Blick – und mit ihr die perspektivische Sicht des Standortes, die immer nur einen Teil, einen bestimmten Aspekt wahrzunehmen und zu verinnerlichen in der Lage ist. So haben wir immer nur *teil* am Ganzen, eben in den vorgegebenen Grenzen unseres Daseins. – Doch vermögen Bilder – in der Kunst mit ihrer häufigen Tiefenschau –, auch innere Bilder zuweilen unsere angeborene Perspektive zu sprengen und blitzartig zur Daseinserhellung zu führen, indem sie Symbolcharakter annehmen. So erging es mir einmal bei Caspar David Friedrichs »Der Mönch am Meer« in Berlin-Charlottenburg. Symbole tragen zur Sinnvermittlung bei; Sinn und Geist hängen zusammen.

Die uns einschränkende Perspektive zeigt uns aber auch eine positive Seite, nämlich unsere Individualität, die un-teilbare Identität unserer Lebenslinie, auf die wir Europäer so stolz sind. Sie ermöglicht uns in ihrer Ausschnitthaftigkeit das Selbstsein bzw. die Selbstwerdung. Es ist *ein* Aspekt unseres Widerspruchs, den jeder auf seine Weise zu bewältigen hat. Für mich als Romantiker lag er weniger im Wesen als in der auszutragenden Spannung zwischen Endlichkeit und Unendlichkeit, in der Sprache der mich begleitenden Existenzphilosophie des 20. Jahrhunderts variiert: als Spannung zwischen Dasein und SEIN.
Dieses irdische Lebewesen, das – mit Geist ausgestattet – Mensch genannt wird, hat sich im Bemühen um ein sinnhaftes Leben in einer winzigen Zeitspanne immer wieder nach Vorbildern gelungenen Daseins auszurichten; und doch gelingt das meist nur fragmentarisch. – Weil dies so ist und mir immer

bewußt blieb, sollte das Buch ursprünglich »Fragmente eines Lebens« heißen. Meine Vorbilder – nicht Leitbilder: dies wären zahlreiche – darf ich hier wohl nennen: Albert Schweitzer steht für Tatkraft und Güte, für »Ehrfurcht vor dem Leben« – Moses Mendelssohn für gelebte Toleranz – Erasmus von Rotterdam für Ausgleich und Souveränität – Meister Eckhart für Tiefenschau und Innenwelt – Marc Aurel für Einsicht und Gelassenheit – und Buddha für Stufenweg und Weltüberwindung. – Lassen sich diese Ideale zusammen denken oder gar *leben*?

Einem Buch, dessen letztes Kapitel »Ausklang« heißt, ziemt es, mit der Musik zu schließen. – Für mich wäre alles gesagt, wenn ich auf das ebenso herrliche wie überweltliche Adagio der 8. Symphonie in c-Moll von Anton Bruckner hinwiese. Dieser feierliche Hymnus auf das Mysterium der Gottheit ist Danksagung eines letzthin einsamen Geistes, der sein Leben in einer anderen ›Welt‹ geborgen wußte: der langsame Satz verschwebt ins Unendliche.

*Wer sich nicht verwandeln will, mag ausruhen auf dem Platz,
auf dem er angekommen ist. – Er mag seine Ankunft
verteidigen – aber er störe die Anderen nicht! –
Andere bleiben Ankommende – sie sind nie Angekommene –
ihr Leben lang nicht.*
Siegwart Sprotte (Maler)

Scientia, quo vadis?
Erinnerungen an 50 Jahre Religionswissenschaft in Deutschland
›Tübinger Essay 1999‹

In der Geschichte der Deutschen Vereinigung für Religionsgeschichte spiegelt sich zu einem beträchtlichen Teil auch mein eigener wissenschaftlicher Lebensgang, denn seit der 1. Tagung 1951, an der ich schon als Student teilnahm, habe ich ihre Entwicklung begleiten können. Es mag daher gestattet sein, die neuere Religionswissenschaft in Deutschland aus der Sicht eines Forschers zu skizzieren, den die Frage nach dem eigentümlichen religiösen Phänomen bis heute nicht losließ.

Nach dem Kriege standen wir als junge Studenten im zerstörten Hamburg – die meisten von uns durch Entbehrung und Verarmung gezeichnet – vor der Zukunftsfrage: Was soll aus uns werden? Was sollen wir studieren? Hat das befreite Deutschland noch eine Chance? – Die Tore der heil gebliebenen Hamburger Universität öffneten sich 1946 wieder, und in einer Aufbruchstimmung ohnegleichen nahmen wir alles auf, was die lang entbehrte geistige Welt uns zu bieten hatte. Die überfüllten Hörsäle waren oft kalt, doch wir spürten es nicht, denn viele unserer Lehrer verstanden uns zu begeistern.
Für mich selbst vollzog sich mit 17 Jahren eine grundlegende Wende von der Naturwissenschaft zur Musik und den Geisteswissenschaften. Eine zündende Inszenierung des ›Fliegenden Holländer‹ von Richard Wagner erschloß mir mit einem Male eine neue Welt. Die Irrfahrten dieses einsamen Mannes, das Erlösungsmotiv ebneten den Weg zu Philosophie, Literatur und Religion. Es begann die Theaterbegeisterung und die Neuentdeckung des ›Deutschen Geistes‹, der so infam verraten worden war. Kant, Goethe, Schopenhauer standen zur Lektüre

an. Beim Nachabitur schrieb ich einen Essay über die Freiheit –
wie verständlich! – und über die ›Metaphysik der Musik‹. Mit
einer inneren Weltorientierung, die sich seltsam unberührt vom
Kriegsgeschehen herausgebildet hatte, rückte die religiöse
Frage zunehmend in die Mitte, begleitet von starken wissenschaftlichen Impulsen. Die Frage ›Warum‹ ließ mich schon als
kleiner Junge nicht los.

Was sollte ich studieren? Welcher Beruf hatte noch eine Perspektive in einer ungewissen Zukunft? Sprache begann mich zu
faszinieren, besonders ihre Philosophie. So entschloß ich mich
für Germanistik und »leider auch Theologie«; man konnte ja
Lehrer werden. Griechisch hatte ich nachgeholt. – Weitergehende oder andere Berufspläne schienen uns ausgeschlossen. Es
war im Seminar von Walter Freytag, dem Hamburger Missionsdirektor, der im Zuge des Aufbaus einer theologischen Fakultät Lehrveranstaltungen über fremde Religionen übernahm.
Freytag war strenger Christ, ich selbst aber suchte offene Horizonte. Er war ein sehr verinnerlichter Mensch – früher würde
man ›fromm‹ gesagt haben – mit einer starken Ausstrahlung
und wunderbarer Einfühlungsgabe in auch anderer Religionen
religiöse Vorgänge. Da er die ›Welt‹ kannte, konnte er uns in
seinem Seminar zur Religionsphänomenologie hautnahe Anschauung vermitteln, zum Beispiel über Riten der Bataks oder
auch über ein langes Gespräch mit einem Brahmanen. Durch
seine feinsinnige Art lernten wir auf subtile Weise vergleichen,
ohne daß seine christliche Position einfach als die überlegene
dargestellt wurde. Dieser Lehrer lauschte – und fragte! Für
mich wurden seine beiden Seminare zum Einstieg in die lebendige Religionsgeschichte.

Einen gewissen Gegenpol bildete mein Philosophie-Lehrer Kurt
Leese, ein systematischer und gründlicher Kopf, der leider –
aus der Rückschau – viel zu früh vergessen wurde. Man kann

ihn nicht originell nennen, das sind ›solide‹ Lehrer ja selten. Doch wird man sagen können: ein Charakter, unbeugsam, präzise, aufrichtig und anspruchsvoll. Vor allem aber kam Leese aus dem Kulturprotestantismus, schrieb eine ebenso liberale wie souveräne ›Handschrift‹. Seine Abendvorlesungen etwa über ›Religiöse Strömungen der Gegenwart‹ waren überfüllt. Für mich wurde Leese auch als großer Individualist vorbildlich; spannend seine Vorlesungen über die Mystik von Eckhart bis Rilke.
Nicht unerwähnt bleiben sollte auch der bedeutende Gräzist Bruno Snell, dessen Vorlesung »Aufbau der Sprache« – wie wohltuend ein so einfacher Titel – uns die Indogermanistik nahebrachte, überhaupt im Welthorizont zu denken lehrte, was 1947 noch nicht selbstverständlich war! Snell verband eine verhaltene Leidenschaft für die »Entdeckung des Geistes bei den Griechen« mit philosophischer Gründlichkeit, sprachlicher Ausdruckskraft und europäischer Ausrichtung. Das wurde wegweisend für uns; hatten wir doch als junge Deutsche bisher von Kafka, Mendelssohn-Bartholdy oder Tschaikowsky nichts vernehmen können. Der hagere ›Norweger‹ – so sein Erscheinungsbild – wurde bekanntlich später Präsident der ›Deutschen Akademie für Sprache und Dichtung‹.

*

Mit solchem Rüstzeug wechselte ich 1948 nach Mainz. Es war leider nur ein kurzes Zwischenspiel an dieser durch französische Initiative wieder neu gegründeten Universität. Es war das Jahr der ›Währungsreform‹ und unsere Lebensbedingungen waren extrem dürftig, doch an den Universitäten spürte jeder das wiedererwachte geistige Leben; das vergißt man nicht. Meine herausragende Erinnerung war die Vorlesung von Otto Friedrich Bollnow über die romantische (Kunst)Philosophie. Wir waren gefesselt, ja gebannt von diesem hochsensiblen, feine

Linien des deutschen Idealismus zeichnenden Lehrer. Auf dem Podium bewegte sich beschwingt, freisprechend und konzentriert ein begnadeter Lehrer, der es verstand, schwierige Themen einfach und anschaulich vorzutragen. Er blieb mein ›geheimer‹ Lehrer für die Zukunft. Ein wunderbares Buch kam von ihm in diesen Jahren neuer Wertorientierung heraus: ›Einfache Sittlichkeit‹, ein Zeugnis verinnerlichter Humanität. – Drei Jahrzehnte später konnte ich meinen verehrten Lehrer einladen zu einem Vortrag über ›Religionswissenschaft als hermeneutische Disziplin‹ (1978).

Ein anderes Ereignis von Bedeutung sollte ich ins Gedächtnis rufen: den 2. deutschen Philosophiekongreß nach dem Kriege – er fand 1948 in Mainz statt –, an dem sich die Elite der damaligen Philosophie versammelte, um nach neuen Wegen zu suchen. Inhaltliches habe ich nicht mehr in Erinnerung, wohl aber sehe ich die bedeutenden Köpfe noch vor mir: Eduard Spranger, Nicolai Hartmann, Paul Tillich. Die Konturen sind heute etwas verblaßt; die Physiognomie versagt mir die Interpretation; daß alle drei sich mir lebhaft einprägten, blieb Gewißheit. Mit dem großen klaren, aufnahmefähigen Auge Sprangers verband sich mir für immer das eindringende Verstehen, aber auch seine Menschlichkeit. Die große, würdevolle Gestalt Tillichs ist mir unvergessen: ein weltoffener Geist, der eine personifizierte Zukunft zu sein schien. – Für einen 22jährigen waren es bewegende Erlebnisse.

*

Immer mehr steuerte ich auf die Religionswissenschaft zu. Der Sommer 1949 brachte den Einstieg. In der alten Universitätsstadt Bonn hatten sich wieder bedeutende Gelehrte versammelt; die Philosophische Fakultät hielt ein gutes Angebot bereit. Dazu gehörte auch das Seminar für Religionswissenschaft – dafür gab es nur drei Lehrstühle in Deutschland –, damals vertreten durch Gustav Mensching. So wurde ich erstmals vertraut mit einer regulären Institution dieses seltenen Faches. Angereichert wurde die Bonner Zeit durch exzellente Gelehrte wie Erich Rothacker, Theodor Litt, Leo Weisweiler und Johannes Thyssen. Es lohnte sich, allein von diesen Persönlichkeiten ein Porträt zu zeichnen. In der Theologie lehrten der bedeutende Alttestamentler Martin Noth und der leidenschaftliche, exponierte Barth-Schüler Helmut Gollwitzer. Die Barth-Schule beherrschte denn auch jahrzehntelang das deutsche Geistesleben auf diesem Gebiet – unheilvoll für die zarte Pflanze der Freiheit und aller offenen Horizonte. – Mensching war eine schillernde Persönlichkeit: eine elegante Erscheinung, redegewandt, anregend und didaktisch hochbegabt. Als stark rational ausgerichteter Mensch war er ein strenger Systematiker – bis hin zum Schubladenzwang –, konnte sich jedoch stets öffnen für das ›Numinose‹, sein Herz schlug für die Mystik aller Völker. Seine brillante, klare und knappe Redeweise über die Kulturlandschaften der Welt zog viele Studenten an; man konnte viel von ihm lernen, es prägte sich ein. Im Seminar ließ er unterschiedliche Gesichtspunkte gelten; nur eine Kritik an seinem eigenen Otto'schen Ansatz galt als tabu. So war eine Grundlagendiskussion nicht möglich. Das folgte wohl aus einer gewissen Unsicherheit, die durch ein ausgeprägtes Geltungsbedürfnis zum Ausgleich drängte. In der Fakultät hatte er teilweise einen schweren Stand; das hing aber nicht zuletzt auch mit der schwierigen Position unseres Faches im Zusammenhang der anderen Wissenschaften zusammen, vor allem den Philologien (bes. Orientalistik) und der Theologie.

Unser Seminar (damals 20 bis 30 Studenten) war bunt zusammengesetzt und lebendig ausgerichtet. Wir entdeckten die Religionswissenschaft als unabhängige und systematische Wissenschaft mit vielen Perspektiven. Gut in Erinnerung ist mir geblieben, daß die Studenten katholischer Provenienz – Mensching kam aus protestantischem Hause – besonders aufgeschlossen und tolerant waren. – Da methodologische Dinge unerörtert blieben, wurde damals eine religionswissenschaftliche Terminologie nicht hinterfragt. – Dennoch stand nach dem zweiten Sommersemester 1950 für mich fest: diese spannende Wissenschaft wird meinen Lebensweg bestimmen. Schon bald besprach ich meine Dissertation, die Mensching ohne eigenes Einwirken sehr tolerant und wohlwollend begleitete. Als Alternative stand auch eine Marburger Version an, bei Heinrich Frick, dem Otto-Nachfolger im ›Mekka‹ der Religionswissenschaft. Doch hatte ich diesen Gedanken bald aufgegeben – aus grundsätzlichen Erwägungen. Meine Arbeit hätte vermutlich einer theologischen Blickrichtung folgen müssen. Die Unabhängigkeit der Religionswissenschaft als Kulturwissenschaft sah ich schon damals in Gefahr.

*

Gerade dieses Ziel aber wurde mit der Gründung der ›International Association for the History of Religions‹ (IAHR) 1950 in Amsterdam angestrebt, wenn auch ihr bedeutender Promotor Gerardus van der Leeuw selbst von der Theologie herkam. Doch die internationalen Impulse sorgten für die Konstituierung einer unabhängigen Dachorganisation, der die nationalen Zweige als Mitglieder angehören sollten. So wurde 1950 in Marburg anläßlich eines Schloßkongresses – gemeinsam mit den Orientalisten – der ›Deutsche Zweig der IAHR‹ begründet. Damit war für das eben wieder zu sich gekommene Deutschland endlich ein bescheidenes Forum entstanden, das unsere Wissenschaft öffentlich vertreten konnte. Doch einen langen Weg sollte ihre Verwirklichung vor sich haben.
Die Konstellation der Religionswissenschaft in den 50er Jahren war noch unklar, durch Selbstbesinnung, Aufbau und erneute

Weltentdeckung gekennzeichnet. Der ›Deutsche Zweig‹ trat erstmalig 1951 in Marburg zusammen. Sein 1. Vorsitzender wurde Heinrich Frick; auf der 2. Jahrestagung in Bonn 1952 hielt er seinen programmatischen Vortrag mit dem Titel »Sinn und Zweck der Allgemeinen Religionswissenschaft«. Das Vorstandsmitglied aus Berlin, Erich Fascher – ein orientalistisch orientierter Neutestamentler –, sprach fesselnd über »Sokrates und Christus«. Seitdem nahm ich an allen Tagungen teil, kann hier allerdings nur einige Akzente setzen. – Die Problematik einer Dach-Wissenschaft, die interdisziplinär mehrere Wissenschaften unter der Frage nach der Religion einer Kultur zusammenführte, trat schon damals deutlich in unser Bewußtsein: Geschichte, Philologie (Texte), Ethnologie, Psychologie, Soziologie und Phänomenologie mußten integriert werden. Die methodologische Frage war vorgezeichnet. Für jeden Beteiligten gab es dabei angesichts der Problemfülle von Anbeginn den Zwang zur Spezialisierung.

Im Zielpunkt der meisten Forscher – es gab nur sehr wenige! – standen jedoch damals die Phänomenologie und Typologie holländischer Provenienz. C. J. Bleeker und Jacques Waardenburg führten sie später aus dieser Anfangskrise heraus. Als junger Student – obwohl begeistert – stieß ich mich schon an der schematischen Aufzeichnung von Fakten, ohne historische Differenzierung, vor allem aber an der sehr überstrapazierten typologischen Methode, die oft Unvereinbares zusammenführte. Der scheinbar klaren Durchsicht fielen häufig subtile Details, die erst ein Phänomen sui generis verstehbar machten, zum Opfer. Anfänglich – so geschult – beteiligte ich mich selbst an diesem fragwürdigen Unterfangen. Belastet war die Typologie damals nicht zuletzt durch eine zu leichtfertig praktizierte vergleichende Methode, deren im Ansatz möglicher Erkenntniswert dadurch in Frage gestellt wurde. – Positiv sollte freilich herausgestellt werden, daß sich in meinen Augen eine gute Phänomenologie stets mit einer guten, heute oft in Frage gestellten Hermeneutik verbinden muß, unter Vermeidung möglicher Subjektivität. Doch voraussetzungslos ist keine Wissenschaft! Inzwischen schrieb ich in Hamburg meine Dissertation über Meister Eckhart bzw. zur Phänomenologie der Mystik; der Abschluß kam 1954 in Bonn, doch das Studium mußte wegen der beruflichen Existenzgrundlage noch weiter fortgesetzt werden. Das berührt jedoch nicht die Geschichte der Religionswissenschaft (vgl. auch Kap. 6 der Biographie).

*

Einen Höhepunkt nach dem Kriege bedeutete 1955 der 2. Internationale Kongreß in Rom, an dem ich dank DFG-Stipendium teilnehmen durfte. Mit einigen Kollegen traten wir die damals endlos lange Eisenbahnfahrt an. Rom als Zentrum der antiken Kultur und historische Grundlage des lateinischen Christentums – ähnlich wie vorher in Trier erfahren – übte auf mich eine große Faszination aus: Geschichte als Anschauung! Der junge Dozent und Heiler-Schüler Kurt Goldammer – »zuhause« in der Antike wie in der Kunstgeschichte – führte die Tagungsgruppe sachkundig und anregend durch die Ausgrabungen in Ostia. In den Freizeiten nutzten wir die Gelegenheiten, uns die eindrucksvollen antiken und christlichen Denkmale anzuschauen. Auf zwei große Persönlichkeiten der europäischen Religionswissenschaft, denen ich begegnet bin, möchte ich noch eingehen. Wir kennen sie zwar aus der Literatur, doch in Abwandlung von Kant könnte man sagen: »Texte (Begriffe) ohne Anschauung sind leer.«

Mircea Eliade machte auf mich einen ausgesprochen lebendigen, ja temperamentvollen, ebenso originalen wie phantasiereichen Eindruck. Er fesselte spontan seine Hörer, konnte improvisieren und blitzschnell denken – und auch sprechen! Daher konnte ich seinem französischen Vortrag nur begrenzt folgen.

Seine Grundgedanken sind bekannt, ich brauche sie nicht zu referieren. Daß er ein sehr fruchtbarer Denker war von universaler Ausrichtung, spürte schon damals jeder Teilnehmer.

Eine ganz andere Persönlichkeit war Joachim Wach, der aus Leipzig während der NS-Herrschaft emigrieren mußte und nun in Amerika lehrte (mein Kollege Rainer Flasche hat später ein sehr gutes Buch über ihn geschrieben). Ich war glücklich, ihn persönlich kennenzulernen, wurde er doch von Mensching kaum zur Notiz genommen. Liberal-protestantisch von der Herkunft, vielseitig begabt, sehr offen für die asiatischen Hochkulturen, mit idealistischem Ansatz im Denken – so habe ich den schlanken, großen Gelehrten mit dem visionären Blick erlebt. Es hat sich eingeprägt. – Ermutigt und betroffen zugleich war ich bei einem längeren Gespräch freilich, als er mich spontan fragte:»Wollen Sie mein Assistent werden? Kommen Sie mit nach Chicago!« Ich konnte nicht sofort reagieren; viele persönliche Gründe sprachen dagegen. Es sollte sich bald herausstellen, daß es für mich eine Fügung war: Wach starb schon wenige Monate später.

*

Der ›Deutsche Zweig‹ hielt in jenen ersten Jahren regelmäßig Tagungen ab, die nach Fricks frühem Tod (1952) von Friedrich Heiler als Vorsitzendem geleitet wurden und gut besucht waren. Der ›Deutsche Zweig‹ nahm sich allerdings mehr als ein Verein von fachlich interessierten Laien aus, meist Hörern der wenigen Professoren. Er war keine wissenschaftliche Organisation im strengen Sinne; es gab auch keine Satzung, in 20 Jahren nur vier Mitteilungsblätter. Trotzdem konnten die meisten Tagungen sich sehen lassen: tüchtige Fachleute – etliche Orientalisten – wurden eingeladen und sorgten für ein gutes und vielseitiges Programm. Eine gezielte Thematik war kaum durchführbar, da es nur wenige eigentliche Religionswissenschaftler gab. – Dennoch war die 6. Jahrestagung in Bremen 1956 (ich hatte gerade das philologische Staatsexamen absolviert) unter dem Titel »Heilige Schriften« ein Ereignis. Unter Heilers Leitung gab es meines Wissens ein recht homogenes Programm. Ich selbst hatte auch ein Referat zu halten über die »Interpretation von heiligen Texten«. Heilers Bemühen, erstmalig einen Kongreßband herauszubringen, scheiterte leider; die Religionswissenschaft hatte eben in Deutschland keine Presse. Es wäre ein guter Band geworden. – Heilers Schüler Günter Lanczkowski lieferte in jenen Jahren jedoch gute, ausführliche Besprechungen der Tagungen in der in Leipzig erscheinenden ›Theologischen Literatur-Zeitung‹. Überhaupt gab es bis 1961 noch Verbindungen zu unseren ostdeutschen Kollegen, die man oft erfolglos einzuladen versuchte. – Nicht unerwähnt bleiben soll ein guter Grundlagen-Vortrag Gustav Menschings über »Tradition und Neuschöpfung in der Religionsgeschichte«, insofern markierend, als Mensching es verstand, Strukturen der Geschichte herauszuarbeiten. Die örtliche Leitung hatte der heute leider (!) vergessene Christel Matthias Schröder.

Inzwischen blieb meine (unsere) berufliche Zukunft völlig offen. Im Bonner Seminar suchte sich jeder seinen Weg zu einer Existenz, im Orchideenfach Religionswissenschaft gab es keine Chancen. Ich erhoffte mir eine Habilitation; erhielt dafür 1957 dank mehrerer Gutachten ein DFG-Stipendium, bewarb mich aber bald schon um die wissenschaftliche Bibliothekslaufbahn als ›stille Reserve‹. Mensching riet von der Hochschule ab, sicher zu Recht, denn es war ein gefährliches Abenteuer. – Die Würfel waren noch 1957 gefallen; ich mußte die Chance einer sicheren Stellung wahrnehmen; immerhin bot der ›Fachreferent‹ damals nebenberuflich die Möglichkeit zur wissenschaftlichen Arbeit. So blieb es noch lange. – Heute sieht die Situation nicht viel anders aus; nur die Zahl von Lehrstühlen und Studenten hat sich vervielfacht.

*

1960 gab es für die kleine, stille Universitätsstadt Marburg ein Ereignis von Weltrang – aus der Sicht unserer kleinen Wissenschaft gesehen. Auf Wunsch und zu Ehren von Friedrich Heiler fand der 3. internationale (Nachkriegs-)Kongreß unter Beteiligung zahlreicher Gelehrter aus aller Welt statt. Orientalisten hatten einen großen Anteil, das Programm war exzellent. Man hatte Gelegenheit, manchen Japaner, Holländer oder Amerikaner kennenzulernen. Durch die Stadt des ›heiligen Otto‹ (Rudolf Otto hatte Geschichte gemacht!) – wie man im Volksmund sagte – brausten die Motorrad-Eskorten, die den japanischen Kronprinzen Mikasa, meines Wissens ein Altorientalist, zur Universität begleiteten.

Dank vieler hilfreicher Geister – ich erinnere mich an Heilers ›rechte Hand‹ Käthe Neumann, die jungen Wissenschaftler Martin Kraatz und Joachim Friedrich Sprockhoff – allesamt Indologen – war alles gut organisiert. Was aus Deutschland auf unserem Gebiet Rang und Namen hatte, versammelte sich im Auditorium. Es war Heilers Kongreß! Für uns Junge war es beglückend, in Deutschland etwas von der Weite weltläufiger Religionswissenschaft zu spüren; denn sie hatte in unserem Land ja keine Tradition. – Heiler selbst gab davon einen Eindruck in seiner Begrüßung, die er in mehreren Sprachen vortrug.

Ich lernte den bekannten holländischen Phänomenologen und Ägyptologen C. J. Bleeker kennen, der seit 1950 Generalsekretär der IAHR war, eine feine, klare, aufrechte Gestalt, liebenswürdig und vornehm als Mensch, präzise als Gelehrter. (Mein Lehrer Mensching war ihm feindlich gesonnen, warum? Ihn störte wohl die internationale Förderung für unsere junge Wissenschaft.) Auch der katholische Priester, Japanologe und Buddhismusforscher von Rang, Heinrich Dumoulin, hinterließ einen starken Eindruck: Kenntnisreich und gründlich, still und in sich ruhend – ohne einen Hauch von Eitelkeit. Seine Bücher schätzte ich später sehr. – In einem Marburger Café lernte ich auch den – was mir damals nocht nicht bewußt war – umstrittenen Indologen Jakob Wilhelm Hauer kennen. Eine ähnliche Erscheinung wie mein verehrter Albert Schweitzer, doch weicher, machte er auf mich den Eindruck eines warmherzigen, arglosen und etwas weltfremden Idealisten. – Es sollte sich auch anderes herausstellen!

Wer war Friedrich Heiler, die herausragende Figur der Marburger Religionswissenschaft? Da Sachliches und Biographisches nachzulesen ist, beschränke ich mich auf unsere Impression von den zahlreichen Tagungen. – Wissenschaftlich gesehen führte er das Werk Rudolf Ottos weiter, war der Typ des viele Sprachen beherrschenden Sammlers, dessen unglaubliches (erdrückendes) Gedächtnis 1000 Fakten speichern konnte und beim Reden viele Beispiele aus aller Welt assoziierte. Sein Vortrag floß gemächlich und gefühlvoll wie ein schönes Andante dahin. Theologische Positionen schimmerten immer wieder hindurch, wenn er auf christliche und religiös-ökumenische Aspekte zu sprechen kam – ein Lieblingsthema von ihm. – Es gab wohl eine deutliche Gedankenführung, sie war jedoch sehr bunt ausgeschmückt. – Das präzise, abwägende, kritische, gar philosophische Denken gehörte – so jedenfalls mein Eindruck – nicht zu seinen Stärken. Das ist auch die Schwäche seiner Phänomenologie geblieben, obwohl er ein Mensch großen Verstehens war.

Persönlich wirkte er sehr weich und sanft, ausgeglichen, wohlwollend und liebenswürdig, im Gespräch als guter Zuhörer eher passiv. Beim Vortrag konnte man zuweilen neben seiner stillen Begeisterung für alles Schöne und Erhabene im Reich der Religionen eine verhaltene Energie spüren, vermutlich auch ein Durchsetzungsvermögen im geistigen Bereich. Man kann sich nicht vorstellen, daß er die Schattenseite der Religionsgeschichte, das Pathologische, Fanatismus, Machtkämpfe und gesellschaftliche Realitäten wirklich wahrgenommen hat. Das Heilige stand für diesen meditativen Gelehrten im Zentrum.

*

Die 9. Jahrestagung 1963 in München stand noch unter Heilers Leitung, der zuletzt kurz an seiner Heimat-Universität lehrte. In der Erinnerung sind mir drei Ereignisse haften geblieben: die schöne ›Sammlung für religiöse Volkskunde‹ von Prof. Rudolf Kriss, das reiche Völkerkunde-Museum in München sowie ein herausragender Vortrag unseres damals noch jungen Kollegen Joachim Friedrich Sprockhoff »Zur Problematik einer Religionsgeographie«, ein Thema, das noch gar nicht im Gespräch war.

Dann wurde es fünf Jahre sehr still um die deutsche Religionswissenschaft. – Vom Vorstand hörte die Gesellschaft ohnehin wenig; Heiler war alt geworden, andere Mitglieder wie von Glasenapp, Fascher, Auffhauser, Mühlmann und Keilbach ebenfalls. Mitteilungen wurden rar; Öffentlichkeitsarbeit gab es seitens der Vereinigung gar nicht. Kurt Goldammer und Gustav Mensching blieben noch aktiv, doch eine Selbstreflexion der (deutschen) Religionswissenschaft ließ sehr zu wünschen übrig. – So schrieb ich damals einen Aufsatz für die ›Frankfurter Hefte‹ – herausgegeben von Eugen Kogon und Walter Dirks – über »Religionswissenschaft in Deutschland«, in dem ich den historischen Hintergründen für unsere Situation nachzugehen versuchte. Eine zwiespältige Rolle spielte dabei interessanterweise der so liberale Adolf von Harnack.

*

Meine Reise in die USA zum 4. Nachkriegs-Kongreß der IAHR in Claremont/ Kalifornien 1965 wurde durch die DFG ermöglicht. Ein bibliothekarischer Fachreferent aus Darmstadt machte sich auf, einen Kontinent und seine Lebensform zu entdecken, nicht zuletzt einen anderen Stil von Wissenschaft. Die hübsche kleine Universitätsstadt in der Nähe der Metropole Los Angeles lud geradezu ein zu offenem und lockerem Gespräch wie konzentrierter Arbeit. Wie das Land, so auch die Atmosphäre in der Universität: großzügig und zukunftsorientiert. Doch blieb vielen von uns der ›American Way of Life‹ fremd; wir waren überzeugte Europäer mit einer alten Tradition – trotz all ihrer Schatten. Mir waren Inder vertrauter als Amerikaner.

Es gab manche wertvolle Begegnungen; ich denke z. B. an einige Japaner – oft der Kyoto-Schule zugehörig –, an Joseph Kitagawa auf dem Lehrstuhl in Chicago, an die weltläufige und polyglotte deutsche Islamistin Annemarie Schimmel (später Präsidentin der IAHR) und den klarsichtigen wie liebenswürdigen israelischen Religionswissenschaftler Zwi Werblowsky, der sich stets intensiv um Aufbau bzw. Erneuerung einer soliden wissenschaftlichen Disziplin bemüht hat. Unvergessen blieb mir freilich eine grundlegende Dichotomie zwischen europäischem und amerikanischem Denken in unserer Wissenschaft. Teilweise gab es sogar kräftige Polarisierungen. Es betraf das Verhältnis zur Geschichte und damit auch die Methode. Wir sind gewohnt, von der alten Kulturgeschichte auszugehen, Gegenwart aus der Geschichte zu verstehen, Texte und Sprachen zu studieren, überhaupt ideelle Linien herauszuarbeiten.

Die Amerikaner gingen gemäß angelsächsischer Tradition sehr pragmatisch vor, fragten mehr nach der lebendigen Gegenwart der Menschen heute, nach ihren Bedürfnissen und realen Bedingungen. Man müsse mit ihnen sprechen, um ihre religiöse Mitte zu erkennen, Texte seien viel zu lebensfern und verstaubt. Für viele Europäer war diese Position zu geschichtslos und einseitig. Der Kurs dürfte dazwischen liegen.

*

Im Februar 1967 ging ein lang gehegter Traum von mir in Erfüllung: Ich konnte einige Wochen Indien bereisen. Welch' eine wunderbare Entdeckung – ohne diese Menschen und ihre alte Kultur, die uns schon vertraut war, idealisieren zu wollen. So fremd vielen Europäern dieser Subkontinent erscheinen mag, ich empfand eine starke Verwandtschaft, bei allen Gegensätzen zur europäischen Mentalität: Darüber allein ließe sich ein Buch schreiben. Einen Höhepunkt bildeten die heiligen Riten, ja, die ganze Atmosphäre in Benares (Varanasi). Das bescheidene, anspruchslose, geruhsame – zuweilen auch ekstatisch! – nach innen gekehrte zyklische Leben vieler Menschen ließ mich den krassen Gegensatz zu uns ›modernen‹ Europäern bei der Rückkehr nach Deutschland empfinden. Die scheinbare Geschichtslosigkeit des indischen Lebens gab mir den Anstoß für eine Reihe von Untersuchungen zum Neuhinduismus. Ich plante sogar ein Buch zum Thema »Die Entstehung des geschichtlichen Denkens in Indien«. Doch blieb es nur Projekt, da die beruflichen Verpflichtungen es verbaten. Einige Aufsätze waren das Ergebnis, auch einige Vorträge bei unseren Tagungen.

*

Nach dieser kleinen Abschweifung nun zurück zur Religionswissenschaft und unserem ›Deutschen Zweig‹ – 1967 war unser langjähriger Vorsitzender Friedrich Heiler gestorben, und Gustav Mensching übernahm ungeduldig und energisch die Leitung. Er wollte sich bemühen, »den eingeschlafenen ›Deutschen Zweig‹ wieder zum Leben zu erwecken« (Brief vom 7. Mai 1967). Doch Mensching war nicht der Mensch, der allseits Zuspruch erwarten konnte, er blieb schwierig und duldete wenig Kritik. Etliche Mitglieder traten aus. Sein Vertreter, der Marburger Kurt Goldammer, trug viel zum Ausgleich bei. Er war geistesgeschichtlich vielseitig begabt, liebenswürdig, gewandt, glatt, vermittelnd, oft unentschieden und nicht eindeutig – auch in seinen Schriften –, aber als Gegenpart zu Mensching ausgleichend. Später sollte seine sehr konservative Grundhaltung deutlicher werden. – Ich selbst kümmerte mich damals schon sehr um eine Erneuerung und öffentliche Anerkennung unserer Wissenschaft, insofern mit Mensching gleichziehend. Mit beiden Herren stand ich im Briefwechsel, regte ein Memorandum an den Deutschen Wissenschaftsrat an, das ich später entwerfen sollte. Es kam wieder Bewegung in unsere Gesellschaft. Doch blieb die Lage wegen des umstrittenen Vorsitzenden gespannt.

Mit der 10. Jahrestagung in Bonn 1968 begann sich eine gewisse Wende abzuzeichnen. (Sie hatte für uns mit der »68er Revolution« erkennbar keinen Zusammenhang!) Einige wichtige Vorträge markierten dies thematisch. Kurt Goldammer sprach über den »gegenwärtigen Stand der Religionswissenschaft unter besonderer Berücksichtigung einer experimentellen und angewandten Religionswissenschaft«, Carsten Colpe über »Die Notwendigkeit einer zeitgemäßen religionswissenschaftlichen Terminologie«. Ein interessantes Publikum war in Bonn versammelt. – Bei der Vorstandswahl sollte einer von uns Jüngeren hineingewählt werden. Joachim Friedrich Sprockhoff und ich kandidierten: mit nur knappem Vorsprung fiel die Wahl auf mich. Es war für uns belanglos, wer von unserer Generation mitwirken würde. So wurden die nächsten 12 Jahre für mich oftmals angespannt – alles nebenberuflich.

Ein überraschendes Ereignis am Rande hatte mich damals sehr gefreut. Der Rektor der Kirchlichen Hochschule in Berlin, der Alttestamentler Richard Hentschke, suchte mich nach meinem Vortrag über Radhakrishnan auf und führte später ein längeres Gespräch mit mir über eine mögliche Berufung auf einen neu geschaffenen Lehrstuhl für Religionswissenschaft und Missionswissenschaft. Ich war völlig überrascht, hatte ich doch damals noch nicht viel veröffentlicht und war auch nicht habilitiert. Doch setzte er auf mich, da ich ja die Bibliotheksleitung mit übernehmen könne. Es folgte dann ein mehrfacher Briefwechsel mit einem inoffiziellen Angebot. So reiften meine Überlegungen: Ich mußte mir selbst treu bleiben und durfte mich nicht in eine theologische Perspektive einbinden lassen und mußte dieser Verlockung widerstehen. Es war gut so, denn die 70er Jahre in Berlin strapazierten viele Lehrkräfte, auch in der Kirchlichen Hochschule!

Der neue Vorstand unter Menschings Leitung hatte sich u. a. zum Programm gemacht, endlich eine Satzung für die Vereinigung zu erarbeiten. Goldammer legte einen Entwurf vor, der bei der nächsten Tagung zur Abstimmung gestellt werden sollte. Er sah keine streng wissenschaftliche Gesellschaft vor, sondern als Kompromiß die legitime Einbeziehung aller interessierten Laien, wie es dem status quo entsprach. Die Begründung klang überzeugend: es gab nur wenige aktive Forscher auf unserem Gebiet, die eine Fachorganisation hätten tragen können. – Dennoch waren wir Jüngeren mit dieser Lösung nicht einverstanden. Das sollte sich 1972 ändern.

*

Für 1969 wurde aus Anlaß des 100jährigen Geburtstages von Rudolf Otto eine kleine Sondertagung nach Marburg einberufen. Es war damals angemessen, den Promotor der deutschen Religionswissenschaft in der 1. Jahrhunderthälfte besonders zu ehren. Dies gelang insbesondere durch zwei herausragende Vorträge von Ernst Benz, dem liberalen und weltläufigen Marburger Kirchenhistoriker über »Rudolf Otto« und durch den ähnlich gearteten dänischen Religionsphilosophen Sören Holm über »Apriori und Urphänomen«. Am Rande dieser Tagung trafen sich die jüngeren Kollegen (kein gezielter Aufstand!) in lockerer Atmosphäre, um über die Zukunft der Religionswissenschaft Gedanken auszutauschen.

Ob der ehrgeizige und eigenwillige Saarbrücker Religionshistoriker und Anthropologe Alfred Rupp, der demnächst ›seine‹ »Religionsgeschichtliche Studiengesellschaft« in Opposition zu Mensching und dem bisherigen »Verein« zu gründen gedachte, anwesend war, erinnere ich nicht mehr; es ist wahrscheinlich. – Rupp war fachlich sicher vielseitig qualifiziert, bot ein breites Spektrum, war aber höchst intolerant mit seinem wissenschaftlichen Ansatz. Er versuchte, manche von uns abzuwerben, auch mich selbst. Da ich die Interessen unseres Vorstands ja mitzuvertreten hatte, kam ein Übertritt allein schon aus diesen Gründen nicht in Frage. Auch hielt ich es für unverantwortlich, das Wachstum dieses zarten Pflänzchens Religionswissenschaft in Deutschland durch eine Oppositionsgruppe stören zu lassen. Wie schön, daß beide Gesellschaften nach 30 Jahren nun wieder zusammenfinden!

*

1970 nahm ich aktiv an dem anregenden 5. IAHR-Kongreß in Stockholm teil; m. W. sprach ich über das Geschichtsverständnis Vivekanandas, des früh verstorbenen neu-hinduistischen Reformers, der 1893 auf dem 1. Weltparlament der Religionen in Chicago seine berühmte Rede gehalten hatte.
Schweden und Holland standen damals für eine aufgeschlossene, moderne Religionswissenschaft. Sie schienen über die diesbezügliche kulturpolitische Misere in Deutschland und die Situation unserer Gesellschaft gut informiert zu sein. – Denn sehr betroffen war ich, als der Präsident der schwedischen Gesellschaft und der IAHR, der hagere und nüchterne Iranist Geo Widengren, uns in einem Gespräch den Rat einer Abwahl Menschings gab (wörtlich: ›consilium abeundi‹). Ich hatte gemischte Gefühle: Mensching wurde gewiß international abgelehnt, er nahm auch nie an internationalen Kongressen teil; ob dies allein mit seiner später erst deutlich gewordenen NS-Bela-

stung zusammenhing? Es war mir nicht erkennbar. Als Vorstandsmitglied war jedoch Solidarität geboten; mich befremdete schließlich damals ein solcher Rat aus dem Ausland, obgleich er innerlich durchaus einsehbar war.

*

Es näherte sich das erste Krisenjahr 1972 mit der 12. Jahrestagung in Berchtesgaden: Die Ortswahl kam aus Verlegenheit zustande – einer Einladung des bayrischen Volkskundlers Rudolf Kriss folgend –, da es kaum geeignete Tagungsorte mit fachlicher Ausrichtung gab, ähnlich wie Darmstadt 1975. – Es gab ein gutes Programm mit tüchtigen Kollegen; etliche Nachwuchswissenschaftler kamen schon zu Wort.

Eine hohe Brisanz erhielt die Mitgliederversammlung in der sich über zwei Nächte hinziehenden, stundenlangen Diskussion um die endgültige Satzung und der anschließenden Vorstandswahl von 0.00 bis 1.00 Uhr! – Brisant wurde es vor allem dadurch, daß Mensching zur allgemeinen Überraschung im letzten Moment seinen Rücktritt bekannt gab, aus welchen Motiven auch immer. Herr Goldammer hatte mir dies erst am Nachmittag – einige Stunden vor der Mitgliederversammlung – in einem Café erzählt und mich gebeten, ich möge mich doch als Nachfolger zur Wahl stellen. Damit nahm – im Rückblick geurteilt – das Verhängnis seinen Lauf. Völlig unvorbereitet konnte ich mich zu dieser Aufgabe nicht plötzlich entschließen: Da ich Abteilungsleiter in der Bibliothek ohne personelle Hilfe war und kein Hochschullehrer, sah ich nur Schwierigkeiten. Hätte ich von diesem Ansinnen acht Tage vorher erfahren, so wären die nächsten Jahre wohl anders verlaufen.

In der nächtlichen Vorstandswahl am nächsten Abend – viele waren schon völlig erschöpft – kandidierte trotz etlicher Vorschläge am Ende niemand. Nach Ermutigung durch zahlreiche Kollegen stellte ich selbst die Bedingung der Teamarbeit, was vom Wahlleiter abgewiesen wurde. Schließlich bat ich wenigstens um einen Alternativkandidaten. Daraufhin entschloß sich der Schweizer Ethnologe und Soziologe Peter Weidkuhn zur Kandidatur – auch mit Vorbehalt – und wurde mit kleinem Vorsprung gewählt. Mensching nahm bei nur knapper (!) Mehrheit die Wahl zum Ehrenvorsitzenden an. Ich selbst wurde Stellvertreter und hatte praktisch doch die Hauptlast zu tragen. Kurt Goldammer, Hans-Jürgen Greschat und Karl Hoheisel gehörten dem neuen Vorstand an, der noch in Berchtesgaden zusammentrat.

Ein dynamischer Beginn kennzeichnete unsere erste gemeinsame Aufbruchzeit. Wir hatten viele Ziele anvisiert: die Zeitschriftenfrage voranzutreiben, ein Forscherlexikon aufzubauen, DFG-Kontakt herzustellen, Arbeitskreise einzurichten, die Verbindung zur IAHR zu intensivieren (Kurt Goldammer) und eine bessere themenbezogene Kongreßgestaltung einzuleiten. – Schließlich wollten wir die DVRG – so hieß sie jetzt – zu einer streng wissenschaftlichen Gesellschaft ausbauen. Das ermöglichte jetzt die neue Satzung. – Zum Problem wurde jedoch im Laufe der Jahre die Person des 1. Vorsitzenden, sachlich wie persönlich. Der Umgang mit Weidkuhn erwies sich als schwierig und für eine deutsche Vereinigung durch die Fernlenkung aus Basel spannungsreich, u. a. auch durch Weidkuhns kulturanthropologische Orientierung. Die deutsche Tradition war eine andere; so gab es einen zum Teil aufregenden, aber doch auch ausgleichenden Briefwechsel zwischen uns. Der Präsident, wie er sich selbst nannte, schlug als nächstes Tagungsthema den ›Religionswandel der Gegenwart‹ vor; es wurde gern akzeptiert. Der Ort sollte Basel sein. Aus mehreren Gründen kam es nicht dazu.

Nicht unerwähnt sollte bleiben, daß unsere Gesellschaft zwar formell eine gesamtdeutsche Organisation blieb, de facto aber eine westdeutsche Einrichtung war. In den Vorstand konnten deshalb bedauerlicherweise keine ostdeutschen Mitglieder gewählt werden. Man denke nur an die Universitäten Berlin, Leipzig (Kurt Rudolph) und Jena (Hanna Jursch). – So ergab sich ganz bewußt unser Bemühen, die ostdeutschen Kollegen wenigstens indirekt an unseren Zielsetzungen teilnehmen zu lassen. Ich selbst versuchte in diesen Jahren, einige Mitglieder »drüben« – wie man damals sagte – zu besuchen. Sie waren dankbar, daß wir sie nicht vergessen hatten. (Im nächsten Vorstand setzte sich besonders Herr Sprockhoff sehr für unser Anliegen ein.)

*

Die nun folgende Entwicklung der Religionswissenschaft wurde begleitet und beeinflußt durch die allgemeine wissenschaftliche Entwicklung der 70er Jahre. Naturwissenschaftliche Methoden hinsichtlich Reproduzierbarkeit, Beweisbarkeit und Tatsachenforschung verbanden sich mit der britischen analytischen Sprachphilosophie, einer ›nackten‹ Empirie und Soziologie und verdrängten die klassischen geistesgeschichtlichen Ansätze mit ihrer Hermeneutik. Wissenschaftstheorie in der Philosophie, Meßbarkeit in der Psychologie, die Tabula-rasa-Theorie in der Pädagogik (= die gesellschaftliche Umwelt bestimmt alles) beherrschten zunehmend das Feld. Ein neuer Nominalismus bzw. Positivismus bekämpfte jede Form vorsichtiger metaphysischer Ansätze und glaubte an seine eigene sogenannte ›Objektivität‹, während führende Naturwissenschaftler eine Gegenbewegung einleiteten und selbst von einer fehlenden Voraussetzungslosigkeit eigenen Tuns sprachen.
Auf der einen Seite stand geistesgeschichtliches Arbeiten – mit einigem Recht – unter Subjektivitätsverdacht, oft auch ›meta-

physikverdächtig‹ genannt, auf der anderen Seite mußten einige Kulturwissenschaften eine zunehmende Ideologisierung hinnehmen. Ein guter Ausgleich fand sich in dem Begriff ›intersubjektive Geltung‹, der gültige Erkenntnisse ermöglichte. – Da die Geisteswissenschaften sich gleichzeitig mit einer Massenproduktion von Unwichtigkeiten totzulaufen drohten, schrieb ich 1977 eine größere, um ausgewogene Klärung bemühte Abhandlung für die Zeitschrift SCHEIDEWEGE über diese Problematik mit dem Ziel, nach dem möglichen Erkenntniswert zu fragen.

Wie sich bald zeigen sollte, blieb auch unsere Wissenschaft von dieser Diskussion nicht unberührt. Deutliche Begriffsbildung und mehr Empirie waren gefordert. (Die Methodenreflexion beschäftigte auch den Vorstand.) Die Religionsphänomenologie wurde kritisch hinterfragt, die Religionspsychologie verkümmerte, die Wesensfrage wurde mindestens ausgeklammert und die Reduktionstheorie feierte im Neopositivismus zuweilen ihre Wiederentdeckung.

*

In dieser geistigen Atmosphäre wurde die nächste (13.) Jahrestagung nolens volens 1975 in Darmstadt ohne genius loci vorbereitet und abgehalten. Der Vorstand stand unter Spannung: intensive Sitzungen hatten vieles auszudiskutieren, nicht zuletzt auch die eigenwillige und oft provokativ vorgetragene Position des Vorsitzenden Peter Weidkuhn, die sich mit unserer religionsgeschichtlichen Linie schwer ausgleichen ließ. So verließ schon früh (1972 oder 1973) unser Marburger Kollege Hans-Jürgen Greschat bedauerlicherweise den Vorstand.

Das sehr aktuelle Thema ›Religionswandel der Gegenwart‹ hatte für Darmstadt einen großen Zulauf und starke öffentliche Resonanz, u. a. auch dank unserer gemeinsamen Vorbereitung. – Das Programm war bunt und ansprechend, aber etwas heterogen, von der Soziologie bis zur Pädagogik. Immerhin konnten interessante Gelehrte gewonnen werden.

Eine Gruppe von jungen Bonner Kollegen hatte moderne methodische Gesichtspunkte einbringen wollen, die sich später als Sprengstoff herausstellten. Doch konnte man die Tagung durchaus als gelungen bezeichnen, so daß es lohnend erschien, erstmalig in der Geschichte der DVRG endlich eine Publikation herauszubringen. Sofern ein Verlag gewonnen werden konnte, sagte ich den Teilnehmern einen dokumentarischen Kongreßband zu.

Für mich gab das Stichwort ›Religionswandel‹ und Säkularisierung einen kräftigen Impuls, über die Metamorphosen alles Religiösen nachzudenken und dies in einer größeren Abhandlung zu entwickeln, die 1976 in der Zeitschrift für Missionswissenschaft und Religionswissenschaft (ZMR) publiziert wurde. Daraus erwuchs dann später der Entwurf einer kleinen Religionstheorie.

In schöner Erinnerung habe ich die erste Begegnung mit Carl A. Keller aus Lausanne; wir freundeten uns allmählich an, denn wesentliche Gemeinsamkeiten können durchaus einige unterschiedliche Standpunkte überbrücken. Schließlich konnte ich den Islamisten Peter Antes und den Altphilologen Bernhard Uhde kennenlernen; Hubert Seiwert war damals der erste unter den Methodologen aus Bonn. Der Vortrag meines alten Freundes Hans-Walter Hedinger über den Bismarck-Kult fand eine besondere Aufmerksamkeit.

Intensiv befaßte sich der Vorstand anschließend mit der Publikationsmöglichkeit. Das führte zu einer Zerreißprobe, denn Vorreiter und Bremser standen sich gegenüber. Die Wissenschaftliche Buchgesellschaft in Darmstadt bot uns im Sommer 1975 die einmalige Chance, für die ›Besondere wissenschaftliche Reihe‹ mit einer Auflage von 30.000 Exemplaren der Religionswissenschaft ein breites Forum zu ermöglichen. Das fertige Manuskript mußte jedoch in ca. vier Monaten vorliegen. Herr Goldammer meldete entschieden Widerspruch an, vor allem wegen der vier Methodenbeiträge aus Bonn. Mit einer sehr knappen Mehrheit beschlossen wir die Zusage und damit den Druck. Die Herausgeberschaft war auf mich gefallen. Das Drama dieser ersten Drucklegung wurde zusätzlich zum Drama des Vorstands, als beim Internationalen Kongreß in Lancaster (England) ein Anruf meiner Frau einging – die seit 1972 ehrenamtliche Sekretärin der DVRG war –, der Verlag habe ihr soeben mitgeteilt, daß von einer bekannten Persönlichkeit, die ungenannt bleiben wolle, heftiger Einspruch gegen das Unternehmen angemeldet sei. Der Verlag erwarte sofortige Stellungnahme. Wir vermuteten den Briefschreiber, doch stellte sich später heraus, daß der Torpedo aus Bonn kam – von Mensching persönlich. Durch ein eiliges Telegramm aus Lancaster an den Verlag konnte das Projekt gerettet werden. Mit dem ebenso konservativen wie fairen E. Thomas Reimbold – inzwischen im Vorstand – hatte ich im nachhinein einen langen, kontroversen Briefwechsel zur Methodenfrage. Goldammer trat zurück, aus seiner Sicht konsequent. Der Vorstand zerfiel. (Die DVRG-Akten in Marburg bringen Belege.)

*

Meine Reise nach England stand unter guten Vorzeichen; sie führte mich erstmals in das Land meiner Vorfahren. Obwohl überzeugt in der alten deutschen Tradition stehend (mein verehrter Eduard Spranger nannte einen Aspekt das »metaphysische Heimweh«), so hatte ich doch immer viel Sympathie für den britischen, bodenständigen Realismus, die Umgangsformen und das ideologiefreie Denken. Der recht bunte Kongreß in Lancaster (1975) war erfreulich. Ich lernte Eric Sharpe und Ninian Smart – beide typische Engländer – kennen, hörte von der hochbegabten Deutsch-Engländerin Ursula King einen fesselnden Vortrag zum Neuhinduismus und machte bei einem Spaziergang am Meer die Bekanntschaft mit dem liebenswerten, um geistigen Austausch bemühten Polen Poniatowski, der damals (!) mühsam um den Aufbau einer unabhängigen Religionswissenschaft rang, frei von kirchlichem wie marxistischem Einfluß.

Eine Herausforderung für unsere ›Deutsche Vereinigung‹ wurde der Antrag von Alfred Rupp, die ›Deutsche Religionsgeschichtliche Studiengesellschaft‹ in die IAHR aufzunehmen! Eine Doppelrepräsentanz der deutschen Kollegen wünschte auch das IAHR-Gremium nicht; man hatte schlechte Erfahrungen. Anläßlich eines Gartenempfangs versuchte ich, Herrn Rupp sein unseliges Unterfangen auszureden. Es war vergeblich! Bei der Komitee-Sitzung ließen Herr Weidkuhn und ich, wenn ich mich nicht täusche, den Antrag passieren, um größere, innerdeutsche Zwietracht zu vermeiden, wenn auch beide aus verschiedenen Motiven.

*

Unter der dynamischen, aber schwierigen Leitung Weidkuhns wurde durch Teamarbeit etliches vorangebracht, was wir uns zum Ziel gesetzt hatten. Persönlich konnte ich mich – bei allen Gegensätzen – über einen Mangel an Fairneß nicht beklagen. Doch sowohl die Kongreßpublikation wie auch die Person des Vorsitzenden führte weiterhin zu Spannungen. Ob E. Thomas Reimbold auch noch zurücktrat, erinnere ich nicht mehr. Das Tagungsprojekt Basel Herbst 1976 scheiterte an praktischen Problemen. So beschloß der desolate Restvorstand satzungsgemäß eine schriftliche Vorstandswahl für das Frühjahr 1976. Ich organisierte bei einem angesehenen Notar in Darmstadt das umständliche Verfahren, ohne die eigentliche Absicht, selbst das leitende Amt zu übernehmen, weil ich inzwischen zur Erkenntnis gekommen war, daß ein erfahrener Hochschullehrer über mehr Reputation und Radius verfügen würde. Doch es sollte anders kommen: mit großer Mehrheit fiel die Wahl auf mich; meines Wissens gab es keine andere Möglichkeit. Ich hatte das mühsame Amt anzunehmen, um die Gesellschaft nicht auflösen zu müssen. Das wäre nicht zu verantworten gewesen!

Der neue Vorstand konnte jetzt endlich ruhigere Gewässer ansteuern. Bisherige Projekte wurden konsequent weitergeführt. Das Jahr 1978 ließ sich gut an. Wir hatten langfristig die nächste Tagung mit meinem Wunschthema ›Leben und Tod‹ in Bonn geplant und dank vieler eingeladener Gelehrter aus zahlreichen Disziplinen eine ausgewogene und homogene ›Komposition‹ von Vorträgen zusammenstellen können. Ursula King aus Leeds, Carl A. Keller und Jacques Waardenburg waren u. a. Gäste. Einige Bonner Orientalisten kamen hinzu. Mir lag vor allem daran, außer der Märchenforschung (gern hätte ich Max Lüthi gewonnen) Kunst und Musikgeschichte einzubeziehen. Ich selbst beschäftigte mich schon seit Jahren mit dem entsprechenden musikalischen Thema. Leider hatte ein zweiter Musikreferent kurzfristig noch absagen müssen. – Eine solche Thematik ruft geradezu nach der Einbeziehung der Symbolik, so schwierig sie auch methodisch zu greifen ist, denn das für eine gute Hermeneutik so nötige intuitive Element wurde in der aufkommenden Wissenschaftstheorie suspekt. Es bleibt eine Gratwanderung! – Mein alter Lehrer Otto Friedrich Bollnow, den wir für den Eröffnungsvortrag gewinnen konnten, umriß denn auch sehr behutsam die Konturen dieser doppelten Problematik. Eine kleine Reminiszenz: In einem persönlichen Brief fragte ich zunächst an, ob er wohl zum Tagungsthema etwas beitragen möchte. Er antwortete mir in seiner feinsinnigen Art, ich möge doch Verständnis dafür haben, daß er sich in seinem hohen Alter über ein so intimes Thema wie den Tod nicht mehr öffentlich äußern möchte.

Ein anderer Aspekt war die zunehmend umstrittene Phänomenologie; darauf müßte man sich länger einlassen. Daß ihre herkömmliche Weise nicht mehr akzeptabel war – darüber gab es weitgehenden Konsens. Ich freute mich sehr, in Jacques Waardenburg einen Kollegen gefunden zu haben, der eine kritische Revision in diesen Jahren vollzog, ohne die Substanz preiszugeben. Leider blieb in der (organisatorisch) unglücklichen Pfingstwoche die öffentliche Wirkung weitgehend aus; die Universität hatte Ferien. Um so erfreulicher wurde das spätere Echo für die Religionswissenschaft. Ich hatte das große Glück (!), daß die Wissenschaftliche Buchgesellschaft dieses Thema nochmals mit einer Reihen-Auflage von 30.000 Exemplaren für 1980 übernehmen wollte. So konnte der Band gut vorbereitet werden: Den Fehler von 1975 vermied ich diesmal: es durfte nicht wieder eine reine Kongreß-Dokumentation werden, mit den üblichen Schwächen und Randerscheinungen! Als Herausgeber nahm ich nicht alle Vorträge auf und suchte mir stattdessen andere freie Mitautoren. Es ging nicht alles nach Wunsch; doch die 4. Auflage von 1997 spricht offenbar für diesen Band. Mein früherer Lehrer Gustav Mensching blieb leider der Tagung fern; er hätte sich freuen können. Er starb im September 1978. (Meine kleine, distanzierte Würdigung erhielt keine generelle [!] Zustimmung.)

*

Meine letzte Jahrestagung als Vorsitzender sollte 1980 aufgrund einer Einladung von Peter Antes in Bad Sooden-Allendorf stattfinden. (Man hatte immer Mühe, geeignete Universitätsstädte zu finden). Das Thema ›Ritus und Recht‹ hatte mein Kollege Joachim Friedrich Sprockhoff angeregt, der mir im Vorstand dieser guten Jahre stets in juridicis treu zur Seite stand. Es wurde wieder eine gelungene Tagung dank kollegialer Unterstützung. In Erinnerung habe ich noch einen schönen

Vortrag des bald verstorbenen Indologen Günter D. Sontheimer. Die Indologie lag mir immer schon am Herzen; ich hätte sie zusätzlich studiert, wenn 1946 in Hamburg die Konstellation eine andere gewesen wäre.

In Bad Sooden stand wieder eine reguläre Vorstandswahl an. Nach so vielen mühsamen Jahren hoffte ich auf meine persönliche Ablösung, zumal ich in der Bibliothek inzwischen an die leitende Stelle gerückt war und mich gesundheitlich nach Entlastung sehnte. Zu meiner Freude wurde Heinrich von Stietencron – in absentia – zu meinem Nachfolger gewählt. Gern hätte ich den bekannten Religionsphilosophen Heinz Robert Schlette im neuen Vorstand gesehen; doch es war mein Versäumnis, ihn auch selbst vorzuschlagen. – Mein endgültiges Ausscheiden ließ in summa das Gefühl großer Befriedigung und Erleichterung aufkommen. Die bewegenden Dankesworte vom frühen Weggefährten Joachim Friedrich Sprockhoff (und nun 2. Vorsitzenden) habe ich nicht vergessen.

*

Die weitere Entwicklung ist bekannter und ich kann sie kürzer darstellen: die Religionswissenschaft begann sich langsam zu festigen. Ich blieb nur noch Mitglied, gelegentlich aktiv.

Unter der Leitung unseres Tübinger Indologen von Stietencron kam die nächste Tagung 1982 unter dem Thema ›Dämonen und Gegengötter‹ am Neckar zustande. Ein vertrauter Kreis von Fachleuten versammelte sich zu einem konzentrierten Symposium im Großen Senatssaal der Universität. Einen treuen Begleiter unserer deutschen Religionswissenschaft, den Stockholmer Gelehrten (lettischer Herkunft) Harald Biezais, lernte ich bei dieser Gelegenheit etwas näher kennen. Gut in Erinnerung sind mir noch der fesselnde Vortrag Burkhard Gladigows über die Struktur polytheistischer Religionen, auch die Beiträge von Karl Hoheisel und Helmut Brunner, dem später mit uns befreundeten Tübinger Ägyptologen.

*

Berlin 1984 wurde zu einem gewissen ›Datum‹ der deutschen Religionswissenschaft: Heilers Marburg trat zugunsten einer mehr historischen, soziologischen und z. T. religionskritischen Orientierung in den Hintergrund. Das Thema handelte vom ›Untergang von Religionen‹; es war eine sehr gute Tagung, die Hartmut Zinser später dokumentierte. Das Jahr 1984 war auch für mich sehr fruchtbar, sachlich und persönlich: In Berlin konnte ich einen Teilaspekt meiner Abhandlung ›Metamorphosen des Bleibenden‹ im Hinblick auf das anstehende Säkularisierungsthema zur Diskussion stellen. Auf diese Weise lernte ich – zunächst durch Opposition, dann im Konsens – den Tübinger Altphilologen Hubert Cancik kennen. Schließlich brachten diese Tage die erste persönliche Begegnung mit dem später befreundeten Religionsphilosophen Richard Schaeffler. Ich empfand damals rasch einen starken Gleichklang. Nicht zu vergessen in der Sache: Schaefflers Kongreßbeitrag markierte – wenn ich mich nicht täusche – deutlich eine Position, die sich gegen Neopositivismus und Reduktionstheorie richtete. – Gladigows Vortrag »Wir gläubigen Physiker« gab dem anhaltenden Religionswandel individuelle Konturen. Nicht zu vergessen auch Carsten Colpes Grundsatzreferat.

Deutlich markieren sollte ich noch die inzwischen eingetretene stärkere Betonung des historischen Aspekts. Das war sehr zu begrüßen, wurde er doch lange vernachlässigt, denn ohne Geschichte gibt es kein Verstehen der Gegenwart. Gerade letztere trat aber allmählich in den Vordergrund der Forschungsbemühungen. – Wenn auch die Religionsphilosophie meiner Ansicht nach bislang unangemessen vernachlässigt wurde, so sollte sie doch – sofern auf der Basis der Religionsgeschichte, also nicht spekulativ! – ergänzend zum historischen Aspekt unsere Wissenschaft mitbestimmen. Die Frage nach der Identität dessen, was wir europäisch ›Religion‹ nennen, darf nicht ausgeklammert werden.

*

Die Marburger Tagung 1986 wurde durch Michael Pye (Fachgebiet Religionswissenschaft) und seinem Team ausgerichtet. Ihn lernte ich schon in den 70er Jahren kennen, als er Generalsekretär der ›British Society‹ war. In Erinnerung blieb mir noch die straffe Leitung des so unermüdlichen und zielstrebigen Leiters der ›Religionskundlichen Sammlung‹ (begründet durch Rudolf Otto). Mit großem Engagement, gründlicher Sachkenntnis und kunsthistorischem Verständnis hat Martin Kraatz über Jahrzehnte dem ehemaligen ›Mekka‹ der deutschen Religionswissenschaft ein schönes Denkmal gesetzt.

Schließlich aber möchte ich außer dem groß angelegten Altersvortrag von Kurt Goldammer über »Kultur als Ordnungsprinzip der Religionsgeschichte« das schöne Schlußwort von Stietencrons erwähnen. – Durch eine altindische Geschichte vom ›Mann mit der Wasserpfeife‹ – die Pfeife machte viele Veränderungen, Zerstörungen, Ergänzungen und Erneuerungen durch – versuchte von Stietencron, Wandlungen und Identität der Religion wie der Religionswissenschaft zu verdeutlichen. Ich denke: eine angemessene Wandlung unserer Wissenschaft sollte für sie stets integrierend bleiben, nicht als Entweder-Oder konzipiert werden und sich immer für die religiöse Frage offen halten.
Aber unsere Tagungen mit vielen interessanten Aspekten ließen betrüblicherweise etwas Wesentliches vermissen: die Teilnahme unserer ostdeutschen Kollegen aus der damaligen DDR. Die

Verbindungen waren teilweise schon abgerissen, neue Begegnungen kaum möglich. Kurt Rudolph aus Leipzig, den wir früher schon kennengelernt hatten, gelang es 1984, nach Kalifornien auszuwandern. 1986 wurde er nach Marburg berufen. Bis er dort seine Lehrtätigkeit aufnehmen konnte, sollte ich ihn vertreten. Doch sah ich mich zu dieser Zeit völlig überfordert; wir waren gerade nach Tübingen übergesiedelt: ich mußte absagen. Eine reguläre Lehrtätigkeit zu übernehmen – Herr Greschat ließ mir freie Wahl – hätte mich beglückt.

*

Anläßlich der Tagung in Hannover 1988 wurde die Leitung der DVRG an Peter Antes übergeben, einen lebensfreudigen und polyglotten Barockmenschen (so seine Frau). Von ihm ist mir aus Hannover noch gut sein Vortrag über Olivier Messiaen in Erinnerung. Er sprach im Rahmen des soziologisch orientierten Generalthemas ›Die Religion von Oberschichten‹. Die meist guten Vorträge waren recht heterogen; nicht alles fügte sich zusammen. Das blieb immer unser Problem beim Bemühen, ein Rahmenthema anzubieten. Es fügt sich nicht alles thematisch in einen Kongreßband. Eindrucksvoll für mich auch der Vortrag von Heinrich von Stietencron über den Synkretismus von Akbar dem Großen.

*

Einen Höhepunkt bildete – so die Nachricht mehrerer Kollegen – der Kongreß zum Thema ›Grundwerte in den Religionen‹ in München 1991. Endlich kam erstmalig das Thema Ethik auf die Tagesordnung. Meinen eigenen Beitrag über Gerechtigkeit trug in freundschaftlicher Hilfsbereitschaft Karl Hoheisel vor. Helmut Brunner berichtete mir begeistert von diesem Münchener Treffen, von dem ich krankheitshalber fernbleiben mußte.

*

Im Zusammenhang dieser Erinnerungen sollten ein paar Worte über die in der 2. Jahrhunderthälfte stark vernachlässigte Religionspsychologie nicht fehlen. An die großen Psychologen der ersten Jahrzehnte hat man nicht mehr angeknüpft. Das Problem dieser Teilwissenschaft beruht sicherlich auf der letztlichen Unerkennbarkeit der »inneren Welt« (Trillhaas). Es gibt stets nur subjektive – wie die Kritiker sagen: »nicht nachprüfbare« – Aussagen. Was psychologisch sichtbar, meßbar und reproduktiv feststellbar ist, trifft aber in der Regel nicht das Wesentliche. – So kann die Religionspsychologie nur vorsichtig tastend von der äußeren wie inneren Erfahrung (des ›Objekts‹) ausgehen und in einen Wirklichkeitsbereich beschreibend und verstehend vorzustoßen versuchen, der wesentliche Seiten des Lebens bestimmt und sich doch unserem begrenzten Wissenschaftsbegriff entzieht. Das Vorgehen erfordert eine große Sensibilität des Forschers, u. U. auch eine intuitive Erfassung des zu untersuchenden psychischen Phänomens. Letztere gilt jedoch vielen Wissenschaften als suspekt, weil voller Fehlerquellen, obwohl sehr viele große schöpferische Leistungen des Menschen auf Intuition beruhen. Diese verbindet sich meist mit dem neuplatonischen Erkenntnisprinzip, das eine Korrespondenz von Erkennendem und Erkanntem voraussetzt. – Natürlich verbietet sich ein Urteil darüber, ob religiöse Aussagen, etwa die eines Mystikers, auf Wahrheit beruhen. Doch müssen wir sie – »auf der Objektebene«, wie man heute sagt – als Transzendenzerfahrung ernst nehmen und dürfen sie nicht religionskritisch abqualifizieren. – Die Religionspsychologie hat einen schweren Stand – wie auch andere Geisteswissenschaften; doch darf sie im Rahmen einer integralen Religionswissenschaft nicht fehlen! – Dies gilt ebenso für eine noch kaum entwickelte Religions-Psychopathologie.

*

Meine Erinnerungen neigen sich dem Ende zu. Die letzten Jahre sind auch der jüngeren Generation bekannt. – Von der Bremer Tagung 1993, als der dynamische Hans G. Kippenberg zum Vorsitzenden gewählt wurde, weiß ich mangels Teilnahme nichts zu berichten. Erfreulicherweise gab es 1995 in Bonn auf Vorschlag von Hans-Joachim Klimkeit nochmals den Versuch, das klassische Thema »Vergleichen und Verstehen« einer zukunftsorientierten Überprüfung zu unterziehen. Das Thema entsprach der alten Bonner Tradition; doch etliche Beiträge fügten sich nicht homogen zusammen. Dennoch gab es eine ganze Reihe zentraler Fragestellungen, besonders erfreulich von den jüngeren Kollegen (Auffarth, Freiberger, Gantke, Löhr). Diese Generation – das sollte einmal zu allgemeiner Befriedigung heute gesagt werden – hatte zu meiner Studentenzeit nicht die geringste Chance für eine Hochschullaufbahn.
Zu diesem Doppelthema, das nach Bonner Tradition immer zusammengehörte, gibt es aus meiner Sicht heute verschiedene Gewichtungen: eine gute Hermeneutik, die durch das Feuerbad kritischer Selbstreflexion gegangen ist, wird auch zukünftig ihre zentrale Stellung in den Kulturwissenschaften bewahren müssen. – Hinsichtlich des Vergleichens sieht es anders aus. Es ist als Erkenntnisprinzip früher oft überbewertet worden; in einigen Bereichen der Religionswissenschaft kommt es gar nicht vor. Ich hatte mir daher in einer größeren Abhandlung (1996) Gedanken gemacht, welche Bedeutung dem Vergleichen in den Kulturwissenschaften noch zukommen sollte. Zu meiner Studentenzeit wurde diese Methode kaum kritisch hinterfragt. – Man wird die Religionswissenschaft jedenfalls nicht mehr generell mit diesem Attribut versehen dürfen.
Erwähnenswert zur Bonner Tagung, an der auch einige ausländische Gäste teilnahmen, wäre noch eine abendliche Versamm-

lung, die der Gründung einer ›Europäischen Gesellschaft für Religionswissenschaft‹ galt, offenbar eine Konzentration auf den europäischen Bereich. Nach mehreren Anläufen konnte im Jahr 2000 schließlich die ›European Association for the Study of Religions‹ (EASR) konstituiert werden.

*

Zurück zu unserer »Vereinigung«. Die seit 1972 in der Satzung verankerte und seitdem konsequent verfolgte Zielsetzung, eine streng wissenschaftliche Gesellschaft aufzubauen, nahm in den 80er Jahren weiterhin Gestalt an. Allmählich wurde die DVRG wirklich ein Zusammenschluß von Fachgelehrten, deren Zahl durch weitere Lehrstühle und größeren Schülerkreis stetig wuchs. Auslandskontakte wurden ausgebaut: Peter Antes vertrat die deutsche Religionswissenschaft im Executive Board der IAHR, Hans G. Kippenberg im Herausgeberstab des NVMEN. Während derzeitig in Deutschland die Sprache sich selbst entfremdet, schrieb mir Zwi Werblowsky – langjährig tatkräftiger Generalsekretär des IAHR – schon in den 70er Jahren, ich solle für eine vorgesehene Abhandlung in NVMEN »ruhig deutsch schreiben«; das deutsche Element müsse international gestärkt werden. Ergreifend und beschämend: dieses Wort aus dem Munde eines deutschen Juden! Nicht unerwähnt bleiben sollte in diesem Zusammenhang die IAHR-Präsidentschaft (von 1980-1990) der hoch angesehenen Islamistin und Heiler-Schülerin Annemarie Schimmel, die früher an der Harvard-Universität lehrte: In Lahore ist sogar eine Hauptstraße nach ihr benannt, denn sie setzte sich jahrzehntelang mit intimem Einfühlungsvermögen für den Brückenschlag unter den Religionen ein, ganz im Sinne Friedrich Heilers. Früh erhielt sie mit nur wenigen anderen eine spezielle Doktorwürde durch die Verleihung eines Dr. sc. rel. an der Universität Marburg. Dieser besondere Status wurde m. W. in den 50er Jahren geschaffen und später wieder aufgehoben.

Auch zu dem Mainzer Kongreß 1997 über das Thema ›Weltbild und Kosmologien‹ – angeregt durch den damals neu gewählten Vorsitzenden Burkhard Gladigow – wurden wieder einige ausländische Gäste eingeladen. Man konnte Verbindungen herstellen und Tagungen besser staatlich unterstützen; die öffentliche Anerkennung der Religionswissenschaft ließ in Deutschland immer noch viel zu wünschen übrig. Schon in den 70er Jahren hatten wir im Vorstand um eine angemessene Vertretung in der DFG gekämpft; auch eine eigene Fachzeitschrift war damals nicht durchzusetzen; das regelmäßige Gegenargument: sie würde mangels Fachbeiträgen bald ›verhungern‹ und mangels Abonnenten nicht finanzierbar sein, hat sich aber spätestens seit 1993, als die ›Zeitschrift für Religionswissenschaft‹ (ZfR) ins Leben gerufen werden konnte, als haltlos erwiesen. – Heute darf man sagen, gerade auch nach der deutschen Einheit ab 1990, daß die Reputation unserer Wissenschaft trotz gewisser konstitutioneller Schwächen gewachsen ist. Wichtig bleibt in meinen Augen vor allem, daß diese Wissenschaft ihr Selbstverständnis (vgl. Lanczkowski 1974) immer wieder neu überdenkt und sich grundsätzlich mehrere Wege offenhält. Eine persönliche Bemerkung sei mir zum Abschluß dieser knappen Rückschau auf 50 Jahre Religionswissenschaft gestattet:

Die Erkenntnisse, die die Religionswissenschaft seit ihrer Entstehung vor 200 Jahren auf mannigfachen Wegen und Feldern gewonnen hat, konnten die zentrale Frage nach »dem Religiösen« – was immer dies in seiner Vieldeutigkeit auch sein mag – nicht verstummen lassen. Gern bekenne ich, daß ich mich nach lebenslanger Beschäftigung mit der eigentümlichen anthropologischen Frage nach dem Verstehen religiöser Vorgänge, Erfahrungen, Ideen oft an den Anfang zurückgeworfen sehe! Jedenfalls reichen Fakten, Abläufe, Ordnungsprinzipien, ja, selbst Strukturen als Erkenntniswert nicht aus. Es bleibt eine Gratwanderung. Auch ein erfahrener Kunsthistoriker findet an seinem Lebensabend kaum eine Antwort auf die Frage, was eigentlich Kunst sei. Wir müssen uns bescheiden, im sokratischen Sinne immer wieder an die Grenzen unserer Wissenschaft zu kommen und das Eigentliche als eine ›offene Frage‹ stehen zu lassen. Gerade dies aber ist das ›fascinosum‹ unserer Wissenschaft.

Bibliographie

1. Gottheit und Gott in der spekulativen Mystik Meister Eckharts. Eine Untersuchung zur Phänomenologie und Typologie der Mystik. 370 S. Bonn 1956 (= Abhandlungen z. Philos., Psychol. u. Pädag. Bd 10)
2. Adolf Erman
   In: Neue Deutsche Biographie, Bd. 4 (1959), S. 600
3. Aus dem Leben und Schaffen eines Mainzer Komponisten. Der Peter Cornelius Nachlaß der Stadtbibliothek Mainz.
   In: Mainzer Zeitschrift. 59 (1964), S. 103-117; 4°
4. Religionswissenschaft in Deutschland
   In: Frankfurter Hefte 19 (1964), S. 567-574
5. Geschichte und Religionswissenschaft im ausgehenden 18. Jahrhundert.
   In: NUMEN 13 (1966), p. 43-79
6. Die Relation von Zeit und Ewigkeit in der deutschen Mystik.
   In: Religion und Religionen. Festschrift für Gustav Mensching. Bonn 1967, S. 75-84
7. Andreas Schleiermacher, sein »Bibliographisches System« und die Religionsgeschichte.
   In: Durch der Jahrhunderte Strom. Beiträge zur Geschichte der Hessischen Landes- und Hochschulbibliothek. Frankfurt 1967, S. 59-86
8. Ansätze zum geschichtlichen Denken im Reformwerk Swami Vivekanandas (1863-1902)
   In: SAECULUM 23 (1972), S. 90-108
9. (Rez) Satprem, Sri Aurobindo oder das Abenteuer des Bewußtseins. Weilheim 1970, 294 S.
   In: Universitas 27 (1972), S. 1351-1252

10. (Rez) Die west-östliche Yoga-Synthese. (Sri Aurobindo, Die Synthese des Yoga, dt. 1972)
    In: Zs. f. Missions- u. Religionswiss. [ZMR] 58 (1974), S. 117-118
11. Die Religion der Zukunft. (Aurobindo).
    In: Glaube und Tat. 24 (1973), S. 198-200
12. Die grundlegende Problematik des indischen Geschichtsverständnisses in Neuhinduismus.
    In: Natur und Geschichte. X. Deutscher Kongreß für Philosophie 1972; hrsg. von K. Hübner u. A. Menne. Hamburg 1973, S. 444-448
13. Die Frage nach der Zukunft und die Antwort Sri Aurobindos.
    In: ZMR 58 (1974), S. 20-34
14. (Rez) Sri Aurobindo, Das Ideal der geeinten Menschheit. 362 S. Bellnhausen 1973.
    In: Philos. Lit. Anzeiger. [PhLA] 27 (1974), S. 261-265
15. Die Religionsphilosophie S. Radhakrishnans und der Neuhinduismus.
    In: Zs. f. philos. Forschg. 28 (1974), S. 380-397
16. Kritische Bemerkungen zu C. H. Ratschows Methodenlehre.
    In: ZMR 59 (1975), S. 201-208
17. Zum Religionsverständnis der Gegenwart.
    In: ZMR 60 (1976), S. 181-216
18. (Rez) P. J. Saher, Lebensweisheit und creative Mystik. Religionshistorische Quellenstudien zur Universalschau Vivekanandas Neo-Vedanta. Remagen 1974. 244 S.
    In: PhLA 29 (1976), S. 209-212
19. (Hrsg.) Der Religionswandel unserer Zeit im Spiegel der Religionswissenschaft. Darmstadt 1976. 254 S.

20. Wirklichkeit, Perspektive, Teilhabe.
    In: Der Religionswandel unserer Zeit... Darmstadt 1976,
    S. 231-246
21. Geisteswissenschaften – Grenze und Ausblick.
    In: SCHEIDEWEGE, Vj.schrift für skeptisches Denken 7
    (1977), S. 164-187
22. (Rez) Helmut Eimer, Skizzen des Erlösungsweges in buddhistischen Begriffsreihen. Eine Untersuchung. Bonn 1976
    (= Arbeitsmaterialien zur Religionsgeschichte. Hrsg. von
    H. J. Klimkeit, Bd. 1)
    In: Zs. f. Religions- und Geistesgeschichte [ZRGG]. 29
    (1977), S. 284-5
23. (Rez) Agehananda Bharati, Die Tantra-Tradition. Mit
    einem Vorwort von Detlef I. Lauf. 234 S. Freiburg 1977
    In: PhLA 32 (1979), S. 128-133
24. (Hrsg) Leben und Tod in den Religionen. Symbol und
    Wirklichkeit. Darmstadt 1980. 350 S., 26 Abb.
    2. Aufl. Darmstadt 1985 / 3. Aufl. 1994 / 4. Aufl. 1997
25. Die musikalische »Darstellung« des Todes als religiöses
    Phänomen.
    In: Leben und Tod in den Religionen. 1980, S. 184-212
26. Das Lebenswerk Graf Keyserlings aus heutiger Sicht.
    In: ZRGG 33 (1981), S. 32-41
27. (Rez) Günter Lanczkowski, Einführung in die Religionswissenschaft. Darmstadt 1980, 116 S.
    In: NUMEN 28 (1981), p. 257-262
28. »Sparsame« Kulturpolitik und ihre Folgen für Forschung
    und Lehre.
    In: ABI Technik. 2 (1982), S. 207-212; 4°
29. (Rez) Wilhelm Halbfass, Indien und Europa. Perspektiven
    ihrer geistigen Begegnung. Basel 1981, 550 S.
    In: PhLA 36 (1983), S. 31-37

30. Homo religiosus?
    In: Der Mensch und die Wissenschaften vom Menschen. Die Beiträge des XII. Dt. Kongresses für Philosophie in Innsbruck 1981, hrsg. von G. Frey und J. Zelger. Innsbruck 1983, S. 1087-1096
    – (verkürzte Fassung:) Die religiöse Dimension des menschlichen Daseins.
    In: Mensch, Natur, Gesellschaft. 1 (1984), S. 27-29; 4°
31. Anthropologie zwischen Medizin, Philosophie und Religion. In: ZRGG 35 (1983), S. 248-251
32. Auf dem Wege zur »Weltphilosophie«. Erinnerung an Karl Jaspers, der vor hundert Jahren geboren wurde.
    In: Darmstädter Echo, vom 19.02.83, S. 37 (Feuilleton)
33. (Rez) Hubertus G. Hubbeling, Einführung in die Religionsphilosophie. Göttingen 1981, 219 S.
    In: ZRGG 36 (1984), S. 75-76
34. (Rez) Donald A. Crosby, Interpretive Theorie of Religion. (Religion and Reason, 20), The Hague 1981, XII, 336 p.
    In: ZRGG 36 (1984), S. 75-76
35. (Rez) Fritz Buri, Der Buddha-Christus als der Herr des wahren Selbst. Die Religionsphilosophie der Kyoto-Schule und das Christentum. Bern: 1982, 469 S.
    In: PhLA 37 (1984), S. 127-132
36. (Rez) Hjalmar Sundén, Religionspsychologie. Probleme und Methoden. Stuttgart 1982, 228 S.
    In: ZMR 68 (1984), S. 245-246
37. (Rez) Robert Schinzinger, Japanisches Denken. Der weltanschauliche Hintergrund des heutigen Japan. Berlin 1983, 113 S.
    In: PhLA 37 (1984), S. 211-212

38. Metamorphosen des Bleibenden. Religionswandel und ›Säkularisierung‹ im Blickfeld einer universalen Religionstheorie. Ein Versuch.
In: SAECULUM 36 (1985), S. 254-284
39. (Rez) Wolfhart Pannenberg, Anthropologie in theol. Perspektive. Göttingen 1983, 540 S.
In: ZMR. 69 (1985), S. 254-255
40. Säkularisierung als mögliche Form des Untergangs?
In: Harmut Zinser (Hrsg.), Untergang von Religionen. Berlin 1986, S. 295-308
41. (Rez) Emma Brunner-Traut, Lebensweisheit der alten Ägypter. Freiburg 1985, 190 S.
In: ZMR 70 (1986), S. 332
42. Der Wanderer als Symbol des menschlichen Daseins. Betrachtungen zur Dichtung.
In: SYMBOLON – N. F. 8 (1987), S. 93-107
43. (Rez) Kurt Hübner, Die Wahrheit des Mythos. München 1985, 465 S.,
In: PhLA 40 (1987), S. 3-8
44. (Rez) Franz Wiedmann, Religion und Philosophie. Versuch zur Wiedergewinnung einer Dimension. Würzburg 1985, 153 S.
In: ZMR 71 (1987), S. 320
45. (Rez) Margarete Dierks, Jakob Wilhelm Hauer, 1881-1962. Leben, Werk, Wirkung. Heidelberg 1986, 602 S.
In: ZRGG 40 (1988), S. 284-285
46. Ursprung und Gegenwart des Mythos. Variationen über ein Thema von Kurt Hübner.
In: Silva Symbolorum. Festschrift für E. Th. Reimbold zum 80. Geburtstag. Saarbrücken 1988, S. 58-69

47. (Rez) Carl Friedrich Wendt, Deutung und Wirklichkeit. Darmstadt 1984, 313 S.
In: ZRGG 41 (1989), S. 279
48. Philosophische Anthropologie und religiöse Disposition.
In: O. Bayer (Hrsg.), Mythos und Religion. Stuttgart 1990, S. 101-132
49. Religionsgeschichte und religiöses Weltbild in der späten Aufklärung.
In: ZRGG 42 (1990), S. 289-298
50. (Rez) Peter Koslowski (Hrsg.), Gnosis und Mystik in der Geschichte der Philosophie. Zürich 1988, 408 S.
In: PhLA 43 (1990), S. 41-46
51. (Rez) Emma Brunner-Traut, Frühformen des Erkennens – am Beispiel Altägyptens. Darmstadt 1990, 210 S.
In: PhLA 44 (1991), S. 41-44
52. (Rez) László F. Földenyi, Melancholie. München 1988, 371 S.
In: ZRGG 43 (1991), S. 92-93
53. (Rez) E. Jain / R. Margreiter (Hrsg.), Probleme philosophischer Mystik. Festschrift f. Karl Albert zum 70. Geburtstag. St. Augustin 1991, 362 S.
In: PhLA 45 (1992), S. 143-146
54. Der Grundwert ›Gerechtigkeit‹ im säkularen Umfeld.
In: H. Bürkle (Hrsg.), Grundwerte menschlichen Verhaltens in den Religionen. Frankfurt/M. 1993, S. 187-193
55. (Rez) Enno Rudolph (Hrsg.), Die Vernunft und ihr Gott. Stuttgart 1992, 147 S. – In: PhLA 46 (1993), S. 150-152
56. (Rez) Hans Jonas, Philosophische Untersuchungen und metaphysische Vermutungen. Frankfurt/M. 1992, 257 S.
In: PhLA 46 (1993), S. 213-216
57. Das Bild des ›Weges‹ in der Religionsgeschichte.
In: ZRGG 45 (1993), S. 289-308

58. 7 Artikel in LThK, 3. Auflage: Bd. 1-4 (1993 ff.)
›Tor Andrae‹ – ›Anton Antweiler‹ – ›Joh. Jakob Bachofen‹ ›Alfred Bertholet‹ – ›Bhagavadgita‹ – ›Ch. de la Saussaye‹ – ›Friedrich Heiler‹
59. (Rez) Heinz Robert Schlette, Weltseele. Geschichte und Hermeneutik. Frankfurt/M. 1993, 264 S.
In: PhLA 47 (1994), S. 240-244
60. Wege zur religiösen Wirklichkeit. Phänomene – Symbole – Werte. Darmstadt 1995, 226 S.
61. (Rez) B. Casper / W. Sparn (Hrsg.), Alltag und Transzendenz. Studien zur religiösen Erfahrung in der gegenwärtigen Gesellschaft. Freiburg 1992, 434 S.
In: ZMR 79 (1995), S. 66-67
62. Das Feuer als Phänomen und Symbol. Stufen der Wahrnehmung.
In: SYMBOLON N. F. 12 (1995), S. 119-135
63. (Rez) Marc Augé, Orte und Nichtorte. Frankfurt/M. 1994, 141 S. – In: PhLA 49 (1996), S. 156-159
64. (Rez) Johann Figl, Die Mitte der Religionen. Idee und Praxis universalreligiöser Bewegungen. Darmstadt 1993, 212 S.
In: ZMR 79 (1995), S. 313
65. (Rez) Kurt Hübner, Die zweite Schöpfung. Das Wirkliche in Kunst und Musik. München 1994, 202 S.
In: PhLA 49 (1996), S. 156-159
66. Wege und Grenzen der vergleichenden Perspektive. Die Religionswissenschaft im Kreise der Kulturwissenschaften.
In: SAECULUM 47 (1996), S. 300-340
67. Ein Romantiker zwischen den Zeiten. Max Müllers Beitrag zur »vergleichenden Religionswissenschaft«.
In: Living Faith. Lebendige religiöse Wirklichkeit. Festschrift für H. J. Greschat. Frankfurt 1997, S. 413-425

68. (Rez) Karl Albert, Einführung in die philosophische Mystik. Darmstadt 1996, 228 S.
In: PhLA 50 (1997), S. 1-3
69. Einige Bemerkungen zur vergleichenden Perspektive in der Religionswissenschaft.
In: H. J. Klimkeit (Hrsg.), Vergleichen und Verstehen in der Religionswissenschaft. Wiesbaden 1997, S. 93-98
70. Sokrates und Kung-futse. Eine vergleichende Studie.
In: H. Kessler (Hrsg.), Sokrates. Bruchstücke zu einem Porträt. (Sokrates Studien Bd. III) Zug/Schweiz 1997, S. 79-103
wieder abgedruckt mit leichter Veränderung in: ZRGG 51 (1999), S. 1-16
71. 50 Jahre Religionswissenschaft in Deutschland. ERINNERUNGEN.
In: Deutsche Vereinigung für Religionsgeschichte; 32. Mitteilungsblatt 2000, S. 4-26
72. *Mosaik eines Lebens.* Bilder – Begegnungen – Einsichten. Kassel-Wilhelmshöhe 2000, 225 S. (Privatdruck)
Marburg 2002, 245 S.

Nachwort

Die Idee zur Niederschrift meiner Lebenserinnerungen kam mir erst, nachdem im Jahre 1999 der Tübinger Essay zum 50jährigen Bestehen der »Deutschen Vereinigung für Religionsgeschichte« während einer langen, schweren Krankheit in der Form einer sehr privaten Wissenschaftsgeschichte abgeschlossen war.
Auch das »Mosaik eines Lebens« – niedergeschrieben in den Jahren 1999 und 2000 – hat privaten Charakter und war zunächst nicht zur Veröffentlichung vorgesehen. – Doch kamen bald Anregungen aus dem Freundeskreis, diese Aufzeichnungen eines Zeitzeugen, der stets eigene Positionen bezogen habe, einer weiteren Leserschaft mitzuteilen. – Da mein Leben jedoch engstens mit meiner bescheidenen wissenschaftlichen Tätigkeit verbunden war, lag es nahe, diese ›Gedanken und Erinnerungen‹ biographischer Art mit dem Blick auf die Religionswissenschaft zu verbinden und daher den Tübinger Essay ergänzend in diesen Band aufzunehmen. Das 6. Kapitel bezieht sich wieder darauf. – Insofern schien es mir auch angemessen zu sein, das Buch in einem religionswissenschaftlichen Fachverlag herauszubringen, obwohl es nicht meine Absicht war, diese Erinnerungen *als* Religionswissenschaftler zu schreiben. Wenn man sie so liest, wird man freilich spüren, daß Leben und Wirken eine Einheit gebildet haben. In einer Zeit ängstlicher Objektivitätssucht dürfte dies kein Schade sein.
Der Leser wird bemerkt haben, daß den 15 Kapiteln unterschiedliches Gewicht zukommt. Die Muse und die Wissenschaft stehen im Vordergrund. Historisches tritt zurück, sofern es über Wesentliches hinausgeht. Allzu Privates wurde bewußt vermieden. Das Vorwort jedoch blieb wegen seiner grundsätzlichen ›Ansprache‹ als Zeitzeuge des 20. Jahrhunderts für den Verlag so bestehen.

Es mag überraschen, daß das Berufskapitel (11) auffällig kurz geraten ist, da doch ein Lebensberuf die Zeit unseres Daseins zu bestimmen pflegt. – Doch hat der Beruf des Bibliothekars – von Natur her ein gleichmäßiges Andante moderato – nicht meine innere Mitte ausgemacht. Getrost darf man bekennen: auf ideale Berufe können nur wenige Menschen zurückblicken.

Ich möchte den Leser um Nachsicht bitten, wenn sich beim ›Mosaik‹ und dem ›Tübinger Essay‹ einiges überschneidet oder in anderer Variation erneut zur Sprache kommt. Das gilt zwangsläufig auch für die Kapitel 8 und 9 (Theater und Musik). Der »Ausklang« in Kapitel 15 wurde für den Druck noch einmal überarbeitet, allzu Bekenntnishaftes herausgenommen, um das Buch der Allgemeinheit vorstellen zu können.

Kassel, im Sommer 2001

Gunther Stephenson

Hinweise

Der Buchumschlag gibt eine Bronze des Bildhauers Gerhard Olbrich, Bremerhaven, wieder, die den Titel »Innen und Außen« trägt (Privatbesitz).

Das malerische Bild vom alten Hamburger Hafen (S. 21) entstammt dem Buch: ›Liebes altes Hamburg‹, eingeleitet und beschrieben von Helmuth Thomsen, Hamburg 1955 und trägt den Titel »Der Hafen mit dem Blockhaus« (Repro-Aufnahme vom Verf.).

Die Abbildung des Grabmals von Mnesarete in Kapitel 10, S. 91 entstammt der Glyptothek in München (Photo: Museum).

Das in chinesischer Technik gemalte Bild von Siegwart Sprotte (S. 198) wurde dem Band: S. S., ›Aquarelle auf Sylt‹, Einleitung von Herbert Read, Berlin 1967 (Abb. 5) entnommen (Repro-Aufnahme vom Verf.).

Alle anderen Photos stammen aus dem Archiv des Verfassers: S. 49, 90, 99, 105, 115, 120.

Beim Korrekturlesen halfen mir freundlicherweise Herr Prof. Dr. Joachim Friedrich Sprockhoff, meine Frau und die Herren des Verlages. Allen gilt mein herzlicher Dank für diese Mühe.